Jens Meyer-Odewald

Albert Darboven
Aus Freude am Leben

Biografie

Die Hanse

Ich habe nichts so gerne wie fröhliche Menschen.
Theodor Fontane

Ich habe nichts so gerne wie fröhliche Frauen ...

... und ich danke sehr für weibliche Sympathie,
Kompetenz, Hilfestellung und Geduld: Helga Obens,
Dorothée Engel, Stephanie Delavre, Carin Thiele,
Solveig und Charlotte Meyer-Odewald.

Jens Meyer-Odewald

Bibliografische Information der Deutschen Bibliothek

Die Deutsche Bibliothek verzeichnet diese Publikation
in der Deutschen Nationalbibliografie; detaillierte bibliografische Daten sind im Internet über http://dnb.ddb.de
abrufbar.

2. Auflage
© Die Hanse | EVA Europäische Verlagsanstalt,
Hamburg 2005
Umschlaggestaltung: atelier freilinger & feldmann
Foto: © Klaus Bodig
Herstellung: Das Herstellungsbüro, Hamburg
Druck und Bindung: Clausen & Bosse, Leck
Printed in Germany
Alle Rechte vorbehalten
ISBN 3-434-52608-0

Informationen zu unserem Verlagsprogramm finden
Sie im Internet unter www.die-hanse.de

Inhalt

»Du wirst mal mein Nachfolger sein!«

Sommer 1948. In Hamburg-Blankenese präsentiert sich der August von seiner prächtigsten Seite, und Deutschland schöpft neuen Mut. Dass dieser famose Ferientag jedoch der entscheidende Meilenstein auf meinem persönlichen Lebensweg sein würde, habe ich als zwölfjähriger Buttjer damals natürlich nicht geahnt.

Gemeinsam mit meiner Mutter und zwei Angestellten sitze ich in der Küche im Souterrain der prachtvollen Darboven-Villa, nasche ein wenig vom Essen, quittiere den gespielten Tadel der Köchin mit Humor, spreche über Gott und die Welt, freue mich des Lebens. Draußen scheint die Sonne aus allen Knopflöchern; jetzt, am frühen Nachmittag, ist es brütend heiß draußen. Es ist so, wie ich es mag. Herrlich, ein Tag zum Liebhaben: Die Wärme kuschelt mit der Seele. Vergessen sind die vergangenen grauenhaften Jahre, angefüllt mit Todesangst, Feuersbrunst, Flucht und Alpträumen nicht nur bei Nacht. Jetzt ist Zeit zum Durchatmen.

In der großen, dunkelblau gekachelten Küche ist es kühl. Ich höre gern zu, wenn die Erwachsenen Geschichten erzählen. Beobachte die hagere Köchin Dora mit der weißen Schürze und dem strengen Knoten im Haar. Dass sie dennoch ein großes Herz hat, weiß ich längst. Nicht nur wegen der einen oder anderen kleinen Gabe aus der Speisekammer – dem Reich meiner Träume. Auch die Gehilfin Friede hatte ich längst durchschaut: Sie war die Neugierde in Person. Stellte sogar den Staubsauger ab, um zu lauschen. Und sie schlich durch die Flure, um bloß alles mitzubekommen. Meine Mutter klönte oft und gern mit den beiden. Diese Gespräche glichen einer Hauszeitung, so war Mami stets auf dem Laufenden.

Plötzlich öffnet sich die Küchentür – und da steht er. Ein älterer Herr von Format, im sommerlichen Glencheck-Anzug eher sportlich gekleidet, mit warmen Gesichtskonturen, Falten und Augen wie aus einem Bilderbuch. Das Beste aber ist das Geschenk unter seinem rechten Arm: ein Gummiball, ein wundervoller brauner Gummiball. Ein Traum. Zuerst sagt dieser freundlich wirkende Mann kein Wort, mustert mich dann von den Halbschuhen bis zum Scheitel, lächelt und tritt auf mich zu. »Du wirst einmal mein Nachfolger sein«, formuliert er mit ruhiger Stimme, ganz bedächtig. »Ich bin Onkel Arthur«, fügt er erklärend hinzu. Aber das hatte ich bereits begriffen. Er konnte kein anderer als Onkel Arthur sein, nach allem, was meine Mutter von ihm erzählt hatte.

Was jedoch soll das alles bedeuten? Ich weiß es nicht, die Worte ziehen an mir vorbei wie der Augustwind. Beeindruckt bin ich aber schon. Schließlich haben sie eine Menge erzählt von Onkel Arthur, von Arthur Darboven. Mit Zuneigung und Sympathie, mehr noch mit Respekt und Hochachtung. Meine Mutter und die anderen. Haben berichtet von seiner erfolgreichen Firma, haben geschwelgt in Tradition, haben berichtet von hanseatischem Habitus, haben mit Anerkennung beruflichen Erfolg und imposante Persönlichkeit gepriesen. Und nun steht Onkel Arthur vor mir, sagt solche Sachen, deren Bedeutung ich nicht verstehe, streicht mir mit seiner Hand wohlwollend über das Haar. Viel sage ich nicht, jetzt am Anfang, aber irgendwie mag ich Onkel Arthur.

»Komm, mein Junge«, sagt er sanft und führt mich hinaus in den Garten. Ein bisschen warten solle ich, meint er.

Und nun sitze ich da, mit großen Augen, der Dinge harrend, die sich ereignen werden. Es kribbelt in mir wie in einem Ameisenhaufen. Ich genieße dieses Prickeln. Was wird mir die Zukunft bescheren? Ich habe nicht den Hauch einer Ahnung. Irgendwie allerdings spüre ich, dass die Götter auf meiner Seite stehen. Das ist auch ganz gerecht so – befinde ich selbst. Nach einem Lebensstart, der in Nazizeit und Kriegswirren fiel, der Vertreibung, Feuer und schreckliche Erlebnisse brachte. Jetzt, hier in Hamburg, im prächtigen Garten vor der 1912 erbauten Reetdachvilla, ist mir das Schicksal wohl gesonnen. Ich betrachte den akkurat gepflegten Rasen, die Beete und Rabatten, bis mein Blick auf einen alten, mächtigen Baum fällt. Mit seiner Imposanz und erhabenen Stärke ähnelt er Onkel Arthur, finde ich.

Der halte sein Mittagsschläfchen, meint meine Mutter. Für einen Herrn von 77 Jahren sei diese Ruhe Lebenselixier. Ich lächle sie an, derweil sie zurück ins Haus geht. Dabei langweile ich mich doch keineswegs. So viel Neues gibt es im Garten zu entdecken, kleine Tiere, frische Blüten, kreisende Vögel, bizarre Wolkenformationen. Viel interessanter aber sind die Gedanken an Onkel Arthur. Warum soll ich sein Nachfolger werden? Wo und warum? Ehrlich, das alles sagte mir wenig. Aber immerhin hatte ich den braunen Gummiball auf der Habenseite verbucht; den konnte mir niemand mehr nehmen.

Und während ich so in Gedanken und Natur versunken bin, tritt mein Onkel ein zweites Mal in Erscheinung. Im Freizeitdress zwar, mit kurzer Hose und kurzen Beinen, aber kaum weniger Respekt einflößend. Wobei ich schon früh fühlte, dass Autorität und Wärme ein anziehendes Duett darstellten.

»Na, mein Junge, jetzt geht's los!« Onkel Arthur lässt die Hosenträger auf seinen Bauch schnappen, rückt seinen Strohhut zurecht, lässt die Zigarre wie eine Lokomotive dampfen, schnappt sich Eimer plus Schemel und stapft los. Und ich stapfe an seiner Seite mit. Den Worten von Gartenpflege und köstlichen Früchten sehr wohl lauschend. Aufgenommen aber habe ich die Sätze nicht, dazu war alles viel zu aufregend.

Dafür erinnere ich noch jedes Wort von Onkel Arthur, als es um seine Firma ging. »Atti«, so nennt auch er mich ganz selbstverständlich, »du musst rechnen und verhandeln können – und jeden Hafen kennen.« Schweigend pflücken wir schwarze und rote Johannisbeeren. »Vor allem aber musst du alles über Kaffee wissen«, ergänzt Onkel Arthur während einer kurzen Pflückpause, »du musst wissen, wie er angebaut wird, wie er duftet, wie er schmeckt.« Aber dazu sei ja noch genug Zeit. Ich nicke beeindruckt. Auch wenn ich den tieferen Sinn seiner Sätze immer noch nicht verstehe, so gibt es unter dem Strich keinen Zweifel: Onkel Arthur hat Recht. Und sicher ist zudem: Nach Jahren des Wirrwarrs kehrte Ruhe in mein Leben ein. »Atti, es geht los!«, sagte ich zu mir selbst. Wohin es ging, das wusste ich nicht. Es war mir auch ganz gleich. Anfangs. Nur dass es nach vorne ging, darüber war ich mir im Klaren. Auch wenn ich damals nicht ahnen konnte, wie viel Aufregung, Spannung und Abenteuer mein Leben mit sich bringen würde.

Behütete Vorkriegsjahre in Darmstadt

Dass Onkel Arthur eine ganz große Nummer in der Familie darstellt, hatte ich schon zu Beginn meiner Schulzeit registriert. Auch wenn die verwandtschaftlichen Bande nicht leicht zu durchschauen sind. So war mein Großvater mütterlicherseits, ebenso Arzt in Darmstadt wie mein Vater, ein Schwager von Arthur Darboven in Hamburg. Dass ich 1950 als 14-Jähriger von Arthur Darboven an Kindes Statt adoptiert werden sollte, vereinfacht das Thema nicht eben.

In jedem Fall kann ich mich an eine behütete und glückliche Kindheit erinnern – bis der Zweite Weltkrieg nicht nur mein Elternhaus, sondern auch mein Kindheitsglück in Schutt und Asche legte.

Aber der Reihe nach. Meine leibliche Mutter hieß mit Mädchennamen Johanna Margarethe Wagner, die den Chirurgen Albert Hopusch aus Hamburg-Blankenese heiratete. Ich selbst wurde am 15. April 1936 in Darmstadt geboren. Und meine Tante Anna-Maria, eine geborene Wagner, war in Hamburg von Arthur Darboven vor den Traualtar geführt worden. Diese Ehe blieb kinderlos, so dass sich Onkel Arthur später auf die Suche nach einem Nachfolger machen musste. Dass er im Rahmen dieser Aufgabe ein Auge auf mich werfen würde, sollte ich erst sehr viel später erfahren.

Gemeinsam mit meiner Schwester Marie-Luise, die 1937, also ein gutes Jahr nach mir zur Welt kam, wuchs ich in der Riedesel-

11

straße 23 im Herzen Darmstadts auf. Durch den Beruf meines Vaters als Chirurg konnten sich meine Eltern ein gut situiertes Leben leisten. Die großzügige Wohnung hatte Anschluss an einen Garten; daheim sorgten eine Haushälterin und das Kindermädchen Anna für unser Wohl. 1942 kam ich mit vorfreudiger Aufregung zur Volksschule. Klassenlehrer war ein Herr Streng; bei ihm war Nomen gleich Omen. Und dass er meist einen braunen Anzug trug, war ebenfalls kein Zufall. Doch sollte mir die verhängnisvolle Bedeutung dieser Farbe im politischen Leben erst Jahre später grausam aufgehen. Als die Riedeselstraße in Flammen aufging und meine Mutter mit uns aus der Feuersbrunst floh – vorbei an den verkohlten Leichen meiner Freunde und Spielkameraden.

Bis zum Zusammenbruch des Landes jedoch war es ein weiter Weg, der für uns Kinder anfangs aus spielerischem Umgang mit den Insignien der Naziwelt bestand. Kundgebungen und Aufmärsche fanden wir ungemein spannend: Während vorne große Reden geschwungen wurden, konnten wir hinter den Kulissen Streiche aushecken.

Mehr als die wachsende Macht der NSDAP, die sich letztlich allerorten manifestierte, schockierte mich ein Flugunfall meines Vaters, den dieser, ein begeisterter Hobbyflieger, nur knapp überlebte. Mehr als dreißig gebrochene Knochen legten ein schmerzhaftes Zeugnis von diesem Vorfall ab.

Zu den schönsten Erinnerungen dieser ersten Jahre zählten die Ferienbesuche bei meinen Großeltern in Hamburg. Alfred Hopusch wirkte als Prokurist in einer Ölfirma, und meine Großmutter Martha kümmerte sich aufopfernd um den quirligen Enkel aus Darmstadt. Ich liebte dieses Leben im ebenso grünen wie verwinkelten Blankenese, fand den Elbblick faszinierend und genoss es, die Treppen mit den unendlich vielen Stufen runter an den Fluss zu rennen.

Schon damals übte Hamburg eine ganz besondere Faszination auf mich aus. Die wohl behütende Boheme im Haus der Großeltern, die stille Eleganz der Elbvororte, die majestätische Ruhe des blauen Stromes praktisch vor der Tür und der selbstbewusste Stolz der Hanseaten zogen mich in den Bann. Nahm mich mein Opa mit in die Innenstadt, so stand ich als kleiner Buttjer sprachlos am Jungfernstieg und studierte die Geschäftswelt dort zwischen Hauptbahnhof, Ballindamm, Rathaus und Börse. Auf halbem Weg zurück nach Hause, stoppten wir bisweilen an den Landungsbrücken. Hier träumte ich vom Abenteuer der großen weiten Welt, von fremden Ländern, farbenprächtigen Kulturen und aufregenden Zeiten. Hätte ich zu dieser Zeit gewusst, dass sie gar nicht so weit entfernt lagen, wäre ich um den Schlaf gebracht gewesen.

So ging ich mit anderen Gedanken in das weiße, gestärkte Bett. Erfüllt von den Erlebnissen herrlicher Ferientage in Hamburg. Ließ es das Wetter zu, ruderten wir mit dem Boot vom Blankeneser Elbufer hinüber zum Schweinesand, um dort im klaren Wasser zu schwimmen und zu tauchen. Retour am Ufer, ging es mit Volldampf das Treppenviertel empor heimwärts. Im Haus wartete Großmutter Martha, im Garten der große schwarze Kater Purzel, mein Freund. Die Tage im Norden vergingen wie im Fluge – nur sehr viel schöner. Denn nicht nur durch den schweren Luftunfall, der meinem Vater beinahe den Tod gebracht hätte, war mir der Aufenthalt in höheren Sphären nicht ganz geheuer. Bei einem luftigen Ausflug an der Seite meines Vaters wurde mir quasi bei jedem Luftzug speiübel, und ich war am Ende heilfroh, wieder festen Boden unter den Füßen zu haben.

Aber zurück in meine Geburtsstadt Darmstadt. Weil wir das drohende Unheil des Zweiten Weltkrieges als Kinder natürlich nicht vor Augen hatten, lebte es sich erstaunlich munter in turbulenten

Tagen. In den Reihen einer kleinen Freundesclique bestand die Hauptaufgabe im gezielten Einsatz von Kreiseln und Peitschen, Murmeln und Gummiringen.

Am meisten Spaß aber machte der Unfug, den ich gemeinsam mit meinem Kumpel Paul Gessner anstellte. Seinen Eltern gehörte die Eckkneipe in unserer Straße, und Paul war schon in jungen Jahren wenig fremd auf dieser Welt. Bereits frühmorgens beim Aufstehen brannte ich darauf, an Pauls Seite auf Exkursion zu gehen. Abenteuer winkten. Wir fühlten uns stark. Nicht halb stark, sondern ganz stark.

Gut, dass meine Mutter Johanna nichts von unseren selbst gebastelten Zwillen ahnte, die wir an sorgsam ausgewählten Verstecken im Garten platziert hatten. Ohne Reue zielten wir auf Singvögel, verfehlten sie aber fast immer.

Zwar sollten wir uns nicht zu weit von den elterlichen Wohnungen entfernen, doch was störten die Auflagen, wenn das Leben rief. Es war mächtig viel los auf den asphaltierten Straßen: Beeindruckt musterte ich den chromglänzenden Reigen von Autos und Fahrrädern. Nicht selten kamen wir bei unseren Streichen auf dem Trottoir, wie der Bürgersteig zur damaligen Zeit bezeichnet wurde, vor der rund gebauten katholischen Kirche unter die Räder – glücklicherweise nur vor Fahrräder: All die blauen Flecken, Schrammen und blutigen Wunden waren kaum zu zählen. Ich liebte meine Mutter umso mehr, als sie uns zwar tadelte, letztlich aber niemals richtig böse wurde. Sie hatte ein Herz für uns Kinder. Vielleicht weil sie sich freute, dass es trotz politisch beängstigender Zeiten fröhliches Kinderlachen gab. Tatsächlich konnte ich nicht genug davon kriegen, mit dem Roller abschüssige Wege hinabzurasen. Oder Portemonnaies mit dünnen Fäden zu präparieren, auf dem Trottoir zu deponieren und feixend wegzuziehen, sobald sich ein Passant danach bückte.

Weniger Freude bereitete der Zwang, zu Hause unbedingt den Teller leer essen zu müssen. Von den Schularbeiten ganz zu schweigen. Nicht selten setzte es eine Ohrfeige, manchmal sogar eine Tracht Prügel. Ich tat immer stark ge- und betroffen, so richtig tangiert indes haben mich solche Strafmaßnahmen selten. Schluss mit lustig war nur dann, wenn Hausarrest verordnet wurde. Es machte mich schier wahnsinnig, an den Park mit dem Saalbau in unmittelbarer Nachbarschaft zu denken. Wenn Paul dort ohne mich tollen musste. Letztlich tröstete ich mich mit dem Gedanken, dass mein Freund und Kupferstecher gleichfalls mit Ausgehverbot belegt sein würde.

Fraglos war meine Mutter um ihren Job nicht zu beneiden. Nachdem mein Vater 1941 als Chirurg mit der Wehrmacht gen Russland ziehen musste, trug sie allein die Verantwortung für die Familie. Rückblickend bewältigte sie diese Aufgabe mit zarter Strenge. Ich hing sehr an meiner Johanna; in ihrer Nähe fühlte ich mich beschützt. Die fremde Welt hatte dann ein Dach über dem Kopf – nichts konnte passieren.

Manchmal erkannte ich allerdings auch Zorn in den Augen meiner Mutter. Zum Beispiel, nachdem wir die Fensterflügel im Haus einer alten Frau mit gezielten Steinwürfen zerlegt hatten und die Kosten für einen Glaser erstattet werden mussten.

Bisweilen jedoch erkannte ich Angst in ihrem Blick. Wenn sie im Radio Kriegsnachrichten in einer fremden Sprache lauschte. Oder wenn im Park die Nationalsozialisten zum Aufmarsch forderten. Einmal kamen besonders viele: Im Saalbau war ein Mann namens Joseph Goebbels zu hören. Seine Worte, die wie Peitschenhiebe durch die Riedeselstraße hallten, verstand ich nicht im Einzelnen. Mich interessierte ohnehin nur die Musikkapelle mit den Trommeln und Trompeten.

Die Ruhe vor dem Feuersturm – mit Pauken und Trompeten in die Katastrophe

Die drohende Apokalypse präsentierte sich uns mit anfangs eher amüsanter Fratze. Wollte ich in der ersten Grundschulklasse im Jahr 1942 zur Toilette gehen, musste ich Meldung machen. Beim Lehrer Streng. Betrat dieser den Unterrichtsraum, mussten wir den rechten Arm hochreißen und »Heil Hitler!« brüllen. Keine Ahnung, wer Hitler war. Das Armhochreißen an sich störte mich nicht, der Zwang dazu schon eher.

Und noch mehr, dass es nach nur einem halben Schuljahr schon wieder weggehen würde: Im Rahmen der Kinderlandverschickung sollten wir den Bombennächten über Deutschlands Großstädten entkommen. Dass ich erneut verdammtes Glück hatte, dämmerte mir erst sehr viel später.

Ziel meiner Kurzreise war der Odenwald: Im 250-Seelen-Dorf Landenau bei Bad Reichelsheim kam ich bei der Bäuerin Anna Falter unter. Das Herz dieser einfachen Frau war an Größe nicht zu überbieten. Gemeinsam mit ihrem Mann leitete sie den Hof mit drei Kühen und viel Ackerbau; auch ihre Schwester Lieselotte half kräftig mit. Anna und ihr Ehemann sorgten sich rührend um mich, ich nannte sie »Mamme« und »Pappe«. 1999 habe ich sie noch einmal besucht. »Atti, mein Junge!« Mit einem Freudenschrei fiel sie mir in die Arme, als ich unvermittelt vor der Tür stand. Als Besitzerin eines Ausflugslokals mit deftiger Speisekarte hatte Anna

Falter Karriere gemacht. Klein, wie die Welt ist, traf ich auch ihren Enkel eines Tages in Hamburg wieder: als Koch im Feinschmeckerrestaurant »Le Canard« an der Elbchaussee.

Das bäuerliche Leben in Landenau gefiel mir außerordentlich. Mit Ausnahme der Abwesenheit meiner Mutter – und der Schule. Früh bemerkte ich, mehr Freund der Praxis denn der Theorie zu sein.

Obwohl der Unterricht an sich ein Spektakel war. Mit 20 Schülern saßen wir im Gemeinderaum an primitiven Holztischen; von der ersten bis zur achten Klasse war alles versammelt, was der Ort an Pennälern aufzubieten hatte. Zuzüglich der verschickten Kinder so wie ich. Der Lehrer bestach mit enormen Fähigkeiten: Er lehrte alle Jahrgänge in Mathematik, Deutsch, Religion, Erdkunde – und im Geigespielen. Individueller ging's nimmer. Noch heute kann ich die Gedichte auswendig aufsagen. Einige Verse musste ich mit Kreide auf die Schiefertafel schreiben – so etwas bleibt haften.

Ebenso intensiv wie die Erlebnisse abseits der Lektionen. Mehr als trockene Hausarbeiten lag mir der praktische Umgang mit der Natur. So schickten mich »Mamme« und »Pappe« zum Füttern der Kühe und Schweine in die Stallungen oder zum Blaubeerpflücken in den Wald. Bisweilen legte ich statt mühevoller Bückarbeiten eine Siesta im Heu auf dem Dachboden eines Landwirts in der Nachbarschaft ein. »Atti, komm runter, du bist ertappt«, hallte es nicht nur einmal durch den Stall. Es gab dann den vorgehaltenen Finger, niemals richtige Strafen. Stattdessen durfte ich zum Ziegenhüten hinaus auf die Wiese. Mit dem Bock Hansi freundete ich mich regelrecht an. Auch wenn stets Vorsicht geboten war, dass mich der vierbeinige Kollege nicht auf die Hörner nahm. Diese Tierliebe ging so weit, dass ich regelmäßig weinen musste, wenn ein Festtagsbraten auf den Tisch kam. Mit der Konsequenz übrigens, dass ich bis heute weder Lamm noch Ziege oder Schaf esse.

Abwechslung im dörflichen Alltag bescherte mir meine Mutter mit ihren regelmäßigen Besuchen. Trotz Annas Fürsorge litt ich sehr, wenn sie fortfuhr. Mama arbeitete zu jener Zeit als Zahnarzthelferin. Das war ein Segen für sie, auch in wirtschaftlicher Hinsicht. Ermöglicht durch Kontakte meines Vaters zu einem Zahnarzt im Freundeskreis.

Einer Sensation jedoch kam die Unterbringung eines Kriegsgefangenen im Ort gleich: Jean aus Frankreich. Warum und wie er in Gefangenschaft geriet, weiß ich nicht. Sein Flugzeug sei abgeschossen worden, so wurde hinter vorgehaltener Hand erzählt, und er musste mit einem Fallschirm abspringen. Andere ausländische Soldaten seien von den Bauern mit Mistgabeln und Karabinern erschlagen worden, wurde gemunkelt. Egal: Wir mochten Jean, er war ein netter Kerl. Keiner von uns Kindern verstand, warum Jean nicht mit uns essen, sondern an einem extra Gefangenentisch Platz nehmen musste. Bisweilen kamen Männer in Uniform und kontrollierten, ob alles seine Ordnung hatte. Wir hielten noch länger Kontakt zu Jean. Nach Kriegsende blieb er in Darmstadt, er wollte nicht zurück in sein Heimatland. Später, glaube ich, zog er dann aber doch nach Nizza.

Abends lauschten wir den Geschichten der Erwachsenen. Ich träumte dann von einer heilen Familie, von gemeinsamen Abenden mit Vater und Mutter. Eigentlich hatte ich diese Idylle nie richtig kennen gelernt, auch wenn alle sehr intensiv bemüht waren, die Seele des kleinen Atti zu streicheln. Ich liebte es, wenn wir abends beim »Mensch, ärgere dich nicht!« zusammensaßen, emsig bemüht, möglichst ohne Rauswurf über die Runden zu kommen.

Getoppt wurden diese Spielrunden von Besuchen beim Nachbarn, auf dessen Weide Pferde standen. Schon als Sechsjähriger entdeckte ich mein ganz besonderes Faible für die Vierbeiner. Stundenlang stand ich am Gatter und beobachtete die eleganten, stolzen Bewegungen dieser Tiere. Ich glaube, dass ich vor Begeisterung manchmal sogar im Schlaf gewiehert habe. Unvergessen ist ein 15 Kilometer langer Ausflug mit einem Mustang. Zu meinem Entsetzen musste er verkauft werden; traurig ging es abends dann mit einem Kuhgespann zurück.

Ein solcher Komfort wurde immer seltener, das übliche Fortbewegungsmittel war der Marsch auf Schusters Rappen. Mit anderen Worten: Kilometerlange Fußmärsche waren an der Tagesordnung. Bisweilen ging es gar per pedes 15 oder 20 Kilometer gen Wolfskehlen: In diesem Ort hatte meine Mutter bei Pastor Kelch Unterschlupf gefunden. Dass im Lande eine Bombe tickte, spürten selbst wir Kinder. Auf den Straßen kamen uns immer wieder Leichenwagen entgegen. Wie Abfall lagen die Leichen auf den Ladeflächen. Gut, dass ich noch zu klein war, die Dimension dieser Tragödie zu erfassen.

Dabei sollte dies erst der Anfang vom Untergang sein. Am 22. September 1944 erlebte ich eine dieser verheerenden Bombennächte mit. Während eines Besuches bei meiner Mutter in Darmstadt ging es los. Eigentlich wollten wir meine Großeltern in der Annastraße besuchen. Dort war ich geradezu versessen auf den Handwerksraum meines Opas. All diese herrlichen Werkzeuge und Instrumente; schon früh schlummerte der Tüftler in mir. Stets waren die Stunden an der Seite meines Großvaters dort in Sekundenschnelle verronnen. Doch waren die Großeltern nicht daheim. Leider, wie ich betrübt feststellte. Zu unserem Glück, wie ich später erkannte. Weil meine Oma und mein Opa den nächsten Morgen nicht erleben sollten.

Ich war erstaunt, mit welcher Routine meine Mutter in dieser Nacht zu Werke ging – wahrscheinlich hatte sie solche Luftangriffe schon des Öfteren erlebt. In aller Eile ging es mitten in der Nacht in den Luftschutzkeller. Dort wurden Stahlhelme verteilt, und Wassereimer und Sandsäcke standen zum Feuerlöschen bereit. Doch zu löschen gab es meist gar nichts mehr: Fast immer verrichteten die Bomben der Alliierten ganze Arbeit. In einem ersten Angriffswirbel wurden die Luftschutztüren aufgesprengt und zerrissen, in einem zweiten regneten Brandbomben auf uns herab. Es gab nur ein Ziel: die komplette Zerstörung.

Natürlich traf es eines Tages auch unser Haus. Das gesamte Gebäude stand in Flammen. Mit ungefähr zwanzig Nachbarn kauerten wir im Keller, konnten ihn wegen der permanent auf Darmstadt herabrieselnden Bomben jedoch nicht verlassen. Ich kuschelte mich an ein 15 oder 16 Jahre altes Mädchen, es gab mir Geborgenheit. Trotz der Todesangst erinnere ich mich genau an ihr hübsches Gesicht und ihr aufmunterndes Lächeln. Ich habe dieses Mädchen nie wieder gesehen.

Jedem von uns war klar: Das Ende war nah. Sehr, sehr nah. Und irgendwann kam dann die Order des Hauswarts: »So, jetzt raus hier.« Wir sprangen hinaus in das Flammenmeer auf der Straße, meine Mutter und ich rannten um unser Leben. Einmal blickte ich für den Bruchteil einer Sekunde zurück: Dort, wo einst mein Spielzimmer war, brannte alles lichterloh. Noch aus 30 Kilometer Entfernung sahen wir die Stadt in der morgendlichen Dämmerung brennen. Meine Mutter sagte kein einziges Wort, starr blickte sie geradeaus und zog mich mit sich. Sie wollte mich retten, sonst nichts. Ich werde unser wie eine Fackel brennendes Haus niemals vergessen. Es war so, als hätte man mir den Boden unter den Füßen weggezogen. Und was mag erst in meiner Mutter vorgegangen sein!

Erst einmal jedoch dominierte selbst in uns Kleinen nur ein Instinkt: Wir haben überlebt. Für Entsetzen oder Trauer blieb keine Zeit. Um acht Uhr morgens war auf dem Marienplatz in Darmstadt ein Sammellager eingerichtet worden. Auch meine Mutter fand sich dort ein: in der einen Hand eine kleine Tasche, an der anderen mich. Ich litt unter einer Rauchvergiftung, musste mich ständig übergeben, mir war hundeelend. Körperlich und seelisch. Andere hatte es viel ärger erwischt. Rote-Kreuz-Schwestern waren fieberhaft darum bemüht, Kinder und Eltern zusammenzubringen. In vielen Fällen gelang das nicht: Das menschliche Leid in dieser Nacht war unbeschreiblich.

Wie in Zeitlupe zogen die Bilder jener schrecklichen Stunden durch mein Hirn, immer und immer wieder. Irgendein das eigene Ich schützender Mechanismus hatte die brutalen Fakten vorher verdrängt. Wie wir aus dem Luftschutzkeller sprangen und durch unsere, meine Straße hetzten. Vorbei an meinen toten Spielkameraden. Mancher war ob der Gluthitze auf Puppengröße zusammengeschrumpft, zu erkennen nur an den typischen Kleidungsstücken oder den gleichfalls gestorbenen Eltern daneben. Die Situation kann ich beschreiben, die Gefühle nicht.

Auch jene nicht, als wir drei Tage später meine Großeltern beerdigen mussten. Der französische Kriegsgefangene Jean, meine Mutter und ich. Längst war Jean mehr Freund als Feind. Ohnehin: Unser Feind war er ja niemals gewesen. Aber auch darüber konnte ich erst sehr viel später nachdenken. Wir bestatteten die beiden Großeltern in Kindersärgen – auch ihre Körper waren durch die Gluthitze zusammengeschrumpft. Ich weiß noch, dass meine Mutter nicht weinte. Dazu hatte sie keine Kraft mehr. Vielleicht waren ihre Tränen schlicht versiegt.

Fauchendes Feuer oben und unten –
Ende mit Schrecken

Somit war uns in Darmstadt der Boden unter den Füßen entzogen. Meine Mutter und ich hatten kein Zuhause mehr. Und mein Vater kämpfte in den Reihen der Wehrmacht irgendwo in Russland gegen einen Gegner, den wir uns gar nicht ausgesucht hatten. Auch meine Schwester sah ich kaum: Sie war ebenso auf Kinderlandverschickung wie ich, aber weit weg, bei Bekannten in Bullau im Odenwald. Recht regelmäßig hörten wir, dass es ihr gut ging. Meine Mutter und ich schlossen sie immer in unser Nachtgebet mit ein.

Einmal, im Jahre 1943, war mein Vater auf Heimaturlaub zu uns gekommen, ansonsten mussten wir auf Informationen durch die Feldpost hoffen. Erstaunlich, wie perfekt dieses Briefsystem trotz der Kriegswirren organisiert war. Typisch deutsch irgendwie. Manchmal schimpfte meine Mutter in diesen Jahren über den Krieg, bis sie nach den Bombennächten vor Fassungslosigkeit die Worte vergaß. Trotz meiner jungen Jahre war ich immer wieder beeindruckt von jener wundersamen Kombination aus Stärke und Wärme, mit der meine Mutter den Schrecken dieser Zeit ins Antlitz blickte. »Die Juden haben den Krieg angefangen«, hörte ich Erwachsene manchmal sagen. Ich verstand das nicht und wunderte mich nur: Warum sollten die Juden in unserer Nachbarschaft einen Krieg beginnen?

Was Juden sind, wusste ich nicht. Mir war lediglich bekannt, dass sie einen gelben Stern auf der Kleidung tragen mussten und dass sie keine Geschäfte betreiben durften. Allerdings bekam ich sehr wohl mit, dass manche Familien aus den umliegenden Straßen praktisch über Nacht verschwunden waren. Auch wenn ich den wirklichen Grund dieses Verschwindens nicht ahnte, kam mir das Ganze unheimlich vor. Ich war immer sehr stark berührt, wenn wieder ein Spielkamerad mitsamt Familie urplötzlich wie vom Erdboden verschluckt schien. Dass da irgendetwas nicht stimmte, begriff ich schnell. Auch registrierte ich sehr wohl, dass viel getuschelt wurde in jenen Jahren. Auch spürte ich die Angst meiner Mutter. Ich wusste indes nicht, wovor sie sich fürchtete.

Gut für uns, dass die Verwandtschaft groß und hilfsbereit war. Nachdem Darmstadt in vielen Vierteln dem Erdboden gleichgemacht worden war, kamen wir von 1944 bis nach Kriegsende bei einer Schwägerin meiner Mutter im fränkischen Kulmbach unter. Sie hieß Corlin Wagner, und ihr Ehemann, Hans-Arthur Wagner, mithin der Bruder meiner Mutter und somit mein Onkel, weilte als Stabsarzt im Krieg. Wir bezogen eine kleine, aber feine Wohnung in der Langen Gasse, direkt über einem »Tengelmann«-Laden. Meine jüngere Schwester, irgendwo in Deutschland auf Kinderlandverschickung, musste in einer Ballonfabrik beim Fallschirmschneidern helfen; und meine Mutter war zur Arbeit in einer fränkischen Munitionsfabrik herangezogen worden.

Unabhängig von den grausamen Erlebnissen der vergangenen Wochen und den immer häufiger durchsickernden Meldungen von Niederlagen der Wehrmacht und vielen, vielen Toten, klammerte ich mich als Achtjähriger an den Strohhalm des Überlebens. Nur Kellerräume konnte ich nicht betreten: Die Bombennächte von Darmstadt waren an der Kinderseele doch nicht spurlos vorübergegangen. Erstaunlicherweise machte das Leben in Kulmbach insgesamt Spaß. Gewiss auch ob der wieder halbwegs geordneten Verhältnisse und einer jugendlichen Unbekümmertheit, die mehr Raum für die Sonnenseiten des Lebens denn für den Horror der Vergangenheit ließ. An der Seite meiner 1937 geborenen Cousine Ingrid Wagner erlebte ich muntere Monate in Kulmbach. Ihre Schwester Gudrun, irgendwann 1942 oder 1943 zur Welt gekommen, lag meistens in den Armen meiner Tante, derweil Ingrid, unsere Freunde und ich am Stadtrand tobten.

Soweit es der Krieg und die permanenten Angriffe erlaubten. Immer wieder ereigneten sich Szenarien, die meine Tante bei unseren Schilderungen am Abend kreidebleich werden ließen. Wie der Bericht von einem Fußmarsch über einen riesengroßen Acker, als plötzlich zwei Tiefflieger am Himmel aufkreuzten. Wir Kinder beachteten die Schatten auf dem Feld nicht weiter. »Achtung, zwei feindliche Tiefflieger da oben!!«, warnte uns ein Polizist schreiend, der mit seinem Fahrrad des Weges kam. »Rasch, schmeißt euch in den Graben!« Während wir zu Boden hechteten und somit den Schussgarben entrannen, wurde der Polizist von Schüssen durchsiebt. Überall blutend, lag er neben seinem Fahrrad auf dem Feldweg. Weinend rannten wir heim.

Auch ein zweites Mal hatte ich mein Leben einem unbekannten Retter zu verdanken. An einem lauen Sommertag saßen wir im Kreise unserer Kumpels an einem Waldesrand und hantierten mit Spielzeug, das wir auf der Straße gefunden hatten. Es waren ein Füllfederhalter und eine kleine Spielkanone, farbenprächtig und bunt anzusehen. Derweil wir einträchtig auf dem Bürgersteig beisammensaßen, kam ein Passant auf uns zugerannt. Er gestikulierte heftig und brüllte immer wieder: »Kinder, schmeißt das weg, weit weg!« Verschreckt taten wir wie befohlen und flüchteten in den Eingang eines Lebensmittelgeschäftes in der Nähe. Sekunden später explodierten die vermeintlichen Spielzeuge mit fauchendem

Feuer. Die Erwachsenen hatten uns über die Gefahr dieser als Spielzeuge getarnten Bomben gewarnt, die von feindlichen Flugzeugen über Deutschland abgeworfen wurden. Vor Begeisterung hatten wir diese Ermahnungen komplett vergessen.

Dafür hatte ich die Gefahr feindlicher Tiefflieger verinnerlicht – seit dem Vorfall mit dem toten Polizisten auf dem Feldweg. Immer achteten wir sorgsam auf Schatten, die urplötzlich aus dem Nichts auftauchten. In Windeseile stürzten wir uns sodann unter Bäume oder Büsche, flüchteten in Gräben oder Mauervorsprünge. Ich fühlte mich wie ein Huhn, das von einem Bussard gejagt wird. Auch heute bin ich verblüfft, wie gleichförmig der Mensch in Notzeiten mit Gefahren umzugehen lernt. Damals lagen wir wie Tiere auf der Lauer, stets bereit zum rettenden Sprung.

Trotz des schrecklichen Kriegsalltags kamen wir nicht an allen Ritualen vorbei, mit denen die Nationalsozialisten die Nation überzogen hatten. Als Stationsort der SS ging es in Kulmbach besonders braun zu. Der Volkssturm marschierte durch die Straßen – auf zum letzten Gefecht. In der Schule saßen stolz die Führer der Hitlerjugend mit ihren Uniformen. Wir beneideten sie stark. Die Größeren erzählten mit geschwellter Brust von Kampfesübungen. Gebannt hockten wir Jüngeren hinter Büschen, während die Älteren mit Gewehren hantierten oder Lagerfeuer anzündeten. »Juden verbrennen«, so hieß dieses Spiel. Nachts träumten wir davon, ebenso vom Training der Jugendlichen mit Panzerfäusten. Es war schaurig schön, zu sehen, wie hinten die Stichflammen herauskamen. Ich selbst gehörte den Pimpfen an. Der Job dort war ziemlich langweilig, Abenteuer blieben Mangelware. Sehr zum Seelenfrieden meiner Mutter und meiner Tante, die nicht müde wurden, uns über die fürchterlichen Wirkungen von Pistolen, Gewehren oder Panzerfäusten aufzuklären.

Allerorten gellten Naziparolen durch Kulmbach. Auf dem Marktplatz oder oben auf dem Renaissance-Hof der Plassenburg hielt die SS Aufmärsche ab – oft bei Dunkelheit, geheimnisvoll wie beängstigend im Fackelschein. Ich war heilfroh, nicht mitmarschieren zu müssen. Irgendeine innere Stimme signalisierte mir, dass manches nicht mit rechten Dingen zuging. Recht offen wurde auf der Straße vom Rückzug der Wehrmacht gesprochen. Auch wenn aus dem Radio unverdrossen Durchhalteparolen erschollen. Doch wer nahm das schon ernst? Mutter und Tante hörten nachts heimlich BBC. Wir lauschten der fremden Sprache. »Das ist Englisch«, flüsterte Mutter eines Tages. Das sei geheim und sie müssten ins Gefängnis, würden wir sie verraten. Wir wurden zu kleinen Geheimnisträgern ernannt. Ehrensache, dass wir uns an absolutes Stillschweigen hielten.

Unsere älteren Freunde hielt man mit Ritterspielen bei Laune. Bei Laune deswegen, weil die Hungersnot in der breiten Bevölkerung immer drangsalierender ausfiel. Oft gab es gar nichts zu essen. Und wenn doch, dann kam Maisbrot auf den Tisch. Ich musste immer über die Würmer lachen, die in den Laiben umherkrabbelten. Unsere Tante konnte darüber gar nicht schmunzeln. Es gab aber auch kulinarische Höhepunkte zwischen dieser ganzen Alltagskost. Manchmal glückte es meiner Tante, durch ihre Tätigkeit als Sprechstundenhilfe in der Arztpraxis ihres Mannes und durch Kontakte zu Bauernfamilien Eier, Speck, Zuckerrüben oder andere Köstlichkeiten zu ergattern. Dennoch schauten wir stets ein wenig neidisch zu, wenn andere in den Pausen dicke Schulbrote auspackten. Woher diese kamen, ist mir bis zum heutigen Tag ein Rätsel.

Unvergessen ist mein achter Geburtstag am 15. April 1944, also ein Jahr vor Kriegsende. Mit beeindruckendem Organisationstalent hatte meine Mutter kleine, an Wunder grenzende Geschenke auf den Gabentisch gezaubert. Hauptgeschenk war ein heimlich genähter Wäschebeutel, dem mein ganzer Stolz gebührte. Als

Zugabe freute ich mich über eine enorm große Dose mit braunen Keksen. Wie Lebkuchen mundeten diese, phantastisch köstlich. Fast so süß wie jene Zuckergaben, in deren Besitz wir nicht ganz legal gelangten. So zählten die Proviant-Lastwagen der Wehrmacht zu unseren favorisierten Beuteobjekten. Mit stiller Genehmigung der Erwachsenen sprangen wir auf die Ladeflächen, schnitten dort rasch einen der Zuckersäcke auf und füllten in Windeseile ein, zwei Papierbeutel mit dem kostbaren Inhalt ab. Im Nachhinein vermute ich, dass mancher der Fahrer absichtlich ein wenig länger als nötig auf das Bremspedal tippte, um uns Kindern eine Chance zu geben. Ohnehin wurde Menschlichkeit damals großgeschrieben. Überall begegnete uns neben oft unendlichem Elend und großer Trauer unglaubliche Hilfsbereitschaft. Gewiss gab es auch Egoisten, jedoch spürte ich kaum etwas davon. Und die Botschaften meiner Mutter wie meiner Tante kamen allgemein gefiltert an unsere Kinderohren.

Start in ein neues Leben
und erste Erfahrungen als Kaufmann

&

Mitte April 1945 ereignete sich unvermittelt etwas Sensationelles. »Die Amis kommen!«, hieß es überall in der Stadt. Von irgendwo kam der Befehl, die Bevölkerung solle sich in einer riesigen Höhle im Inneren eines Berges am Rande Kulmbachs versammeln, in dem sonst eine Brauerei ihre Fässer lagerte. Quasi minütlich folgten neue Nachrichten über die angebliche Position der US-Armee. Manchem stand die pure Angst ins Gesicht geschrieben, die meisten aber schauten erleichtert, und ich war gewaltig gespannt auf die Fremden. Einen Kulmbacher Wermutbruder ließ das alles kalt: Voll wie ein Fass Branntwein, torkelte er aus der Höhle hinaus auf die Straße – als Vorhut den Amis entgegeneilend. Wir konnten ihn nicht aufhalten, und trotz der Aufregung brach für einen Moment Heiterkeit aus. Passiert ist dem Trunkenbold glücklicherweise nichts.

Ein paar Stunden später folgte die Aufforderung, das Felsenverließ zu verlassen und in kleinen Gruppen heimzugehen. Ein weiser deutscher General habe die Kapitulationserklärung abgegeben und den amerikanischen Truppen das Kommando über Kulmbach in die Hände gegeben. In der Innenstadt standen dann Menschenmengen auf den Trottoirs, schwenkten weiße Fahnen, klatschten, jubelten, weinten und winkten. Ergriffen stand ich daneben. Ob des triumphalen Empfangs für die Amis lief mir ein wohliger

Schauer den Rücken hinab. Ich bewunderte die Panzer mit den fröhlichen Soldaten darauf, staunte über Maschinengewehre und Karabiner. Zum ersten Mal in meinem Leben sah ich dunkelhäutige Menschen. Ich wusste nicht, was das alles zu bedeuten hatte. Meine Mutter und die anderen waren erleichtert. Ich spürte, dass jetzt eine neue Zeit beginnen würde.

Noch in der Höhle war die Aufforderung erfolgt, nach der Rückkehr in den Wohnungen zu verbleiben und alle Luftgewehre sowie alle Messer mit mehr als fünf Zentimeter Länge bereitzuhalten. Am dritten Tag endlich klopfte es auch an unserer Wohnungstür. Einige US-Soldaten mitsamt Dolmetscher traten höflich, aber bestimmt ein, erkundigten sich nach Ehemännern oder erwachsenen Söhnen, ließen sich unsere Papiere zeigen und waren nach zehn Minuten wieder verschwunden. Ich vermute, dass meine Mutter und meine Tante absolut nichts zu befürchten hatten, dennoch waren sie nach der kurzen Prozedur deutlich entspannter.

Ich selbst nutzte den Frieden für erste Erkundungen in die neue Freiheit. Direkt gegenüber unserem Haus hatten die Amerikaner eine alte SS-Kommandostelle übernommen. Ich bewunderte die entspannte Selbstsicherheit der Soldaten in ihren schmucken grünen Uniformen und reagierte begeistert über die arglose Freundlichkeit, mit der uns Kindern begegnet wurde.

Mein persönlicher Star war ein Soldat namens Max. Er sprach ein paar Brocken Deutsch, legte mir kumpelhaft seine Hand auf die Schulter und schenkte mir Schokolade. Keine Frage, ich mochte die Männer. Erst recht, als mir Max eines Tages ein Geschäft unter Kollegen offerierte. Sein Gebot: zwei Schachteln Zigaretten pro Woche; nach Wahl Lucky Strike, Chesterfield oder Camel. Die Gegenleistung: Ich musste organisieren, dass seine Klamotten zweimal wöchentlich gewaschen und gebügelt wurden. Beglückt ergriff ich diesen Deal beim Schopf, spannte Mutter samt Tante ein. Nachdem ich während des Krieges immensen Spaß am Kungeln mit Bauern und Einzelhändlern gehabt hatte, war ich nun als Agent geschäftlicher Beziehungen voll in meinem Element. Bis zum Herbst 1945 funktionierte der Wäschejob exzellent. Kurzerhand beschloss ich, später Kaufmann werden zu wollen.

Verstärkt wurde dieser Wunsch durch die Leichtigkeit meines Handelns. Meine Mutter ließ mir freie Hand, so dass ich die Zigarettenschachteln prima gegen begehrte Nahrungsmittel eintauschen konnte. Recht bald hatte ich mir einen regelrechten Ring verlässlicher Partner aufgebaut, mit denen ich wie ein Alter feilschen konnte. Beflügelt wurden diese Aktivitäten durch eine Aufbruchstimmung, die an jeder Ecke stimulierend wirkte. Wie ein hässlicher Wintermantel wurde die Kriegslast nach und nach abgeschüttelt. Zumindest wir Jungen genossen den Hauch der neuen Zeit. Dass es vielen indes unendlich schlechter ging, blieb keinem von uns verborgen: In einem Gefangenenlager auf einer Wiese am Rande Kulmbachs waren Tausende hinter Stacheldraht interniert. Unübersehbar jedoch war, dass immer mehr von ihnen entlassen wurden. So integrierten sich zunehmend auch jüngere Männer in das bisher fast ausschließlich aus Frauen, Kindern und Greisen bestehende Stadtbild.

Meine Handelsbestrebungen wurden dadurch nicht behindert – im Gegenteil. So war es meine zusätzliche Aufgabe, Kontakt zu einer außerordentlich reizvollen Dame von etwa 30 Jahren zu pflegen. Diese, eine ehemalige Sprechstundenkollegin meiner Mutter, war von faszinierender Schönheit. Jeder Kontakt zu ihr war von einem angenehmen Prickeln begleitet. Sie arbeitete in einer Militärkantine der Amerikaner, und jeden Mittag um 13.30 Uhr musste ich an der Hintertür der Küche stehen und Geschenke in Empfang nehmen. Die Kantinen-Prinzessin übergab mir sodann eine Tasche, Kannen oder Töpfe mit erlesenem Inhalt. Begeistert schleppte ich

Speisen, Milch, aber auch Köstlichkeiten wie Donuts, Kakao, Kaffee oder Schokolade zu uns nach Hause. Außerdem steckten mir zwei schwarze Soldaten, die mich offensichtlich in ihr Herz geschlossen hatten, Schätze wie Bonbons oder Kaugummi zu. Sie amüsierten sich königlich über das englische Kauderwelsch, das ich mir zwischenzeitlich angeeignet hatte.

Zu meinem Entsetzen begann im Juli 1945 wieder die Schule. Für meine Geschäftsaktivitäten bedeutete es einen herben Rückschlag. Was umso bedauerlicher ausfiel, weil es mittlerweile so richtig brummte. Handeln bereitete mir keine Mühe, es war eine Leidenschaft. Nicht unzufrieden, ließ mich meine Mutter gewähren.

Nicht nur mit Spielsachentausch verdiente ich erste Lorbeeren, auch körperlich schreckte ich vor keiner Plage zurück – wenn der Verdienst im Einklang mit der Strapaze stand. Stundenlang hackte ich im Wald wie ein Berserker Holz, packte die Scheite in einen großen Rucksack und tauschte sie als Brennholz gegen Lebensmittel ein. Und gegen Sperrholzplatten sowie eine Laubsäge, die ersten großen Heiligtümer meines Lebens. Aus den Platten sägte ich kleine Figuren wie Rotkäppchen, Hänsel und Gretel oder Aschenputtel, malte die guten Stücke an und gab sie bei einem Lebensmittelhändler in Kommission.

Eine Reichsmark je Figur wanderte über den Ladentisch: Das Erfolgserlebnis war begeisternd. Abgesehen von den mühseligen Stunden in der Schule, konnte ich meine Handels- und Tauschmentalität nach Herzenslust ausleben. Leider erlebten die Aktivitäten zwischendurch eine katastrophale Flaute, als mir die Sägeblätter ausgingen. Früh erlebte ich, was eine Baisse bedeutet. Ein mit Freudensprüngen quittiertes Weihnachtsgeschenk meiner Mutter in Form eines funkelnagelneuen Satzes Sägeblätter sorgte bei Atti & Co. für konjunkturellen Aufschwung. Die Geschäfte flutschten prima, zumal die Amerikaner, ohnehin mehr Freunde denn Besatzer, für ein ordentliches Umfeld sorgten. Die Menschen hatten wieder zu essen, allmählich begann die Wirtschaft zu blühen, der Alltag machte Spaß.

Dazu trug bei, dass die Kriegsgefangenen nach und nach heimkehrten. Familien komplettierten sich, nicht nur bei Tisch wurde die alte Sitzordnung wiederhergestellt. Zuerst kehrte mein Onkel Hans-Arthur zurück. Niemals werde ich den gellenden Aufschrei und die Tränen meiner Tante vergessen. Schön, wenn man jemanden so lieben kann, habe ich mir damals gesagt. Als Internist und Allgemeinmediziner hatte mein Onkel natürlich alle Hände voll zu tun. Geld gab es wohl kaum, dafür jedoch Esswaren und andere Tauschmaterialien.

Dass auch mein Vater wohlbehalten aus dem Russlandfeldzug heimgekehrt war, hatten wir frühzeitig vernommen. Meine Mutter quittierte diese Botschaft mit seligem Lächeln und mehr stiller Freude. Es gehe ihm ausgezeichnet, hieß es in einer Depesche, die zu Winterbeginn zugestellt wurde. Über irgendwelche Umwege, die mir heute noch schleierhaft sind, war mein Vater gegen Kriegsende in französische Gefangenschaft geraten. Als anerkannter Chirurg und namhafter Mediziner wurde ihm die Leitung eines Lazaretts in Urach bei Reutlingen übertragen. Das Hospital hieß Haus auf der Alb. Und Papi war der Chefarzt. Da er dort gleich zu Beginn einen berühmten französischen General mit einer langwierigen und höchst komplizierten Operation erfolgreich behandelt hatte, standen ihm alle Türen und Tore offen. Von Gefangenschaft konnte ganz offensichtlich keine Rede sein. Für mich war es ein merkwürdiges Gefühl, diese Geschichten zu hören. Vater, den ich jahrelang so vermisst hatte, lebte wohlbehalten – und noch nicht einmal weit entfernt von uns.

Bei einem Besuch im Haus auf der Alb erlebte ich, wie sich der hochdekorierte General sehr persönlich von meinem Vater verabschiedete. Auch viele andere Soldaten aus aller Herren Länder waren dankbar: Als Spezialist auch für Ästhetische Chirurgie konnte er manchen Körper und so manches deformierte Gesicht wieder halbwegs anständig herrichten. Mit Entsetzen sehe ich noch heute die Verletzten vor meinem inneren Auge: mit weggeschossenen Kieferknochen, ohne Nase oder Augenhöhlen, mit grausamen Verletzungen. Bereits in Russland hatte mein Vater wohl Tag und Nacht operiert, jetzt, hier in Württemberg, war es nicht anders. Viel Zeit für uns blieb unter diesen Umständen nicht.

Dennoch glich es einer Rückkehr in normale Verhältnisse, dass Mutter und ich aus Kulmbach nach Urach zogen und gemeinsam mit meinem Vater, dem viel gerühmten Chefarzt, eine Wohnung im Krankenhaus bezogen. Erstmals waren wir eine richtige Familie. Ich fühlte mich geborgen und genoss den himmlischen Frieden allerorten. Zumal ich von den Beziehungen meines Vaters profitieren konnte: Im Winter 1945/46 ging es oft zum Skilaufen auf Berghänge in der Nachbarschaft. Der Schulweg war anstrengend, aber idyllisch, was sogar mir als Neunjährigem auffiel. In jede Richtung währte der Marsch jeweils eine Dreiviertelstunde; unablässig ging es bergauf oder bergab. In Allianz mit meinen Schulkameraden fiel uns jedoch eine Menge Blödsinn ein, um die Strapaze letztlich doch in ein turbulentes Vergnügen zu verwandeln.

Wie zuvor bereits registriert, waren die Pennäler-Lektionen nicht eben mein Hobby. Zum problemlosen Weiterkommen jedoch reichte es allemal. Trotz mäßigen Einsatzes und eher gedrosselten Engagements bei den Schularbeiten wurde mir allgemein attestiert, zu den besseren Schülern zu zählen. So stellte sich im Frühjahr 1946, so um meinen zehnten Geburtstag herum, zwangsläufig die Frage nach der weiteren Zielrichtung der Unterrichtsaktivitäten. Hauptschule oder Gymnasium hieß die Mutter aller Fragen. Quasi als Eignungstest sollte ich einen Aufsatz verfassen, das Thema wurde mir freigestellt. Folglich griff ich zur Feder und brachte jene Stunden zu Papier, die mich in meinem jungen Leben bis dato am intensivsten bewegt hatten: die Bombennächte von Darmstadt. Ich weiß noch wie heute, dass ich wie wild formulierte. Ich schrieb und schrieb und schrieb. Von Tieffliegern und Sirenen, die mich übrigens noch viele Jahre später bis in die tiefsten Träume verfolgten, von schwirrenden Bomben, Todesschreien und den verkohlten Leichen meiner Freunde, von meinen verstümmelten Großeltern in den Kindersärgen, von im Todeskampf röchelnden Menschen, von Feuersbrunst und Atemnot. Ich konnte nicht aufhören, der Bleistift eilte wie von selbst über den Block. Mit der Folge, dass ich mich irgendwie befreit fühlte. Mit der Konsequenz aber auch, dass der Schuldirektor stark beeindruckt war. Er gab mir grünes Licht für das Gymnasium. Ob ich mich darüber unter dem Strich nun freuen sollte, erschloss sich mir zur damaligen Zeit nicht so recht. Für die zahlreichen Akademiker in unserer Familie indes zählten Gymnasium und anschließend das Studium gewiss zu den selbstverständlichen Voraussetzungen eines erfolgreichen Lebens.

Ich spürte zuerst nur heftiges Heimweh. Weil der Wechsel auf die höhere Schule mit dem Besuch eines Internats in Bad Triberg verbunden war. Mein Vater hatte die Pädagogen-Villa ausgesucht, deren Ruf exzellent sein musste. Was aber nutzte die famoseste Ausbildung, wenn die Seele schmerzte. Zumal unsere Familie doch gerade erst wieder komplett geworden war. Dabei handelte es sich keineswegs um die Endstation meiner persönlichen Odyssee.

Letztlich aber gewöhnte ich mich auch hier an das Alleinsein, zumal es den anderen Jungen nicht besser ging. Umso intensiver geriet der Zusammenhalt. Wir spielten Fußball, bis die Füße schmerzten. Tobten bei »Räuber und Gendarm« furios durch Feld und Wald, heckten reichlich Streiche aus und fühlten uns mächtig stark. Mit klar gesetzten Grenzen jedoch: Die Sitten auf diesem Internat waren ganz schön streng. Dennoch – oder gerade deswegen – waren wir eine verschworene Gemeinschaft; Petzen war tabu. Nicht nur aus moralischen Gründen: Wer Geheimnisse preisgab, konnte sich auf eine Tracht Prügel gefasst machen. Es waren sechs durchaus handfeste Gesellen, mit denen ich das Schlafzimmer teilte. Einer von ihnen fiel trotz seines noch kindlichen Alters von elf oder zwölf Jahren durch seine schicke Uhr am linken Handgelenk auf: Es handelte sich um Harald Kienzle, den Filius des gleichnamigen Uhrenfabrikanten. Auch er schlief abends bisweilen mit Tränen in den Augen ein.

Viele Industrielle waren emsig dabei, wieder auf die Beine zu kommen. Als ich nach einem Internatsjahr auf das staatliche Gymnasium nach Urach wechselte, spürte ich Aufbruchstimmung und Lust am Geschäftsleben. Jeder unternahm etwas, selbst diese Kleinstadt brummte vor Initiativgeist. Nach meinen ersten Lehrjahren als »Jungunternehmer« sog ich den Geist der Marktwirtschaft lustvoll auf. Und wenn es denn noch einen Zweifel an der Effektivität dieses Systems gab, so verschwand er am 20. Juni 1948 auf beeindruckende Art und Weise. Die Währungsreform bewirkte Mirakel, Deutschland wurde zum Wunderland.

Mit sperrangelweit geöffnetem Mund stand ich an diesem Tag vor den Schaufenstern der Läden am Uracher Marktplatz und traute meinen Augen nicht. Da lagen all jene Köstlichkeiten, die ich nur vom Hörensagen kannte – wenn überhaupt. Schokolade etwa, jede Menge Schokolade. Für vier oder fünf Mark die Tafel zwar, was fast niemand bezahlen konnte. Das aber war egal: Allein die Existenz solch phänomenaler Waren wie Südfrüchte, Pralinen oder Strumpfhosen wirkte als maximale Motivation. Wer nach Stimulanz gesucht hatte, die prallen Möglichkeiten des Lebens mit beiden Händen zu packen, konnte die Gelegenheit jetzt beim

Schopf ergreifen. Am Morgen des 20. Juni 1948 beschloss ich, ein erfolgreicher Kaufmann zu werden. An den echten Kaffeebohnen aus Übersee, die so manche Geschäftsauslage krönten, ging ich im Alter von zwölf Jahren noch achtlos vorbei.

Der Ausblick auf das grandiose Füllhorn des Lebens wurde allein von der schweren Krankheit meines Vaters getrübt, die immer unbarmherziger zuschlug. »Papa hat Lungenkrebs«, eröffnete Mutter meiner Schwester und mir eines Abends unter Tränen. Die präzise Bedeutung dieser Sachlage war mir unbekannt, die Folgen allerdings waren unübersehbar. Mit brutalem Tempo ging es dem Ende zu. Es ging uns allen an die Nieren, hautnah erleben zu müssen, wie jenes Familienoberhaupt dahinsiechte, auf das wir alle lange Kriegsjahre hatten warten müssen. Und nun das. Ich hatte schon viel gesehen mit jungen Jahren, aber diese Wochen krochen tief bis ins Mark. Eines Tages saßen wir alle in einem abgedunkelten Zimmer beisammen und durften nur flüstern. »Papa ist tot!«, sagte Mutter irgendwann in die Leere des Raumes. Wir fassten uns an den Händen und weinten. Es war zum Kotzen!

»Was nun?«, fragte meine Mutter uns – und sich selbst. Erst einmal war unserer Existenz der Boden entzogen. In jeder Beziehung, glaube ich. Wieder einmal sprangen die Verwandten ein, wie schon so oft zuvor. Der Rat unserer dezimierten Familie beschied, dass ich zu einem weiteren Onkel nach Heppenheim an der Weinstraße ziehen sollte, um zumindest die zehnte Volksschulklasse zu absolvieren. Das war mir allemal lieber, als erneut hinter den Mauern eines Internats zu verschwinden. Das Leben im Haus meines Onkels Rolf Schlapp, eines Neurologen in einem psychiatrischen Hospital, verlief trotz der Anwesenheit einer Cousine zweiten Grades eher bieder. Die Tage zwischen Herbst 1948 und Schulschluss im Juni 1949 zogen sich wie Kaugummi dahin, mir fehlte der Pep. In jeder Beziehung.

Bis mich eine Neuigkeit elektrisierte: Es sollte nach Amerika gehen! In St. Louis wartete noch ein Verwandter auf den jungen Atti. Eingefädelt worden war dieser Plan während eines Besuchs meiner Mutter bei einem anderen entfernten Verwandten namens Arthur Darboven in Hamburg. Dieser, so hieß es, sei Boss einer erfolgreichen Kaffeefirma in der Hansestadt und habe durch hervorragende Beziehungen zu Hapag Lloyd alle Papiere und Tickets für meine Schiffspassage in die Neue Welt klar gemacht. Im Juli oder August 1949 sollte es über den großen Teich gehen. Vor Aufregung konnte ich nachts kaum noch schlafen. Das gelobte Land lag zum Greifen nah vor mir. Atti sollte aufbrechen gen Kontinent der unbegrenzten Möglichkeiten. Nicht nur die US-Soldaten, alle Welt hatte Wundersames berichtet vom Schlaraffenland drüben in den Staaten. Nach mäßigen Monaten wusste ich mich wieder auf der Siegerseite des Lebens.

Hamburg, ahoi!
Meine neue Familie – die Darbovens, Zunft der Kaffeekönige

Von den Landungsbrücken an der Elbe sollte der große Törn abgehen. Juhu! An der Seite meiner Mutter reiste ich mit dem Zug nach Hamburg, Endstation Altona. Spätestens als eine dunkle Limousine formidablen Ausmaßes mitsamt Chauffeur auf uns beide und unsere bescheidenen Koffer wartete, dämmerte mir die Bedeutung dieses Onkels Arthur. Wer ein solch chromglitzerndes Gefährt sein Eigen nannte, so mein kindliches Weltbild, musste tatsächlich ein ganz Großer sein. Der Rest interessierte mich weniger – schließlich weilte ich in Gedanken längst in den USA. Über die heutige Max-Brauer-Allee und die Elbchaussee wurden wir hochherrschaftlich gen Nienstedten kutschiert.

Während der Eisenbahnfahrt hatte meine Mutter mir ihre Zukunftspläne unterbreitet. Sie wollte mit ihrem Onkel Arthur über eine Anstellung in dessen Kaffeeunternehmen sprechen. »Ich brauche gewissenhafte Leute«, hatte Arthur zu ihr gesagt. Dass der Firmeninhaber zudem auf der Suche nach einem geeigneten Nachfolger war, hatte Mutter mir einfach verschwiegen. Später erst erfuhr ich, dass sich mehrere Kandidaten Arthurs strengen Kriterien gemäß als Fehlbesetzungen entpuppt hatten. Ohnehin wäre ihm, dem am 3. November 1871 geborenen und demzufolge im Sommer 1949 stolze 77 Jahre alten Senior, ein Macher aus der eigenen Familie am willkommensten gewesen. Die Ehe mit Anna-Maria war kinderlos geblieben, und auch sonst tat sich in familiärer Nähe nichts Geeignetes auf. So dass Arthur Darboven auf die kühne Idee kam, in mir, seinem Großneffen, den potenziellen Nachfolger auszumachen. »Vielleicht ist Atti derjenige, den ich so suche«, hatte Onkel Arthur meiner Mutter wohl zuvor getelext. Darüber indes war, wie schon beschrieben, absolutes Stillschweigen vereinbart worden. Die Schilderungen über meine unbekümmerte Art und mein Faible für Tauschhandel und kleine Geschäfte hatten offensichtlich Arthurs Neugierde geweckt.

Gut so, konnte ich an diesem prächtigen Sommertag anno 1949 mit meinen kurzen Hosen doch unbeschwert aus dem Fond des ehrwürdigen Mercedes 170 V springen und das mächtige Portal der Darboven-Villa emporsprinten. Onkel Arthur sei ohnehin nicht im Haus, teilten uns die Angestellten mit, eine dringende Sitzung im Büro würde seine Ankunft verzögern. Ich bezog in dem Riesenhaus ein eigenes Zimmer, genoss den famosen Ausblick in den parkähnlichen Garten mit den riesigen Bäumen und war in Gedanken doch ganz weit weg: St. Louis, ich komme!

Erst einmal jedoch ging es nicht an Bord eines Dampfers über den Atlantischen Ozean, sondern zwei Stockwerke tiefer in die Küche im Souterrain. Dort hockten Mutter sowie die Köchin Dora und Gehilfin Friede auf Holzschemeln, in inbrünstigen Klönschnack vertieft. Ich lauschte gespannt den Worten der Erwachsenen, bis plötzlich ein älterer Herr mit einem hellen Glencheck-Anzug in der Küchentür stand, einen braunen Gummiball in den Händen wiegte und jenen unbegreiflichen Satz von sich gab, dessen Inhalt ich nicht begriff: »Ich bin Onkel Arthur. Albert, du wirst mal mein Nachfolger sein.«

Als Onkel Arthur und ich wenig später einträchtig beim Beerensammeln beisammensaßen, erzählte er mir ein wenig über die

Geschichte des Unternehmens J. J. Darboven. Die Details sollte ich erst viel später erfahren.

So wie jenes vom Namensgeber des Unternehmens, einem ursprünglich einfachen Mann mit bodenstämmiger Familie, der sich als Pionier norddeutscher Kaufmannszunft erwies und später zu einem Hamburger Pfeffersack avancierte – in der besten Bedeutung des Wortes: Johann Joachim Darboven. Wobei das Wort »Darboven« aus dem Niederdeutschen stammt und so etwas Ähnliches wie »da oben« bedeutet. Soweit ich weiß. Am 7. April anno 1841 in Lauenbruch als Sprössling einer alten niedersächsischen Sippe geboren, flüchtete der junge Mann rasch aus der ländlichen Idylle des elterlichen Bauernhofs: Die Großstadt Hamburg war sein Ziel.

Harte Arbeit auf dem heimischen Hof gewohnt, erwies er sich auch in der Kaufmannslehre in Altona nicht als »Bremer«, das heißt, er ließ sich die Arbeit nicht aus der Hand nehmen. Im Alter von 24 Jahren war in ihm der Entschluss gereift, den Weg in die Selbstständigkeit zu wagen.

Einer Firmenchronik der Darbovens ist zu entnehmen, dass die entsprechende Anmeldung zum Gewerbe die Nummer 641 trägt und im Staatsarchiv der Freien und Hansestadt Hamburg aufgeführt ist. An dieser Stelle ist gleichfalls die erste, handschriftliche Eintragung aus dem Kassenbuch des jungen Betriebes dokumentiert. Demnach wurden in der Anfangswoche für Brot, Kaffee und Kolonialwaren präzise 17 Hamburger Curant ausgegeben. Nach heutigem Geldwert sind das schätzungsweise 65 Euro. Mit dieser eher simplen Investition wird der wirtschaftliche Aufstieg des jungen Johann Joachim Darboven eingeleitet, den speziell die Kaffeekaufleute mit Argusaugen begleiten. Anfangs belächeln oder ignorieren sie den ehrgeizigen Handelsunternehmer noch, der zur Gartenbauausstellung 1869 in Hamburg 144 verschiedene Kaffeesorten präsentiert, akkurat nach Herkunft und Handelsnamen spezifiziert. Mit Abstand ist dies die reichhaltigste Auswahl aller Anbieter: Der Newcomer freut sich über eine silberne Medaille. Dass er sich später nur noch mit Gold, so oder so, zufrieden geben sollte, steht auf einer anderen Seite geschrieben. In jedem Fall verfügte mein Vorfahr über eine ausgeprägte Nase für die Zukunft. Denn die Kaffeebohne, zuvor als Türkentrank viel besungen, jedoch wenig getrunken, erfreute sich wachsender Beliebtheit. Die Tücke lag in der Zubereitung: Eine gleich bleibende Qualität war praktisch nicht zu erreichen. Sehr zum Leidwesen jener Genießer, die Geschmack wie anregende Wirkung des frisch aufgebrühten Kaffees zu schätzen wussten. In feinen Kreisen pflegte man sich schon damals bei einer Tasse Kaffee an einen Tisch zu setzen und über den Gang der Welt und die Besonderheiten des Lebens an sich zu parlieren. Auch wurde mancher exquisite Geschäftsabschluss mit einem Schluck Bohnenkaffee gekrönt.

Die Hausfrauen gewöhnten sich daran, die getrockneten grünen Bohnen auf dem Markt oder in den Geschäften der Kaffeehändler zu erwerben und daheim in der guten alten Bratpfanne eigenhändig zu rösten. Diese Prozedur sorgte zwar für eine Verfeinerung des gewöhnlichen Küchenduftes aus Fett, Zwiebeln und Kohl, doch das dem Kaffee eigene und typisch köstliche Aroma verflüchtigte sich schnell – im fertig servierten Gebräu war davon nur noch ein Hauch zu registrieren. Johann Joachim, längst selbst auf den Geschmack gekommen, gab sich mit dem geschmacklichen Resultat nicht die Bohne zufrieden. Hatte er die Rohware ursprünglich von kleineren Röstereien im Nachbarschaftsdistrikt bezogen, gründete er nun seinen eigenen Röstbetrieb. Mit dem erklärten Ziel, die Güte des Produktes jederzeit selbst bestimmen und kontrollieren zu können. Was für ein Aufsehen erregender Fortschritt auf kulinarischem Gebiet! Erstmals war es geglückt, die tägliche Verfügbarkeit frisch gerösteten Kaffees in stets gleich bleibender Qualität zu garantieren – eine für die Verbraucher heute selbstverständliche Tatsache. Die Kunde einer solch innovativen Marke verbreitete sich nach und nach über Hamburgs Stadtgrenzen hinaus.

Der folgende Schritt lag auf der Hand, zumindest für einen wagemutigen Kaufmann vom Format des J. J. Darboven: Als einer der Ersten führte er den Postversand für Kaffee ein. Der Gedanke an sich war einfacher als die konkrete Umsetzung, weil den Zollbeamten jedes Colli umständlich vorgelegt werden musste. Nur dann gab es die erforderliche Quittung. Dennoch ging die Rechnung unter dem Strich auf. Vielleicht auch wegen einer weiteren Erfindung des Pioniers: J. J. Darboven legte den Päckchen zersägten Zucker bei – in Würfelform. Im Zeitalter der Zuckerhüte wusste man diese praktische Errungenschaft durchaus zu schätzen.

Ein vollwertiger, von den Ratsherren und anderen besseren Bürgern akzeptierter Hamburger war Johann Joachim mit diesem Geschäftsauftrieb indes längst noch nicht. Erst 1876, mithin sieben Jahre nach der Firmengründung, legte der erfolgreiche Kaffeekaufmann den Bürgereid ab. Um den Stand und das Privileg als voll berechtigter Bürger der Hansestadt erwerben zu dürfen, musste man, wie Onkel Arthur mir im Garten berichtete, über einen gewissen Wohlstand und ein allseits reputiertes Benehmen verfügen. Was auch immer das damals konkret heißen sollte …

Nunmehr in den erlauchten Kreis aufgenommen, expandierte die Firma J. J. Darboven zusehends.

Onkel Arthur machte es sichtlich Freude, mein fast atemloses Interesse zu spüren. Lustvoll zog er an seiner Zigarre und fuhr fort mit jener Unternehmensgeschichte, die in nicht allzu ferner Zeit auch meine eigene sein sollte. Genüsslich schilderte Arthur mir die Magnetwirkung des Darboven-Stammgeschäfts am Brandsende 12–14. Der Verkauf lief so erstklassig, dass weitere Läden öffneten. Einer davon am Neuen Wall, Ecke Poststraße, in unmittelbarer Nähe des Rathauses also. Dort entstand ein indischer Teesalon, eine echte Sehenswürdigkeit in damaliger Zeit. Womit auch die Vielseitigkeit des Firmengründers belegt ist: Diverse Teesorten im Programm sorgten für eine breite Produktpalette und unterschiedliche Käuferkreise. »Darauf musst du achten!«, erklärte Onkel Arthur mit eindringlicher Stimme. Ernst blickte ich in seine markanten Augen. Natürlich hatte ich zu jener Zeit nicht die geringste Ahnung von der Bedeutung dieser Worte. Als sie mir dennoch eines Tages wieder in den Sinn kamen, hielt ich sie fest. Bis zum heutigen Tag übrigens bin ich bemüht, diesen Lehrsatz meines Mentors zu befolgen.

Arthur fuhr fort. Schilderte mir den Tod des legendären Johann Joachim Darboven am 18. Februar 1909 im Alter von nur 67 Jahren. In weiser Voraussicht hatte er seine Söhne früh zu Teilhabern gemacht. So konnten mein Onkel Arthur und sein Bruder Caesar ein wohl geordnetes Erbe übernehmen und gezielt ausbauen. Sehenswertes Beispiel dieses Weitblicks war der Musterbetrieb einer Großrösterei in der Wendenstraße in Hamburg. Als mit dem Ersten Weltkrieg Mangelwirtschaft, Exportverbote und Waffengänge den weltweiten Handel weitgehend lahm legten, wurde ein weiterer Meilenstein gesetzt. Am 18. November 1915, mithin sechseinhalb Jahre nach dem Tod des Firmengründers, erhielt das Unternehmen den Schutz des Wortes »IDEE« – als Marke und Warenzeichen durch Eintragung in die Zeichenrolle. Nomen est omen, und Johann Joachims, aber auch Onkel Arthurs Erfindergeist wurde im Firmennamen festgehalten.

Bevor unsere Familie 15 Jahre später ein neues, den Kaffeegenuss revolutionierendes Getränk auf den Markt brachte, galt es die Tücken des Ersten Weltkriegs zu umschiffen, ohne auf finanzielle Klippen zuzusteuern. Sprich: Andere Produkte mussten auf den Markt und die Einnahmesituation beleben.

Eine Idee anders – Butterbrot und Kaffee im Kontor

&

Zwar lauschte ich ergriffen Arthurs Berichten, doch ließ mir die eine oder andere Pause zwischen den Sätzen, angereichert mit intensivem Beerenpflücken, Freiraum für eigene Gedanken. Dass Arthur ein toller Typ und eine beeindruckende Persönlichkeit war, hatte ich auf Anhieb erkannt. Nicht nur wegen des braunen Gummiballs. Dass er zudem ganz besondere Stücke auf mich hielt, war nicht zu übersehen. Nicht nur wegen des merkwürdigen Satzes mit der Nachfolge. Was sollte so etwas einem 13-Jährigen auch schon sagen. Hinzu kam, dass er die Geschäfte seiner Firma perfekt im Griff zu haben schien – gut ein Jahr nach dem Ende des Zweiten Weltkriegs. Dieser Schluss ergab sich aus seinen Erzählungen. Er sprach über das Unternehmen seines Vaters, als wäre es sein Baby. Außerdem deuteten oberflächliche Indizien wie der dunkle Mercedes mit Chauffeur, die noble Villa am Bockhorst in den Elbvororten, die Angestelltenschar und ganz besonders jedoch Onkel Arthurs Auftreten darauf hin. Diese Selbstsicherheit ohne Starallüren, eben ganz normal gelebt, zeichnet wirklich nur die großen Bosse aus. Apropos: Auch in dieser Hinsicht hat sich meine Meinung in den vergangenen Jahrzehnten nicht geändert.

Derweil meine Gedanken wie Jojos hüpften und ein wohliges Spannungsfeld erzeugten, legte mein Onkel Informationsfutter nach. Er schilderte mir Caesars und seine Geschäftsstrategie, den kriegsbedingt fehlenden Rohkaffee durch einheimische Ingredienzen zu ersetzen. Das gediegene Haus Darboven musste seinen bewährten Erfindergeist in den Dienst jenes Ersatzkaffees stellen, der mir aus den Wirren des gerade erst beendeten Zweiten Weltkriegs bestens bekannt, weil in aller Munde war. »Muckefuck« hieß der Trank – eben schon zwischen 1914 und 1918, jener wenig erbaulichen Epoche, bei der Onkel Arthurs Kurzreise durch die Firmengeschichte just angelangt war.

Das Resultat des geschmacklichen Tüftelns auf der Suche nach halbwegs akzeptablen Ersatzkaffees pries Arthur mit inbrünstiger Überzeugungskraft. So glaubhaft, dass ich mir für mein späteres Geschäftsleben den Lehrsatz hinter die Ohren schrieb: Stehst du mit voller Kraft deines Herzens hinter deinen Worten, nehmen dir die Menschen diese Botschaft auch ab. Auch daran dachte ich im Übrigen zurück, als sehr viele Jahre später die Werbeabteilung unseres Unternehmens auf mich zutrat und den Vorschlag präsentierte, ich solle in Fernsehspots persönlich für unsere Produkte einstehen. Nach anfänglichem Zögern sagte ich schließlich zu – auch in memoriam der Erkenntnisse vorm Johannisbeerstrauch im Sommer 1949.

Nun jedoch zurück zum Muckefuck im Ersten Weltkrieg. Dieses durchaus schmackhafte Getränk habe er aus Getreide, Zichorien, Milokorn, gerösteten Feigen und Zuckerrübenschnitzeln kreiert, verriet Arthur mit geradezu diebischer Freude. Während des Zweiten Weltkriegs konnte die Firma von diesen Erfahrungen profitieren. Man musste also nicht bei null anfangen, zumindest nicht in dieser Beziehung. Mein Onkel, dem die ungleiche Unterhaltung sichtlich Frohsinn bereitete, veränderte die Sitzhaltung auf seinem Schemel und blickte mir geradeheraus in die Augen. »Atti, ein Unternehmen muss immer Substanz für harte Zeiten haben, sonst ist es rasch am Boden«, betonte er nachdrücklich. »Andererseits können diese harten Zeiten auch eine feine Chance bringen. Not weckt Kreativität, Erfindergeist und Wagemut.« Wichtig sei es, die Balance zwischen Risikobereitschaft und bedächtigem Kalkül sorgsam abzuwägen. Oft musste ich später an diesen Lehrsatz denken, wenn uns die Haie der Zunft den wirtschaftlichen Existenzraum rauben wollten. Viel von dem, was mir Arthur an diesem Sommernachmittag, aber auch bei zahlreichen späteren Gesprächen mit auf den Weg gab, hat noch heute unveränderte Gültigkeit. Entscheidende Mechanismen der Marktwirtschaft scheinen zeitlos zu sein.

Dazu zählt auch, sich möglichst in guten und nicht in Krisenzeiten von Partnern zu trennen, wenn man es denn grundsätzlich so will. Wobei das Prinzip zu gelten hat, dass sich beide anschließend noch in Würde und erhobenen Hauptes ins Antlitz blicken können. Ergo trennten sich auch die Brüder Arthur und Caesar in freundschaftlichem Einvernehmen. Im wahrsten Sinn des Wortes und nicht in der heute ein wenig abgegriffenen Formulierung für tendenziell feindliche Trennungen. Anno 1920 übernahm Arthur die väterliche Firma, unterstützt von einem weiteren Verwandten namens Nicolaus Darboven. Unterdessen gründete Caesar seinen eigenen Betrieb, der sich auf die Belieferung der Gastronomie mit Kaffee-Spezialsorten konzentrierte.

Zu jener Zeit, in den Jahren nach der einschnürenden und tödlichen Katastrophe des Ersten Weltkriegs also, hätten auch die Deutschen nicht nur neuen Lebensmut offenbart, sondern auch nach einem irgendwie frischeren Lebensgefühl gesucht. Viel wurde von persönlicher Freiheit gesprochen, so Onkel Arthur, von neuer Lebensfreude in Harmonie mit der Natur. »Man sollte genießen, doch mit kritischem Blick«, formulierte Arthur mit leuchtenden Augen. »Die Verbraucher dachten zunehmend an ihre Gesundheit und ans körperliche Wohlbefinden.« Unübersehbar kam Arthur

Darboven immer furioser in Schwung: »Die Zeit war reif, die Herstellung von Genussmitteln ebendiesen Ansprüchen anzupassen.« Der Grund für den verbalen Elan folgte im nächsten Satz: »Wieder mal waren wir Darbovens wirklich da oben!« Logisch, unter dem Prinzip wissenschaftlichen Fortschritts unter Beibehaltung gleich bleibender höchster Qualität.

1927 glückte der Durchbruch: Der Idee Kaffee trat seinen Siegeszug an. Sozusagen zum Leben verholfen durch Arthur höchstpersönlich sowie seinem kongenialen Mitstreiter Professor Karl Lendrich, dem Wissenschaftlichen Rat am Hygienischen Institut der Hansestadt Hamburg. Nach intensiven Versuchsreihen im Labor war letztlich ein Verfahren entwickelt worden, das die Kaffeebohne vor dem Rösten weitgehend von belastenden Stoffen befreite. Da gleichfalls die Verträglichkeit spürbar gesteigert wurde, war das Testat »magenfreundlich« ebenso verdient wie treffend. Immer unter der Prämisse, dass der volle Koffeingehalt, die Anregung des Kreislaufs fördernd, erhalten blieb. Stolz machte sich das fortschrittliche Darboven-Team auf zum Patentamt.

Eine Maßnahme, die sich rechnete, wie Onkel Arthur mir mit immer noch strahlendem Lächeln mitteilte. In kaum zwei Jahren, mithin zwischen 1927 und 1929, explodierte die Nachfrage nach dem neuartigen Idee Kaffee förmlich, so dass die Produktionsanlagen erheblich erweitert werden mussten. »Leider trabte der Amtsschimmel nicht im gleichen Tempo«, ergänzte mein Onkel knurrend. Erst nach sechs Jahren akzeptierte das Patentamt die neue Art der Kaffeeröstung. Zwar ist dieses Patent heutzutage längst abgelaufen, das Verfahren selbst hat sich jedoch millionenfach bewährt und gilt nach wie vor als modern und gesundheitsschonend.

Ob dieser Tatsache hätte Arthur gewiss noch mehr frohlockt. Dennoch konnte er mit dem 1949 erreichten Erfolg wahrlich mehr als zufrieden sein. Hatte er doch im Zweiten Weltkrieg das

Getränk mit dem wunderschönen Phantasienamen »Koff« zum Ersatzkaffee gemacht. »Solang Idee Kaffee dir fehlt, nimm Koff, dann hast du gut gewählt!«, lautete der Werbeslogan, der einer ganzen Generation geläufig war.

An einem anderen Tag berichtete mir Onkel Arthur von der Kehrseite dieses Slogans. Und ich lernte, dass es nicht nur in meiner Heimatstadt Darmstadt Bombenhagel, Feuersturm und menschliche Tragödien en masse gab. Am 28. Juli 1943 wurde der Hamburger Stadtteil Hammerbrook, Wohnort und Zuhause für 55 000 Bürger, in einer einzigen Nacht dem Erdboden gleichgemacht – ein einziges Wohnhaus stand am Morgen danach noch. Mir wurde klar, warum Arthur mir diesen Teil der Firmengeschichte erst später präsentierte. Es musste ihn tief bis ins Mark getroffen haben, als auch die Gebäude des prosperierenden Unternehmens J. J. Darboven bis auf die Grundmauern niederbrannten. Ein Lebenswerk schien dahin. Es gleicht einem kleinen Wunder, dass Ende 1947 wieder produziert werden konnte, wenn auch auf bescheidenem Niveau. Die Kundenkartei und das Archiv mit unwiederbringlichen Schätzen zur Firmenhistorie aber lagen in Asche. Allesamt vom Winde verweht.

Das verstand auch ich: Meine kleine Seele war im Innersten gepackt. Arthur Darboven war eben nicht nur ein starker Handelsmann, sondern auch ein talentierter Pädagoge. Als er mir Wochen später von den Besatzungszonen und dem letztlich zweigeteilten Deutschland erzählte, wurde ich von einer Gänsehaut geschüttelt. Unvergessen bleibt mir auch jene Facette in Arthurs Wesen, die ich heute als zutiefst hanseatisch bezeichne: Dass es mit J. J. Darboven in der Stunde null, als praktisch alles platt war, dennoch von vorne losging, das lag keineswegs am Firmenchef, nein, bewahre. Verantwortlich für Neustart und Aufbruchsgeist waren die Werkstreue der überlebenden Mitarbeiter und das Vertrauen der guten Kunden. Ich war schwer beeindruckt. Später kam mir nach und nach zu Ohren, dass Onkel Arthur einen gewichtigen Teil der Geschichte verschwiegen hatte: Vom Geist seines Vaters Johann Joachim beseelt, demonstrierte Arthur Darboven Tatkraft, Siegeswille und Vision. So gelangte die Firma wieder auf die wirtschaftliche Autobahn – dabei gab sie bald Gas wie nie zuvor. Unter unvorstellbar schwierigen Bedingungen, vor denen der Zeitgeist heute garantiert kapitulieren würde, knüpfte der Betrieb an die frühere Blüte an. Doch erst nach der Währungsunion von 1948, die ich ja mit kugelrunden Kinderaugen in Urach erlebt hatte, konnte wieder an regulären, geordneten und regelmäßigen Kaffee-Import gedacht werden. Hurra, wir leben noch: Die bekannten und bei den Deutschen so beliebten Kaffeesorten waren wieder lieferbar. Mit modernsten Maschinen produzierte die Firma J. J. Darboven in jenen Tagen mehr Qualitätskaffee der Spitzenklasse als je zuvor.

Das Gefühl für die Bohne an sich, das Händchen für den richtigen Röstprozess, aber auch Fortune und Sachverstand für das Steuer eines Unternehmens mussten erst noch erworben werden.

Auch wenn ich nach wie vor in Gedanken bereits auf dem Schiff nach Übersee weilte, genoss ich die spannenden Tage in der Darboven-Villa. Alles hatte Note, war geprägt von hanseatischem Stil. An Onkel Arthur gefiel mir auch die Tugend, harte Arbeit mit Genuss verbinden zu können. Zudem waren seine Lebensweisheiten so prägnant, dass ich sie leicht verinnerlichen konnte. »Auf die Arbeit musst du losgehen wie auf einen Feind – davonzulaufen ist ein Zeichen von Schwäche«, lehrte mich der Altmeister mit damals immerhin schon ehrwürdigen 78 Jahren auf der Lebensuhr. Das war greifbar, das konnte auch ein Jugendlicher kapieren.

Neben der leichten Boheme am Bockhorst, die auf soliden Pfeilern basierte, behagte mir das erstmals geordnete Leben. Soundso viele Stationen in meinen jungen Jahren, da tat ein wenig Stetigkeit gut. Zumal auch Mutter sesshaft zu werden schien. »Ich brauche immer zuverlässige, gute Leute«, hatte Onkel Arthur bekanntlich gelockt. Er hielt Wort, selbstredend. Mami bekam in der Buchhaltung der Firmenzentrale in der Wendenstraße einen qualifizierten Job; alles in allem ließ es sich famos leben in dieser Startphase Deutschlands. Angereichert wurde die Zeit durch regelmäßige Gespräche mit Arthur, zu denen er mich in den Garten oder in sein mit edlen Hölzern getäfeltes Arbeitszimmer bat. Dabei zeigte der alte Herr nicht nur Kompetenz, Erzählkunst und Herz, sondern auch Verständnis für eine andere Generation. Ich musste nicht auf altklug und erwachsen machen, ich durfte so sein, wie ich war. Optisch mit kurzen Hosen und verschrammten Knien, innerlich mit kindlicher Neugierde und jugendlich orientierten Fragen. Ich mochte diese Stunden intensiver Zweisamkeit. Dass sie letztlich ein einziger großer Test in vielen Teilen war, konnte ich nicht im Entferntesten ahnen. Zumal Mutter uns Männer in Ruhe gewähren ließ. Na klar, sie war eingeweiht in Arthurs Pläne.

Ob das auch auf die anderen im Haus zutraf, weiß ich nicht. In jedem Fall galt es für Arthurs Ehefrau Anna-Maria, seinerzeit 66 Jahre alt. Meine Schwester bekam mit ihren noch nicht einmal zwölf Jahren natürlich nichts mit, sie war eng auf Mutter bezogen. Zusätzlicher Erziehungsfaktor für uns zwei Teenager im Anfangsstadium war die Hausdame Alma Schlüter, den anderen Angestellten zufolge bereits seit 1914 in Familiendiensten.

Dass auch das schönste Leben, mit Bootspartien auf der Elbe und Waldausflügen in Nienstedten, Hochkamp, Blankenese sowie im Klövensteen, irgendwann dem »normalen Leben« weichen muss, wurde mir im August 1949 mit gnadenloser Brutalität vor Augen geführt. Der Familienrat, mit Mutter und Onkel an der Spitze, hatte einvernehmlich beschlossen, mich im Internat Louisenlund, im Holsteinischen bei Schleswig idyllisch wie entlegen platziert, einschulen zu lassen. Natürlich wurde ich offiziell um meine Meinung gebeten. Widerreden ersparte ich mir, zumal sie gewiss keine großartigen Änderungen erbracht hätten. Dass die Reise nach Amerika zu Grabe getragen worden war, betrübte mich dagegen weniger. »Du wirst noch früh genug fremde Länder kennen lernen«, sagte Onkel Arthur eines Abends mit geheimnisvollem Unterton. Da er bislang seine Versprechen immer eingehalten hatte, blieb ich unbesorgt. Zumal er mit geradezu verschwörerischer Stimme ergänzte: »Atti – ein Mann, ein Wort!« Dem war nichts hinzuzufügen – so weit hatte ich Arthur längst kennen und schätzen gelernt. Außerdem hatte ich mich, ganz ehrlich, an die Lebensweise auf dem Bockhorst gewöhnt.

Was auch nur verständlich ist, wenn die Fakten bekannt sind. So handelte es sich bei Arthurs Refugium keineswegs um eine gewöhnliche Stadtvilla, sondern um ein Anwesen allererster Güte. Vom Haus selbst und dem Park habe ich berichtet. Alles in allem umfasste das Anwesen, rund zehn Kilometer von der Hamburger Innenstadt entfernt, 15 Hektar. Darauf waren Dutzende Bäume mit viel Liebe so arrangiert, dass sich ein wahres Kinderland ergab. Dazu zählten sogar Stallungen. Ich erhielt Reitunterricht und verlieh meinem alten Faible für Pferde von früher aktuelle Impulse. Begeistert war ich dabei, auch höhere Sprünge zu gehen. Bei Ausritten in Richtung Klein Flottbek, Osdorf oder Rissen lernte ich meine neue Heimat bis in den hintersten Winkel kennen. Ich liebte diese Ausflüge auf dem Lande, genoss die Nähe zur Natur und war dermaßen aktiv, dass ich für den ganz großen Unsinn gar keine Zeit hatte. Treuer Kumpel bei vielen Unternehmungen war der vierbeinige Freund Lumpi. Zwar sah er aus wie eine Zahnbürste, dennoch hatte er es faustdick hinter den Ohren. Ich glaube, dass uns diese Eigenschaft gemein war. In intensiver pädagogischer Feinarbeit brachte ich Lumpi tatsächlich so weit, über einen kleineren Weidezaun zu hüpfen. Da gab's was Leckeres aus der Speisekammer. Mit Belohnung oder Appell ans Ehrgefühl kann man mehr Leistung erzeugen als mit Druck und Androhung von Sanktionen. Diese Erkenntnis stammt übrigens nicht von Onkel Arthur, sondern vom damals kleinen Atti.

Dessen Wartezeit auf das Louisenlunder Internat derweil mit einem Höhepunkt allererster Güte gewürzt wurde. Eines Morgens kündigte mir Arthur Darboven an, mich mit in sein Büro zu nehmen. Die Ankündigung einer Reise auf ein exotisches Eiland oder die Aussicht auf einen Ausflug in die Wunderwelt hätte keine magischere Wirkung auf mich ausüben können. Nach all den spannenden Erzählungen ging es nun dorthin, wo die Bohne hin- und der geröstete Kaffee herkam. Kurz: Für mich ging es ins Paradies!

Nicht irgendwie, sondern standesgemäß. In einem Graham Page, so einem grandiosen Gefährt mit markantem Trittbrett, einem am Heck angebrachten Ersatzreifen, mordsmäßigen Scheinwerfern und Kippschaltung mit drei Gängen. Seite an Seite mit Onkel Arthur nahm ich im Fond Platz. Mutter hatte mich fein gemacht, und Arthur präsentierte sich in jener Montur, in der er grundsätzlich in die Firma aufbrach: maßgeschneiderter Anzug, formidabler Hut, schweinslederne Handschuhe. Kleider machten bei Arthur keine Leute, das hatte ein Typ seines Formats gar nicht nötig, aber er gab fraglos eine Menge her. Ich war beeindruckt und auch ein wenig oder ein wenig mehr stolz. Über Elbchaussee und Reeperbahn ging es in die Wendenstraße.

Was ich dort genau zu erwarten hatte, konnte ich nicht einschätzen. In jedem Fall ein hanseatisches Umfeld, das zum Firmenchef passte. Keine Klitsche, sondern ein Unternehmen mit Niveau. Und Mitarbeiter, die Sachverstand und Treue zum Betrieb auszeichneten. Fast alle waren schon viele Jahre dabei, viele fühlten sich mit dem Markennamen J. J. Darboven weit mehr verbunden, als es ein übliches Angestelltenverhältnis jemals bewirken könnte.

Eine besonders facettenreiche Type hatte ich schon kennen gelernt. Der Mann hieß Dr. Stramcke, war Homöopath und eine Art Vertrauter meines Onkels, gleichzeitig jedoch so etwas wie ein Sorgenkind. Einzelheiten waren für einen Junior wie mich tabu, die Eckdaten indes hatte ich im Laufe der Zeit zu einem Mosaik zusammengefügt. So stand fest, dass Dr. Stramcke in den 20er-Jahren als Heilpraktiker in Russland gewesen war und in Moskau auch Stalin behandelt hatte. Von den Nazis während des Zweiten Weltkriegs in Fuhlsbüttel inhaftiert, wurde Dr. Stramcke 1945 freigelassen. Mein Onkel Arthur engagierte ihn als eine Art Leibarzt. Wie auch immer, der sowjetische Geheimdienst KGB meinte ausreichend Grund zu haben, ihn kidnappen zu müssen. Im englisch besetzten Hamburg war dies ein nicht eben unkompliziert zu handhabendes Vorhaben. Und eines Abends standen sie dann tatsächlich mit ein paar Agenten und Autos vor der Firmentür. Arthur bewies auch hier Courage, fackelte nicht lange, stellte den Gesuchten unter seinen besonderen Schutz und ließ ihn nicht mehr aus seinen Augen. Bis zum Abschütteln der KGB-Leute beherbergte er Dr. Stramcke in seinem Wohnhaus und bot ihm die Mitfahrt in seinem Firmenwagen an. So saßen wir zu viert in der feinen Karosse und kurvten durch die Stadt.

Später übrigens, als die KGB-Gefahr gebannt war, bezog Dr. Stramcke mit Ehefrau und Tochter eine Wohnung in Hamburg-Blankenese. Er verfügte über einen guten Ruf und über enorme Kenntnisse. Eines Tages behandelte der auf allerlei Kräuter und Tinkturen spezialisierte Heilpraktiker auch einen italienischen Grafen, der an den Rollstuhl gefesselt war. Dem Vernehmen nach brachte der Doktor den Adligen zum Gehen. Zum Dank wechselte ein Scheck mit sechsstelligem D-Mark-Betrag den Besitzer: Die

Familie Stramcke zog es an den Bodensee; dort verlor ich sie aus den Augen.

Zurück zur Autofahrt mit Arthur in die Firma. Meine J.-J.-Darboven-Premiere. In der Wendenstraße angelangt, war die Rotklinkerfabrik unübersehbar. Hier also war der berühmte Darboven-Kaffee zu Hause. Und, bei aller Ehre, die Firma war ja auch Quelle einer finanziellen Unabhängigkeit, die Onkel Arthur einen komfortablen Lebensstandard ermöglichte. Bei aller unbekümmerten Jugend war mir diese materielle Komponente des Schaffens durchaus bewusst.

Schon bei der Fahrt auf das riesige Gelände wurden meine Erwartungen absolut bestätigt. Ein für diesen Posten durchaus vornehm gekleideter Pförtner erhob sich von seinem Stuhl und grüßte meinen Onkel höflich entspannt, aber keineswegs jovial. Da war Rolf schon lauter und mit mehr Temperament gesegnet. Der Schäferhund erschnüffelte das Herrchen, bellte beglückt und flitzte auf das Auto zu. Arthur zog eine kleine Leckerei aus seiner Anzugtasche und vollführte ein sich täglich wiederholendes Ritual. Sonst wären die Rollen der beteiligten Akteure nicht so klar umrissen gewesen.

Weiter ging's zum Verwaltungsgebäude, im zentralen Bereich des Fabrikgeländes alles andere als luxuriös platziert. Im Erdgeschoss residierte die Chefsekretärin, von Arthur liebe-, aber auch respektvoll »Finanzminister« gerufen. Er selbst arbeitete in einem eher kleinen und bescheidenen Kontor, dem jeglicher Prunk fremd war. Trotz der eher schlichten Einrichtung strahlte das Zimmer Würde aus – insofern passte es zum Chef. Die Wände waren mit dunklem Holz getäfelt; ich meine, dass es Buchenholz war. Der Schreibtisch in der Ecke war klein gehalten, hinzu kamen zwei Besucherstühle und ein kleines Schränkchen. Das war's. Von hier aus wurde also eine der größten Kaffee-Unternehmungen des Landes geführt. Arthur bemerkte mein Erstaunen und reagierte mit einem Kurzreferat über äußere Attribute von Macht und Einfluss. Den Kern konnte man am besten so auf den Punkt bringen: besser mehr Sein als Schein als umgekehrt.

Wir beide nahmen Platz, und ich fühlte mich wie ein kleiner Chef. Wie ein klitzekleiner nur, aber es reichte, um in meinem Inneren bis heute als angenehmes Gefühl abgespeichert zu sein. »Um halb zehn ist Fofftein«, sagte Arthur mit seinem typisch norddeutschen Idiom. Er meine damit die Frühstückspause um 9.30 Uhr. Es gab Butterbrot. Er genoss dazu eine Tasse angenehm duftenden Bohnenkaffees, und ich schlürfte an meinem Becher mit Koff. Koffein war für Jungs in meinem Alter noch tabu. Ich sah das ein, freute mich aber schon damals allein des Kaffeevergnügens wegen auf das Erwachsenendasein.

Diese würzige Duftnote frisch gerösteten Bohnenkaffees war mir seit einem speziellen Erlebnis kurz nach Kriegsende wohl lebenslänglich in der Nase haften geblieben. Es war ein Feiertag ganz besonderer Note, als bei uns daheim in Urach ein Care-Paket aus den Vereinigten Staaten von Amerika eintraf. Neben allerlei Köstlichem wie Schokolade, Tomatenketchup und Brotkonserven plus Marmeladenglas war darin eine gut verschlossene, aber edel verzierte Dose enthalten. Randvoll gefüllt mit grünen Kaffeebohnen. Diese röstete Mutter in der Pfanne. Das Resultat: Es duftete in der kleinen Wohnung, als wären Weihnachten, Ostern und Pfingsten auf einen Tag gefallen. Dieser Duft nach Genuss, neuer Freiheit und Aufbruchstimmung ist unvergesslich. Er wurde auch nicht von einem weiteren Spitzenereignis übertroffen: Ein paar Monate später durfte ich dann doch die erste Tasse Kaffee meines Lebens verkösten. Wobei »durfte« relativ zu betrachten ist. Denn ich entschied ganz persönlich, dass es nun an der Zeit sei. Und fühlte mich wie ein kleiner Spitzbube, als ich daheim in der Küche eine

Tasse stibitzte und es mir in meinem Zimmer bequem machte. Diese Bläschen auf der so angenehm schwarzbraunen Oberfläche. Damals ahnte ich zwar noch nicht, wie anregend leidenschaftliche Küsse schmecken konnten, aber so ähnlich musste es sein. Dieser Duft! Nie wieder hat mir ein Getränk so gut geschmeckt wie jene Tasse heimlichen Kaffees damals in Arthurs Villa.

Aber zurück ins Kontor an der Wendenstraße.

Nach kurzer Pause unter uns beiden Männern rief er nach dem Schlossermeister. »Nimm den Atti jetzt mal mit«, sagte Onkel Arthur mehr oder weniger beiläufig. In der Schlosserei in einer Garage erhielt ich wenig später den ersten richtigen Arbeitsauftrag meines Lebens: Mittels Bohrmaschine und Feile galt es aus einem Klumpen Roheisen einen Würfel zu formen. Ich war stolz wie Bolle und spuckte mächtig in die Hände. Zwar war ich erst ein kleiner Buttjer von gerade einmal dreizehn Jahren, das gefühlte Alter jedoch war riesig. Mindestens 20 Jahre, wenn nicht mehr. Ich bemerkte genau, wie mich der Garagenmeister und die anderen Jungs aus den Augenwinkeln beobachteten. Wahrscheinlich hatten sie einen feinen Pinkel mit der Nase ganz weit oben erwartet. Und nun stand da ein bis in die Spitzen seines wuscheligen Haares motivierter Bursche und feilte, bis die Funken flogen. Ich war dermaßen im Eifer, dass ich für Pausen gar keine Zeit hatte. Es sei denn, Arthur bat mich zum Gespräch in sein Büro.

Nach drei Tagen war der Würfel fertig. Und ich auch – mit Schwielen an den Händen. Kritisch musterte ihn der Meister, ein wenig unsicher folgte ich seinen Blicken. Dann sagte er nur zwei Worte: »Klasse, Atti!« Ich hätte die Welt umarmen und Luftsprünge vollführen können, äußerlich aber tat ich ganz cool. So viel hatte ich schon von Arthur gelernt: »Junge, innerlich kannst du dich wie ein Beelzebub freuen, für die anderen aber drossele deine Gefühle.« Die erste Aufgabe war also mit Erfolg bewältigt, weiter ging es zum Autowaschen. Auch hier war ich mit so viel Feuer bei der Sache, dass Lack und Chrom um die Wette blitzten. Bei unseren Pausen in seinem Büro sagte Arthur kein Wort dazu, blickte mich aber mit wachsender Zufriedenheit an. Ein- oder zweimal fuhr seine rechte Hand durch mein Haar. Ich mochte ihn. Und er hatte ja so Recht. Wenn man das weiß, müssen darüber nicht viele Worte verloren werden. Ich muss es an dieser Stelle wiederholen: Der junge Albert fühlte sich ganz schön erwachsen.

Vor allem wenn es darum ging, die große, weite Geschäftswelt zu erkunden. Bisweilen durfte ich auf dem Beifahrersitz eines Lkw hocken, wenn eine Fahrt zum Rohkaffeelager in den Freihafen anstand. Das war meine Welt, das spürte ich mit unfehlbarer Sicherheit. Wenn ich die mächtigen Kähne aus aller Herren Länder an den Kaimauern sah, war ich regelrecht ergriffen. Hinzu kam, dass ich die Sprache der Männer im Hafen mochte. Und bis zum heutigen Tag mag. Diese klaren, direkten Worte, mit Herz und Charakter artikuliert, frei von diplomatischen Schnörkeln und abdämpfenden Floskeln. Wenn den Männern etwas nicht gefiel, wurde Tacheles geredet. Wenn alles im Lot war, reichte man sich die Hand oder verabreichte dem Partner einen Klaps auf die Schulter. Ich liebte diese handfeste Atmosphäre zwischen Speicherstadt und Köhlbrand. Nachts träumte ich vom Hamburger Freihafen. Schauermann zu sein, das konnte ich mir ausgezeichnet vorstellen damals.

Erst allerdings musste die Schule zu Ende gebracht werden, sonst konnte ich niemals eine Lehre machen. Das hatten mir Arthur und Mutter im pädagogischen Duett nahe gebracht, und ich sah es auch ein. Obwohl der Lustfaktor auf die Internatszeit keinen allzu hohen Pegel erreichte. Viel lieber wäre ich in der Garage, beim Autowaschen oder auf dem Lkw-Bock geblieben. Betrübt nahm ich Abschied von den herrlichen Tagen, die ich auf dem Gelände der

Firma J. J. Darboven verbracht hatte. Wie durch Zufall hatte sich für mich dort eine Tätigkeit nach der anderen ergeben. Erst später steckten mir die Mitarbeiter, dass Onkel Arthur alles von langer Hand geplant hatte – bis ins kleinste Detail. Und die Angestellten hatten strikte Order, dieses Spiel mitzuspielen und mich zu behandeln wie jeden anderen auch. Ich sollte gar nicht erst auf die Idee kommen, nur einen Deut anders als die Übrigen zu sein. Kaum war ich außer Sichtweite, holte Arthur präzise Kunde ein über mein Wirken. Immer jedoch tat er vollkommen ahnungslos, wenn wir auf dem Heimweg im Fond des ehrwürdigen Graham Page saßen und er mich fragte: »Na, min Jung, wie war's denn so heute?«

Reizende Studien in Louisenlund 1949/50

&

Einmal saßen wir wieder Seite an Seite im Auto. Diesmal allerdings in vornehmer Kluft und in offizieller Mission: Arthur, Mutter, ich, der Chauffeur – und Dr. Naber, der Rechtsberater des Unternehmens. Es war der Reisewagen aus dem Fuhrpark gewählt worden, ein Buick. Weil es raus aufs Land ging, zum Internat Louisenlund nahe Schleswig. Also gut 60 Kilometer von zu Hause entfernt. Ganz geheuer war mir nicht zumute. Andererseits dachte ich mir: je eher daran, desto eher davon. Erst Schule, dann Lehre, dann Hafen, dann Reisen, dann vielleicht mehr. Diese unabänderliche Reihenfolge mit Stand der Einschulung im August 1949 hatte ich durchaus verstanden. Alles blasse Theorie, wie ich unmittelbar darauf erfahren sollte.

Was zuvor bereits eingefädelt war, wurde ruck, zuck abgesegnet. Nicht nur Mutters Augen glänzten verdächtig in der Sommersonne. Rasch machte sich die Korona zurück gen Hansestadt. Zurück blieb nur ich, von finsteren Gedanken heimgesucht. Ich heulte wie ein Schlosshund, fühlte mich miserabel und war der festen Gewissheit, dass das Glück nicht auf meiner Seite sei. Die Nacht war grauenhaft, die Träume wenig erbaulich. Was tröstete es mich, dass es den anderen Jungen bei uns auf der Bude nicht anders ging. Zu sechst lagen wir in unseren Betten nebeneinander, und ich wette, dass wir unisono schluchzten. Ich offiziell vielleicht ein bisschen weniger als die anderen, weil ich als Stubenältester schließlich besondere Verantwortung für die Crew übernommen hatte. Und morgens sah die Welt schon wieder ganz anders aus.

Gut 80 Jungen waren wir auf dem Internat. Kein Wunder, dass ohne Disziplin gar nichts lief. Unsere Kunst bestand darin, die Lücken zu unseren Gunsten zu nutzen und möglichst sinnvoll zu füllen. Um es vorwegzunehmen: Auf diesem Gebiet entwickelte ich alsbald meisterliche Qualitäten. Was die Freizeit im Allgemeinen und andere Reize im Besonderen betraf. Diese waren weiblicher Natur und hielten sich im Dorf nebenan in ausreichender Anzahl bereit. Da diese Studien, ohnehin nicht meine allerersten auf diesem Gebiet, durchaus lustvolle Qualität zu garantieren schienen, war der Abschiedsschmerz schnell verflogen. Später flammte er immer wieder auf. Vor allem, wenn es nach den Ferien mit dem Zug zurück von Hamburg-Altona nach Louisenlund ging. Dann waren die Tränen nicht aufzuhalten. Gewiss auch wegen der miesen Erfahrungen während der Kriegswirren. Acht oder neun Mal hatte ich die Schule nun gewechselt. Gut, dass in Louisenlund Endstation sein sollte. In der Quarta stieg ich ein, die achte Klasse war das, und bis zur zehnten verbrachte ich eine insgesamt angenehme Zeit auf diesem damals wie heute mustergültig geführten Internat.

Gute Jahre waren es auch wegen der Lebenseinstellung, die uns dort vermittelt wurde. Nicht mittels Nürnberger Trichter, sondern mit rationeller Überzeugungsarbeit. »Einer für alle, alle für einen!«, hieß der eine Grundsatz, der mir besonders intensiv haften blieb. »Löse deine Probleme über echtes Engagement«, so der andere. Wobei ich vor allem letztere Lebensweisheit als flexibel interpretierbar begriff. Mit Engagement widmeten wir uns der Feld- und Forschungsarbeit das andere Geschlecht betreffend.

In diesem Zusammenhang will ich verbal die Hosen herunterlassen und zugeben, dass meine ersten Erfahrungen auf diesem mich stets besonders reizenden Gebiet bereits lange zurücklagen. Acht

Jahre jung war ich, als es zum ersten Mal zur Sache ging. Was manchen verblüffen mag, am meisten mich selbst damals, aber es ging. Abgespielt hatte sich die kurze Romanze in Kulmbach, im Lager des Schuhmachers, auf dem Boden. Ruth hieß die Holde, sie war neun oder zehn Jahre alt. Natürlich hatten wir keinerlei Ahnung von der Materie, irgendwie aber passte zusammen, was zusammen gehörte. Sehr zum Entsetzen einer Tante, die unsere Aktivitäten mitbekam und ziemlich entsetzt reagierte. Die Reaktion meiner Mutter muss moderater ausgefallen sein, zumindest kann ich mich an keine großen Vorhaltungen oder gar Sanktionen erinnern. Wahrscheinlich gab es 1944 auch gewichtigere und weitaus schlimmere Geschehnisse als verfrühte sexuelle Kontakte. Zumal sich die Begeisterung der beiden Akteure in Grenzen hielt. Ruth und ich kamen uns nach dieser Episode nicht noch einmal näher.

Dieses Erlebnis blieb somit einem entzückenden Mädchen namens Astrid Kessler vorbehalten. Sie war die erste große und wahrhaftige Liebe meines Lebens. Und auch wenn ihr noch die eine oder andere folgen sollte, bleibt Astrid mir ewig unvergessen. Ich hatte riesengroße Schmetterlinge im Bauch, wenn ich sie nur sah. Es war damals in Heppenheim, als ich die Schulferien bei einer meiner zahlreichen Cousinen verbrachte. Astrid verfügte über sämtliche Attribute, um einen Jüngling wie mich kirre zu machen. Was ganz einfach war. Sie war äußerlich wie innerlich allererste Klasse. Groß und schlank wie ein Baum, sportlich und agil, mit langen Zöpfen und einer natürlichen Erotik ausgestattet, die feuchte Träume bescherten. Dem tat auch ein weiteres Talent keinerlei Abbruch. Fräulein Kessler war mit Abstand Klassenbeste, sie verfügte in den Sparten Politik und Kultur über einen erstaunlichen Wissensfundus. Ich indes konzentrierte mein Interesse lieber auf andere Bereiche, die über plumpen Sex weit hinausgingen. Unsere Liebe war rein, sie war umfassend und rückblickend von anrührender Herzlichkeit geprägt. Stundenlang hockten wir am Busen der Natur, pflückten uns gegenseitig Blumen, beobachteten die Wolken beim himmlischen Reigen, hielten Händchen, knutschten zart bis wild – vor allem jedoch schworen wir uns ewige Liebe. Ganz habe ich das zwar nicht eingehalten, ein wenig aber schon. Auch wenn ich heute, nach vielen Dekaden, an Astrid Kessler denke, durchfluten mich romantische Gefühle. Sie war ein Mädchen von Format.

In Louisenlund erregten andere Objekte der Begierde unsere Aufmerksamkeit. Mir hatte es in erster Linie ein Schwesternpärchen angetan: Gertrud und Lisa Ströh. Das muss im Frühjahr 1950 gewesen sein, als der Lenz auch den aufblühenden Atti zu Extraleistungen verführte. Basis dieser zwischenmenschlichen Nachstellungen war ein Coup, der von langer Hand eingefädelt war. Immer mit dem Hintergrund der durchaus strengen Erziehungshand, die im reinen Jungsinternat für Zucht und Ordnung sorgte. Die Lehrer waren auch nicht von einer anderen Welt und beobachteten sehr wohl die Balzbereitschaft bei ihren pubertierenden Pennälern. Um gar nicht erst Hoffnung auf heimliche Liebesränke aufkeimen zu lassen, schlief auf jedem Flur jeweils eine Lehrkraft. Und führet uns nicht in Versuchung …

Nicht einkalkuliert hatten Direktion und Lehrkörper unser außerordentliches Interesse an den Feinheiten fremder Himmelskörper – was ja durchaus den Tatsachen entsprach. Lange Rede, nur ein Sinn: Unsere Wissbegierde am Thema Sternenkunde war astronomisch. Ich beherrschte Details der Gestirne wie zuvor bestenfalls Galileo Galilei, wusste immens viel über die Milchstraße und verfügte über profunde Kenntnisse den Kleinen Bären betreffend. Diese Wissbegierde war derart ausgereift, dass uns dieser wissenschaftliche Forschungsdrang sogar des Nachts hinaus in die Natur zog. Bis Mitternacht, so die Auflage der ob unseres Einsatzes beglückten Lehrerschaft, müssten wir die Studien abgeschlossen und ins Internat heimgekehrt sein. Leute, ich kann euch sagen: Die auf diese Weise ganz legal organisierte Zeit ließ ausreichend Raum für objektnahe Forschungsarbeit. Die in meinem speziellen Fall sogar gesplittet war. Nach anfänglichem Interesse an Gertrud stand später Schwester Lisa im Fokus naturkundlicher Forschungsarbeit. Die intensive Vorarbeit verlangte. Bis zu ihrem Wohnort Fleckeby waren es zwei Kilometer über Stock und Stein, die wir hin und zurück zu Fuß in Windeseile absolvierten. Der Einsatz lohnte sich. Lisa war ein Traum, blond und sexy, eine Wucht. Ein oder zwei Jahre lang lief dieses Spiel reibungslos, bis die Aktionen eines Tages aufflogen. Soweit ich mich erinnere, kam der Hofzofe das »Studienobjekt Mond« eines Tages spanisch vor. Die Wachbereitschaft wurde verstärkt, die nächtlichen Expeditionen mit kategorischem Verbot belegt. Der offizielle Ärger hielt sich dennoch in Grenzen. Ob wegen der Phantasie der Schüler oder wegen der Naivität der Pädagogen ist mir entfallen.

Meinen Kumpel Stani und mich hatten die Exkursionen für das spätere Leben gestählt. So und so. Darunter hatte besonders der Vater der beiden Mädels zu leiden, der die nach ihm benannte Gastwirtschaft Ströh betrieb. Neben dem üblichen Schankbetrieb am für uns verbotenen Tresen bot der geschäftstüchtige Wirt auch Limonaden in einem Groschenautomaten feil. Diese Kästen kitzelten unsere Kreativität. Mittels Magnet glückte es uns, den Apparat leer zu machen und vom Guthaben zu befreien. Pech für uns Strategen, dass Vater Ströh eines Tages auf der Lauer lag und uns in flagranti erwischte. Es gab mächtig den Arsch voll. Welch ein Segen, dass er nichts von den Techtelmechteln mit seinen Töchtern wusste. So kamen wir noch glimpflich davon. Auch wenn wir fürchterliche Angst hatten, vom Internat verwiesen zu werden. Ein paar Tage lang habe ich Blut und Wasser geschwitzt. Onkel Arthur hätte solche Eskapaden gewiss nicht mit Amüsement aufgenommen. Lisas betörende Rundungen waren da schon in ganz weiter Ferne. Wir hatten Glück; die Direktion drückte beide Augen zu.

In einem anderen Punkt war dann aber schnell Schluss mit lustig. Einigen reichten die normalen Freizeitaktivitäten, wie Angeln an der Schlei, Segeln auf umliegenden Seen oder Wildwest im Holsteinischen Wald, offenkundig nicht aus. Wobei ich bekennen muss, dieser Gruppierung angehört zu haben. Unbemerkt vom Gros der Mitschüler hatte sich eine »Gruppe S« gebildet. Dahinter stand der Begriff »Sprenggruppe«, die nichts Besseres zu tun hatte, als in der Umgebung des Internats die damals noch reichlich vorhandene Wehrmachtsmunition aufzuspüren, Schwarzpulver zusammenzutragen und per Lunte in die Luft zu sprengen. Der Krach war enorm, und wir waren begeistert.

Noch gigantischer geriet allein der Ärger, als die Polizei der »Gruppe S« auf die Schliche kam. Nachts wurden wir aus den Betten geholt und verhört. Im Nachhinein muss ich feststellen, dass der Direktor stolz auf uns sein konnte. Der Leitsatz »Einer für alle, alle für einen« wurde konsequent angewendet. Alle zehn bis zwölf Jungs hielten eisern dicht. Einer flog letztlich aber doch vom Internat. Den genauen Grund habe ich damals nicht mitbekommen, wahrscheinlich waren da noch andere Dinge im Spiel. Auf jeden Fall war das Thema Schwarzpulver für mich erst einmal ad acta gelegt. Dass es mich ein paar Jahre später in Mittelamerika sogar hinter Gitter führen sollte, hätte ich 1950 nicht für möglich gehalten.

Geheilt von den Studien des nächtlichen Sternenhimmels und den heimlichen Sprengübungen und glücklich, ernsthaften Disziplinarmaßnahmen entronnen zu sein, widmeten wir uns vorübergehend mit besonderem Eifer dem Unterricht. Zumal der Tag gut ausgefüllt war mit Unterricht aller erdenklichen Art. Auch wollte man uns nun ganz bestimmt keinen Freiraum mehr geben für anderweitigen Blödsinn.

Früh um acht Uhr begannen die ersten Lektionen. Gefolgt von einem gemeinsamen Mittagessen, einer Stunde Ruhe und anschließenden Schularbeiten. Zwischendurch blieb Raum für Unterricht in Sachen Moral, Lebensführung und Benimm. Unter dem Strich wurden uns die Zehn Gebote nahe gebracht, und ich gebe zu, dass eine Menge davon gespeichert wurde. Fraglos waren die Jahre in Louisenlund pädagogisch wie menschlich sehr wertvoll. Der Kernsatz lautete: »Seid immer ehrlich und zuverlässig!« Besser hätte es auch Onkel Arthur nicht formulieren können. Klar, dass ich oft an ihn und an Mutti sowie meine Schwester und die anderen daheim am Bockhorst dachte. Auch sehnte ich die Firma J. J. Darboven mit ganzem Herzen herbei, was für eine Aufgabe ich auch immer dort übernehmen sollte. Denn Onkel Arthurs Ankündigung seiner Nachfolge war für mich inhaltlich ähnlich weit weg wie Hamburg von Louisenlund. Das ging damals nicht so flott wie heute, rasch mal mit dem Auto hin und her.

Blieb immer noch Raum für Muße, mussten wir unsere Dienste ins schulische Gemeinwohl stellen. Das ging bis zur Kartoffelernte auf dem Acker. Diese Maloche war recht hart und nicht unbedingt beliebt. Eine der wenigen Abwechslungen bestand darin, Kartoffelkäfer zu zerquetschen oder mit einer Lupe zu rösten. Nett war das nicht, doch wer denkt als Junior schon an tierische Gefühle.

Motor meiner Bemühungen war ohnehin vor allem das Abschlusszeugnis im März 1953. Dieses, so das Lebensziel, sollte mich mit der Mittleren Reife belohnen und mich in die Lage versetzen, ab April 1953 die inbrünstig herbeigesehnte kaufmännische Lehre starten zu können. Rückblickend war ich ein ganz gewöhnlicher Pennäler. Weder Streber oder Musterschüler noch Intelligenzbestie

oder Faulpelz. Schummelzettel mit Geschichtsdaten in Hemds-
ärmeln oder Matheformeln in der Handinnenfläche gehörten für
mich ebenso zum Internatsalltag wie Raterunden über leeren Seiten oder auch mal glänzende Aufsätze. Alles in allem fiel mir das
Lernen nicht schwer in Louisenlund. Und manche Errungenschaft
von dort wusste ich erst sehr viel später zu schätzen.

Adoption zum »richtigen« Darboven

&

So richtig mit Feuer und Flamme und vollem Einsatz war ich erst wieder dabei, als es um die Bewerbungen für meine Ausbildung ging. Drei Schreiben setzte ich auf, doch von wegen leichtes Spiel. Zwei dieser Briefe musste ich als bittere Kinnhaken verbuchen. Beide enthielten Absagen, ich war komplett geknickt. »Mit einer derart schlechten Handschrift hast du in unserem Betrieb nichts zu suchen«, hieß es in der einen Ablehnung. »Die schulischen Leistungen reichen für unsere Ansprüche nicht aus«, dem Sinn nach in der anderen. Erst die dritte Antwort brachte die so heftig herbeigesehnte Zusage. Ich quittierte sie mit dankbarer Erleichterung, bescheiden und fast demütig auf dem Boden der Tatsachen verbleibend.

Genau dies war die Absicht des Strategen Arthur Darboven, der ebendiese Bodenhaftung bewirken wollte. Jahre später erst beichtete mir meine Mutter, dass alle drei Briefe von Arthur eingefädelt worden waren. Jedes Wort war mit einem Geschäftsfreund auf der anderen Seite abgesprochen. Nicht nur das, Arthur hatte die Schreiben persönlich diktiert. »Wer abhebt, hat den Bezug zur Realität verloren und wird sein Unternehmen in Gefahr bringen«, hatte der Onkel an anderer Stelle philosophiert.

Vielleicht waren diese Tiefschläge gute Voraussetzungen für den Einstieg ins Berufsleben. Denn immerhin trug ich zu Lehrbeginn am 1. April 1953 nicht mehr den Namen Albert Hopusch, sondern Albert Darboven. Und somit einen Namen, der nicht nur in Hamburg die Türen aufgehen ließ. »Wer mein Nachfolger wird, soll auch meinen Namen tragen«, hatte Onkel Arthur irgendwann einmal gesagt – und wie immer Wort gehalten.

Am Anfang dieser Aktion stand ein Abend im Winter 1952/53. Wieder einmal war es ein Moment, der für mich absolut unerwartet kam, von Arthur jedoch mit Kalkül vorbereitet worden war. Wie immer saßen wir im erweiterten Familienkreis im Wohnzimmer und sprachen über die Ereignisse des Tages: Onkel Arthur, seine Ehefrau Anna-Maria, meine Schwester, meine Mutter und ich. Arthur studierte die Börsennachrichten einer überregionalen Tageszeitung, genoss seine Zigarre und dampfte so vor sich hin. Offensichtlich war vereinbart, dass Anna-Maria diesmal den verbalen Steilpass vollführen sollte. Und tatsächlich brachte sie nach einem kurzen Ruhemoment das Thema Adoption ins Spiel. Arthur paffte vor sich hin und tat so, als wäre er gar nicht anwesend. In Wirklichkeit jedoch, da bin ich mir mittlerweile vollkommen sicher, war mein Onkel hellwach, jedes Wort mit größter Aufmerksamkeit registrierend. Wenn man es so sehen wollte, standen die Früchte seiner monatelangen Vorbereitungen zur Ernte an.

»Atti, du sollst ja einmal Arthurs Nachfolger in der Firma werden«, sagte Anna-Maria in die abendliche Stille hinein. »Und du weißt ja, dass wir dich gern an Kindes Statt adoptieren möchten, um alles auf den richtigen Kurs zu bringen.« Ich lauschte aufmerksam, denn tatsächlich hatte mir Mutter längst von solchen Absichten erzählt und sie eindringlich befürwortet. Und, Hand aufs Herz, was sollte ich gegen eine Adoption einzuwenden haben? Mein leiblicher Vater, der Chirurg Albert Hopusch, war leider an Krebs verstorben, und ich schätzte meinen Onkel Arthur über alle Maßen. Er meinte es besonders gut mit mir. Er war mein Freund. Außerdem konnte ich jetzt, im Alter von immerhin vierzehn Jahren, schon recht gut erfassen, welche Möglichkeiten die Firma J. J. Darboven eröffnete. Das war in der Tat eine Riesenchance, die zudem Riesenspaß zu machen schien.

Folglich lauschte ich weiter voller Sympathie und gespannter Erwartung, derweil Tante Anna-Maria fortfuhr. Sie eröffnete mir die Chancen, aber auch die Verantwortung eines so weit reichenden Schrittes. Mit der Adoption würde sich nicht nur der Name ändern. »Eine solche Adoption ist eine Herzenssache«, ergänzte Anna-Maria während des anschließenden gemeinsamen Abendessens mit echter Leidenschaft. »Albert, nur wenn du von innen heraus Ja sagst, hat das alles einen Sinn.« Na klar sei mir das eine Herzenssache, entgegnete ich mit tiefster Überzeugung. »Ich habe euch lieb und bin stolz, fortan den Namen Darboven tragen zu dürfen.« Außerdem, so fügte ich hinzu, sei es doch eine famose Angelegenheit, zwei Mütter zu haben. Und einen Vater mit der Persönlichkeit Arthurs.

Arthur selbst hatte die gesamte Zeit über kein einziges Wort verloren, er schien beinahe teilnahmslos zu sein. Jetzt aber schmunzelte er über beide Wangen. Er schmunzelte so sehr, dass es eine Freude war, ihn anzusehen. Dazu leuchteten seine Augen mit einer Intensität, wie es mir bei unserem ersten Treffen aufgefallen war, als wir gemeinsam Johannisbeeren pflückten. »Dann ist ja alles klar, mein Junge!«, sagte Arthur mit leicht belegter Stimme und hob sein Glas. »Auf die Zukunft, mein Sohn.« Ich spürte vor Aufregung meine Wangen glutrot brennen. Und, ganz ehrlich, ich war mordsmäßig stolz. So gut hatte ich Onkel Arthur in den letzten Jahren kennen gelernt, um dieses scheinbar beiläufige Gespräch quasi als Ritterschlag zu begreifen. Beim Zubettgehen, eine knappe Stunde später, flüsterte mir meine leibliche Mutter ins Ohr, auch sie sei sehr stolz auf mich. Arthur hätte so etwas wie einen Narren an mir gefressen. Was mir übrigens vollkommen rätselhaft war.

Außerdem sei Arthur von tiefster Zufriedenheit beseelt, weil ihn sein Gefühl vom Sommer 1948 nicht getrogen habe. Mithin vor gut vier Jahren, als er mit dem braunen Gummiball in der Küchentür gestanden und unvermittelt gesagt hatte: »Atti, du wirst einmal mein Nachfolger.« Nun hieß ich Albert Darboven, und alle Signale standen auf Grün. Leute, ich kann euch sagen: Das war nicht das schlechteste aller Gefühle.

1953, kurz vor dem Antritt meiner Lehre, wurde auch offiziell alles unter Dach und Fach gebracht. Immerhin war ich jetzt schon 17 Jahre alt und durchaus in der Lage, meine weitere Lebensplanung im Griff zu haben. In einem hochoffiziellen Akt in der Kanzlei des Hamburger Notars Cadmus wurden die sorgfältig ausgearbeiteten Adoptionspapiere verlesen und alsdann unterzeichnet. Zwar hatte ich lange genug mit diesem Schritt gelebt, dennoch reagierte ich gerührt. Aber auch von Tatendurst angetrieben: Wie schon nach Kriegsende mit gedeihlichen Handelsaktivitäten belohnt und während der Schnupperzeit in Arthurs Unternehmen bestätigt, war ich zum Kaufmann geboren. Daran gab es für mich nicht den geringsten Zweifel. Waren zu begutachten und günstig zu erwerben, Geschäftsideen in die Tat umzusetzen und an einer Marke zu feilen, das sollte mein Leben sein. Wohl dem, der seine Leidenschaft in berufliche Kanäle lenken kann. Ich war zufrieden und freute mich auf die Zukunft.

Lehrjahre im Freihafen – Guschis Barmbeker Stullen

&

»Hamburger Jungs werden immer zur Konkurrenz geschickt«, hatte mir mein neuer Vater eines Tages mitgeteilt. Als Teil einer Erklärung, warum ich nicht bei J. J. Darboven in die kaufmännische Lehre gehen sollte. »Da bist du nur der Sohn vom Chef«, erläuterte Arthur. »Das bringt nichts.« Daher hatte er die Arie mit den drei Bewerbungsschreiben initiiert, von denen zwei als negative Reaktionen zurückkamen. Denn von Anfang an stand für ihn fest, dass ich zur Firma Bernhard Rothfos in die Speicherstadt gehen sollte. Dieses Unternehmen war auf den Import von Rohkaffee spezialisiert und konnte mir also jenes Wissen vermitteln, das ich eines fernen Tages als Darboven-Manager benötigen würde. Mit dem Boss dort bei Rothfos stand Arthur auf freundschaftlichem Fuß, da waren direkte Informationsdrähte geschaltet, da hatte ich alles andere als ein Heimspiel. Die Rothfos-Kontore und die Kaffeespeicher waren am Brook und am Pickhuben untergebracht. Also in jenen Ecken inmitten der Speicherstadt, die förmlich nach Welthandel, maritimer Börse und Tradition riechen. Fünf- bis sechsstöckige Speicherhäuser in Rotklinker, direkt an den Fleeten. Die Ware konnte mit der Schute herangefahren und mit Flaschenzügen direkt von Bord nach oben gehievt werden.

Heutzutage ist die Speicherstadt aus der Freihafenzone ausgegliedert und auf dem besten Wege, neue Bedeutung zu erlangen.

71

Als Bindeglied zwischen der Hamburger Innenstadt und der vom Senat geplanten Hafen City. Neue hafenbezogene Firmen fassen in der Speicherstadt Fuß, und was vor ein paar Jahren beinahe tot zu sein schien, pulsiert plötzlich mit neuer Vitalität. Behutsam unter die Arme gegriffen auch von der HHLA, der Hamburger Hafen- und Lagerhausgesellschaft, die verantwortungsvoll zu ihrem Erbe steht und eine Menge investiert. Auch meine Firma wird ihrer Tradition gerecht und betätigt sich auf vielfältigem Parkett in der Speicherstadt. Sei es durch neue Skulpturen am Fuß einer Brücke in die Speicherstadt oder durch die Förderung spezieller Maßnahmen zum Erhalt und zur Belebung dieser geschichtsträchtigen Stätte.

Den Charakter dieses Ortes wusste ich schon als frisch gebackener Lehrling besonders zu schätzen. Erste Station bei Rothfos war die Registratur, und meine erste Aufgabe dort bestand aus Postholen. Ich schätzte es ungemein, um 7.30 Uhr zu Fuß vom Brook zum Adolphsplatz zu marschieren, um sodann mit reichlich Stolz die Schriftstücke und Akten einzusacken. Ich spürte, ich gehörte dazu zum großen Handelsrad in der Hansestadt. Nicht nur von Arthurs Gnaden, sondern mehr und mehr durch eigenes Tun. Denn dass ich als Adoptivsohn eines befreundeten Firmenchefs besonders genau unter die Lupe genommen wurde und mir jeder Schwachpunkt doppelt und dreifach heimgezahlt wurde, war mir sonnenklar. Andererseits interessierte mich dieser Tatbestand nicht die Bohne. Es war mein Leben und nicht das anderer Menschen. Ich wollte meinen Weg gehen. Basta.

So gesehen machten mir auch Jobs Freude, über die andere vielleicht geschmunzelt oder gar gelacht hätten. Wie das Anspitzen der Bleistifte im Chefsekretariat oder simple Botendienste mit teilweise endlosen Fußwegen. Nein, irgendwelche Darboven-Sterne trug ich wirklich nicht auf der Schulter, und auch von Vorschusslorbeeren konnte nicht im Geringsten die Rede sein. Im Gegenteil, ich war mir hundertprozentig sicher: Die beiden Alten hatten sich abgesprochen, dem jungen Atti nach allen Regeln der Kunst die Flötentöne beizubringen. Mich juckte das kein Stück, ich wusste ja, was ich wollte. Dabei bereitete mir die Erledigung der Korrespondenz besonders großes Vergnügen. Dokumentierte sie doch die Beziehungen zu Unternehmungen überall in der Welt, bewiesen durch eine Vielzahl internationaler Absender und Briefmarken. Liebevoll und sauber lochte ich die Briefe und Abrechnungen, versah sie mit dem Datumsstempel und heftete sie in der Leitz-Registratur ab. Unterstützt wurde ich dabei von dem älteren Lehrling Uwe Rulf. Von Tag zu Tag wurde er mehr Kumpel als Kollege.

Bei den Wegen durch die Innenstadt wechselten wir uns ab – oder gingen gemeinsam. Feste Stationen waren das Postscheckamt am Rödingsmarkt, das Telegrafenamt, die Landeszentralbank und natürlich viele Kontore überall in der Innenstadt. Kein Wunder also, dass ich bis heute praktisch jede Ecke der Hamburger City kenne. Obwohl ich in Darmstadt geboren wurde, fühlte ich mich längst als Hamburger. Die Lebensart hier sagte mir zu, hier war ich zu Hause.

Wobei mein eigenes Reich und ganz persönliches Refugium natürlich weiterhin in der Villa am Bockhorst lag; in doppelter Bedeutung fungierte es ja nun auch als mein Elternhaus. In meinem kleinen Zimmer dort, ausgestattet mit einem Etagenbett und einem Waschbecken, konnte ich ganz nach meiner Fasson leben. Mein Heiligtum war damals ein Kombinationsgerät aus Schallplattenspieler und Radio. Hier konnte ich es nach Herzenslust aufdrehen, mit Vorliebe Jazz und amerikanische Stars. Dazu paffte ich mehr oder weniger heimlich Zigaretten. Die langen Dinger ohne Filter namens Pall Mall, made in USA. Oder einheimische Filterstängel, die mir die Aura der großen weiten Welt suggerierten: Stuyvesant, Lord Astor oder HB. Ich sammelte Briefmarken, Zigarettenbilder oder kleine Münzen, die es an Shell-Tankstellen gab. Ich liebte es, gesellig und unter Leuten zu sein. Ebenso gut jedoch konnte ich ganz allein mit mir selbst sein. Langeweile kam dabei garantiert nicht auf. Außerdem genoss ich das gute Gefühl, meine beiden Mütter in meiner Nähe zu haben. Anna-Maria als angestammte Hausherrin, aber eben auch meine leibhaftige Mutter, Johanna Margarethe. Letztere arbeitete bis 1952/53 in der Buchhaltung der Firma J. J. Darboven, kümmerte sich später dann aber nur noch um den Haushalt daheim sowie um ihre beiden Kinder.

Nachdem ich die Kalfakter-Jobs bei Rothfos ohne Murren und Knurren mit absoluter Zuverlässigkeit erledigt hatte, erhielt ich Zugang zum Herzen der Firma. Erstmals durfte ich das Muster-zimmer betreten, in dem die verschiedenen Kaffeesorten verkostet und für gut oder schlecht befunden wurden. Chef im Ring dort war Robert Drews, sein Assistent war Robert Temme, Lehrling im dritten Jahr. Ihn traf ich – wie so viele andere auch – sehr viel später wieder: Nach der Übernahme der Münchner Marke Eilles durch J. J. Darboven begegnete er mir in Bayern. Es war ein schö-nes Wiedersehen, angereichert mit Anekdoten und Erinnerungen an die Lehrzeit in der Hamburger Speicherstadt.

Zu den härtesten und aufreibendsten, aber unter dem Strich auch schönsten Tagen meiner Ausbildung zählten die neun Monate Ma-loche im Freihafen von April bis Dezember 1954. Das erste Lehr-jahr verbrachte ich in den Kontoren, das zweite hauptsächlich im Herzen der Firma Rothfos, mitten im Hamburger Hafen also. Aus den Zeiten der Kinderlandverschickung und den brutalen Trüm-mertagen in Darmstadt war ich an handfeste Einsätze gewohnt, die Intensität und Normalität der Arbeit am Kai aber verblüffte mich doch. Eigentlich dominierte in meinem Inneren damals die Einstel-lung, dass mich absolut nichts und niemand besiegen könnte. An manchem Abend aber fühlte ich mich dermaßen leer, ausgepumpt und fix und fertig, dass ich zum Kotzen zu platt war. Das klingt hart, aber so war es. Natürlich gab ich das nicht zu. Anerkennende Blicke meiner Kollegen verrieten mir bisweilen jedoch, dass mein Einsatz sehr wohl registriert wurde. Ansatzweise habe ich das ja schon erwähnt.

Meinen Ausbilder werde ich mein Lebtag nicht vergessen. Hermann Glimmann hieß er, ein Quartiersmann von echtem Schrot und Korn. Mit Hochdeutsch kam man bei ihm und den anderen Jungs nicht weiter, mit dem steifen »Sie« erst recht nicht. Wir schnackten allesamt Platt und waren automatisch per Du. Das war selbstverständlich, darüber wurde gar nicht erst gesprochen. Zum Frühstück und Mittagessen saßen wir Seite an Seite in einem Kellerraum, packten unsere dicken Stullen aus dem Pergamentpapier und bissen herzhaft zu. Es muss ein Bild für die Götter gewesen sein, wie wir da so einträchtig beisammenhockten: die Hafenarbeiter, wahrhaftige Kaventsmänner, zum Teil mit Händen, so groß wie Bratpfannen – und ich, ein eher kleiner, dünner und magerer Bursche aus sparsamem Haus.

Die Klamotten für den beinharten Einsatz am Sack stellte die Firma: stabile schwarze Leinenhosen mit Latz, darunter zwei Hemden, im Doppelpack quasi. Ein hartes schwarzes Leinenhemd mit langen Ärmeln, darunter ein etwas leichteres, blau-weiß gestreiftes Teil. Die Krönung war eine Schippermütze im »Thälmann-Look«. Zur Ausrüstung zählten darüber hinaus ein Probenstecher, mit dem wir den Sackinhalt testen konnten, sowie ein Sackgriepen, eine Art Haken, mit dem wir die Säcke aufnehmen und festhalten konnten. Beide steckten in speziellen Taschen in Höhe des rechten Oberschenkels. Links fanden Sacknadel und Faden Platz; zum Ausbessern, für den Fall, dass ein Sack kaputt war. Sämtliche Geräte kamen ständig zum Einsatz, ohne den Sackgriepen aber wäre gar nichts gegangen.

Wer einmal auf diese Art Schiffe be- und entladen hat, vergisst die Technik nie wieder. Ist es doch eine Frage der Klugheit, bei Unmengen schwerer Säcke den vergleichsweise leichtesten Weg zu wählen. Stimmte die Technik nicht, ging es einem noch mehr auf die Knochen als ohnehin schon. Dass ich auch dieses Geschäft verstehe, habe ich jüngst erst einem Kamerateam des Norddeutschen Rundfunks während einer Reportage bei Tiede & Söhne in der Speicherstadt demonstriert. Ich habe mich fürstlich über die Miene des Sendeleiters amüsiert, als ich kurzerhand zum Griepen griff und mir in der Manier eines Profis einen 70-Kilo-Sack schnappte, schulterte und an anderer Stelle platzierte.

Gewiss noch wichtiger als die perfekte Tragetechnik war für mich die Lehre vom passenden Umgang mit den unterschiedlichen Menschentypen und Charakteren. Tatsächlich tummelten sich im Hafen alle auch nur im Entferntesten denkbaren Spezies, die mit dem Grundsatz »harte Schale, weicher Kern« nur unzutreffend beschrieben wären. Ich liebte diese Vielfalt, und ganz vorsichtig näherte ich mich dem einen oder anderen an. Mit der gebotenen Vorsicht, hatte ich es als »Sohn des Chefs« doch alles andere als einfach. Mancher wähnte in mir eine Art Mogelpackung, umso intensiver war ich bemüht, in jeder Beziehung meinen vollwertigen Mann zu stehen. Auch abends, wenn es zur dienstlichen Nachbesprechung in eine der zahllosen Hafenpinten ging. Hier kam man mit Kaffee ausnahmsweise nicht weiter: »Lütt un lütt« (»klein und klein«) war das Maß aller Dinge. Ein kleines Bier und ein Korn in wirksamer Kombination. Ich zählte nicht zu jenen, die ins Glas spuckten, wie die Hafenarbeiter zu sagen pflegten.

Erst aber kam die Arbeit, dann das Vergnügen. Chef unserer etwa 15 Männer umfassenden Gruppe war der Prokurist Helmut Papenhagen. Als eine Art Vormann fungierte Hermann Schwarz, ein Mann mit besonders schöner Handschrift, der die Gewichtsnoten der Ladung aufnahm und zu Papier brachte. Damals lief jeder Transportvorgang über die Schale. Das Ganze war eine Wissenschaft für sich; jede Sackprovenienz hatte ihre eigene Tara. Brasilianische und kolumbianische Bohnen wurden auf Pfundbasis gewogen, Kaffee aus Zentralamerika zum Beispiel kiloweise. Diese Säcke brachten es in der Regel auf 69 Kilogramm Nettogewicht, die aus Brasilien auf 60. Irgendwann kannst du die Zahlen abhaken, dann siehst du auf Kilometer Entfernung, was ein Sack wiegt und was drinsteckt.

Hermann Schwarz, der Hamburger Jung mit der prächtigen Handschrift, hatte das natürlich besonders gut intus. Er sah gar nicht aus wie ein stämmiger Malocher, er war eher ein zierlicher Typ: groß, schlank, dunkle Haare, Brille. Hermann war ein schlauer Kerl, ein Mann mit einem witzigen Maul, wie wir sagten. Er war in Ordnung.

Wie eigentlich alle in unserer Gruppe. Zwar reagierte der eine anfangs reservierter als der andere, so nach und nach aber gab sich das. Etliche der Männer hätten meine Großväter sein können. Heute noch bewundere ich ihre immense Portion Wohlwollen, mit der fast alle von ihnen einem Neuling wie mir begegneten. Allerdings war ich stets bemüht, für zwei in die Hände zu spucken – bis sie mich als ebenbürtig ansahen. Mancher anfangs bärbeißige Brummbär entpuppte sich plötzlich als gütiger und liebenswürdiger Kollege, dessen Ratschläge Gold wert waren.

In ganz besonders angenehmer Erinnerung habe ich auch Guschi, ein Hamburger durch und durch. Tagelang saß er während der Pausen schweigend neben mir, kritisch meine Butterbrote musternd, die ich von daheim mitgebracht hatte. Es waren liebevoll zubereitete Scheiben, aber nicht jene Riesenportionen, mit denen die Älteren Kondition für die Schicht tankten. Irgendwann konnte Guschi dem kulinarischen Elend wohl nicht mehr ins Auge sehen.

»Atti, komm man achtern Stobel, Mutter hat mi 'n ordentlich Butterbrot inpackt«, brummte er mitleidig und zog mich ein Stück weiter. »Damit du mol mächtig wat in die Kiemen kriegst, min Jung!« Es war der großartige Moment, in dem ich die legendären Barmbeker Stullen verputzen durfte: dicke Scheiben Schwarzbrot mit Schweinebraten, Senf und Gewürzgurken – sozusagen die kalte und noch deftigere Variante von Rundstück warm. Für Südlichter: Das sind halbe Brötchen, mit warmem Schweinebraten belegt und reichlich Soße dazu. Ich kann mich kaum daran erinnern, jemals in meinem Leben etwas so Leckeres gegessen zu haben wie Guschis Stullen damals im Freihafen. Kein Kaviar der Welt kann da mithalten.

Dann war da noch Adolf Docz, genannt »Otje«. Gesegnet mit der Außenhaut eines Elefanten und einem Herzen aus Gold. Oder Hermann Südekum, ebenfalls eine Seele von Mensch. Er war ein gut aussehender typischer Norddeutscher. Ein baumgroßer Hanseat, so Anfang vierzig, der alles über Kaffee und die Lagerung dieses wertvollen Rohstoffs wusste. Hermann arbeitete mit phänomenaler Präzision und Sachkenntnis, er zeigte mit jedem Handgriff und jedem Wort Niveau. Ganz zu schweigen von seinen Bärenkräften: Hermann konnte einen Sack an einer Hand durch die Luft hieven. Bei ihm harmonierten Psyche und Physis in beeindruckend seltener Kombination.

Aber auch Leute seines Stils mussten die Sprache des Hafens verstehen – und im Falle eines Falles auch sprechen. Zimperliche Geister oder Zauderer hatten hier keine Chance, der raue Ton war nichts für Muttersöhnchen. Ich war auf manches gefasst und auch von Arthur vorgewarnt, aber was ich vor Ort am Kai an Schoten, Witzen, Lebenserfahrungen oder Flüchen zu Ohren bekam, würde jedes Kloster in die Luft sprengen. Und da mich die Jungs irgendwann als ihresgleichen aufnahmen, nahmen sie natürlich keinerlei Rücksicht auf meine Lehrlingsgefühle. Vielfach war das schon starker Tobak. Andererseits wusste ich nach neun Monaten mehr über das Leben an sich, die Weltmeere, die Hafenstädte des Erdballs und ganz besonders über Frauen als eine ganze Kompanie Bundeswehrsoldaten. Der Klabautermann ist Zeuge, dass nicht alles Seemannsgarn war. Aber, ehrlich gesagt, gewiss eine Menge.

»Ich hau dir gleich das halbe Maul weg!«, hieß es gleich am ersten Tag. Entsetzt sprang ich auf, bis mich das Lachen der anderen wieder Platz nehmen ließ. Das war eben der gewöhnliche Umgangston, wenn einer die Ladung nicht richtig am Haken befestigt hatte. Der Ton war die Regel, handwerkliche Fehler zählten zu den Ausnahmen. Meist saß jeder Griff, egal ob an den »Schottischen Karren«, an Winsch oder Griepen. Für Saubermänner war kein Platz. Am Ende des Tages zeugte unsere Kleidung von der harten Arbeit. Umso erstaunter beobachtete ich den Kollegen Amandus Greve. Er bestach mit feinen Umgangsformen und hatte den Job, die Säcke auf die Waage zu bugsieren. Dennoch glänzte er durch blitzsaubere Hände und ein reines Leinenjackett. Keine Ahnung, wie er das machte. Amandus sei ein ehemaliger Kommunist, hieß es hinter vorgehaltener Hand. Mir war das gleich, er stand seinen Mann, er war ein Pfundskerl.

Einmal, ich werde diesen Sommertag nie vergessen, waren wir alle gleich. 1954, als Deutschlands Nationalmannschaft unter Sepp Herberger das Finale in Bern sensationell mit 3:2 gewann, gab es in der ganzen Stadt und natürlich auch im Freihafen nur ein einziges Thema: Wie haben die Jungs um Rahn und Morlock dieses Wunder geschafft? Jeder von uns war stolz wie Bolle, als hätte er den Siegtreffer selbst geschossen. Während wir das Match mit vor Aufregung rot glühenden Köpfen am Dampfradio verfolgten und in der Schlussphase fast in den Apparat hineinkrochen, spielten wir die Partie in den Tagen danach während unserer Pausen immer wieder nach. Wir hatten es zwar nicht leibhaftig gesehen, hatten aber das Gefühl, Augenzeugen gewesen zu sein. Tenor: »Und als Rahn dann abzog, die Pille immer länger wurde und links neben dem Pfosten in das Tor der Ungarn zischte …« Ja, da war Deutschland wieder wer in der Welt, wenn auch anfangs nur in der Sportwelt. Ich weiß aber noch ganz genau, wie der Atem des Stolzes durch Hamburg zog. Nach Jahren der Demütigung, der Niederlage und des Aufbaus gab es ein Erfolgserlebnis, das einte und Mut machte. Wir spuckten noch heftiger in die Hände als zuvor. Die Arbeit machte so richtig Freude; denn sie lohnte sich. Es ging wieder aufwärts mit unserem Land, das wussten wir ganz genau. Und wir wollten unseren Anteil daran haben.

Zumal das »Wunder von Bern« auch im Freihafen Bestätigung fand. Letztlich waren wir nur als Gemeinschaft stark, nichts anderes zählte. Und wenn einer mal nicht ganz so gut drauf war, packten die anderen ohne viel Federlesens doppelt an. Nach Fofftein, Feierabend also, genehmigten wir uns das eine oder andere Astra vom Fass und eisgekühlten Köm; meist in einer Pinte in der Brandstwiete. Hier hielt die Wirtin kulinarische Wunderwerke der rustikalen Küche bereit. Mit Wonne erinnere ich mich an hausgemachte Frikadellen, Karbonaden, Sauerfleisch, Soleier und schmackhaft eingelegte Bismarckheringe. »Fisch will schwimmen«, sagten die Männer, und sie trugen Sorge dafür, dass es an Flüssigkeit nicht mangelte. Besonders nicht am Freitag, dem Zahltag. Pünktlich erschien dann ein Buchhalter aus dem Kontor: Jeder von uns erhielt seinen Lohn bar in einer Tüte, bei mir waren rund 20 Mark drin.

Uns erging es somit besser als jenen Kolonnen von Tagelöhnern, die sich im Hafen verdingten und entscheidend von der Wirtschaftslage abhängig waren. Und da es zu Beginn der Wirtschaftswunderjahre nicht nur in der Schifffahrt boomte, gab es ordentlich

Firmengründer J. J. Darboven mit einem Enkelkind

Firmengründer J. J. Darboven   *Die zweite Generation: Arthur Darboven, Attis Adoptivvater*

September 1949: Albert Darboven, seine leibliche Schwester
Marie-Luise und Adoptivvater Arthur Darboven

Junges Geschwisterpaar: Marie-Luise und Albert Darboven

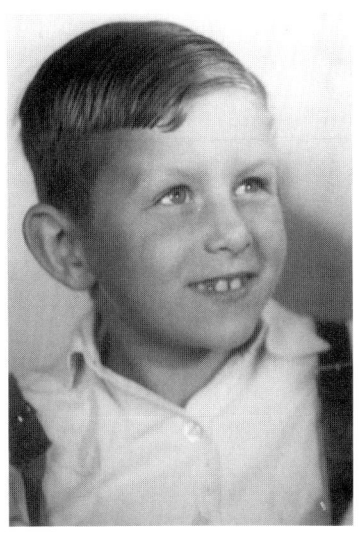

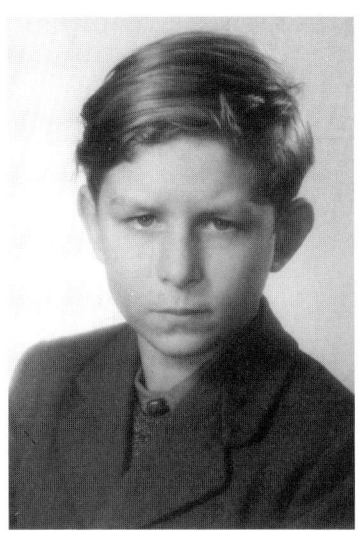

Albert Darboven im Alter von vier Jahren

Historie mit Profil. Aufgenommen im November 1948

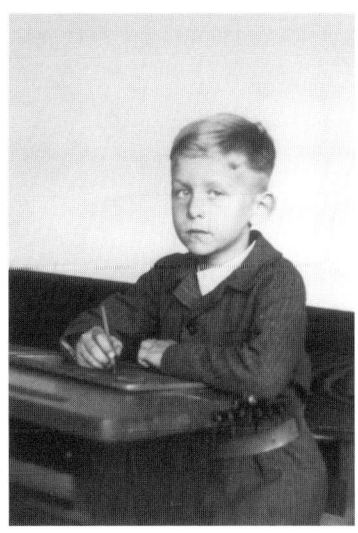

Albert Darbovens Einschulung 1942 in Darmstadt

Weihnachten 1952: Anna Maria Darboven, Elsa Chemlin (Arthur Darbovens Schwester), Jorita Hopusch (Albert Darbovens leibliche Mutter), Gesellschaftsdame und Gin-Freundin Alma Schlüter (hinten links), die Köchin Doretta Röhr (vorne rechts), Attis Schwester Marie-Luise (vorne links), Albert Darboven (vorne Mitte)

Sie nahmen den jungen Albert an Sohnes Statt an: Anna Maria und Arthur Darboven (v. l.)

Konfirmation in Blankenese, »Hahn im Hühnerhaufen«: 88 Mädchen und ein Junge (Albert Darboven)

19 Jahre und sehr stolz: Albert Darboven
im April 1955

Start ins Wirtschaftswunder: in der Firma Bernhard Rothfos, Ende 1954

Lehre im Hamburger Freihafen bei der Firma Bernhard Rothfos (1954)

Hochzeit mit Kaffeekönigin Ines (1961) in El Salvador

Albert Darboven mit seinem Sohn Arthur (1964)

El Salvador: Attis Sohn Arthur Darboven und Martin Melendez,
heute »Pferdeflüsterer« auf dem Gestüt Idee

Darboven-Villa auf Hof Bockhorst

Frauenfreund und Lebemann: Onkel Nicolaus Darboven (rechts)

Bajuwarische Bastion: 50 Jahre Burkhof Kaffee (1976)

Albert Darbovens ehemaliger Lehrherr Bernhard Rothfos mit dem früheren Wirtschaftssenator Helmut Kern

zu verdienen. Zumindest für jene, die wollten und konnten. Wir nannten diese Tagelöhner »Männer vom Stall«, überwiegend rustikale Gesellen mit einem robusten Arbeitsmotto: Maloche gegen Bares. Gefackelt wurde nicht lange, und mancher trat seine Arbeit mit ein paar Flachmännern in den Taschen an. Das war egal, wenn er seinen Job erledigte. Dann gab es nicht viele Fragen. Sonst bedeutete ein Anruf bei der Jobvermittlung das Ende der Einsätze. Schließlich war die Konkurrenz groß.

Nicht jeder dieser Fahrensleute war mir ganz geheuer, im Kern jedoch mochte ich die Burschen. Zumal nicht nur handwerklich, sondern auch rhetorisch begabte Jungs dabei waren. Schnackbären, die uns die Pausen mit guten Döntjes würzten wie verkürzten und angeblich alles über die Seefahrt, über die weite Welt zwischen Rio und Shanghai, aber auch über nahe gelegene Straßen mit recht viel Verkehr wussten. Der eine oder andere schlich nach Feierabend in der Herbert- oder Ulricusstraße vorbei, um den Wahrheitsgehalt der Storys zu überprüfen. Details habe ich leider vergessen …

Letztlich galt im Hafen noch mehr als anderswo: Dienst ist Dienst und Schnaps ist Schnaps. Wer des Abends allzu viel intus hatte und die Nacht zum Tage machte, hing an der Kaimauer oder in den Speichern fürchterlich durch. Bei mir war die Praxis der beste Lehrmeister. Einige Doppelschichten mit flauem Magen und dickem Kopf nisteten sich unvergesslich im Großhirn ein. Immerhin musste ich vor fünf Uhr früh hoch, um mit dem Moped oder mit der S-Bahn vom Hochkamp gen Landungsbrücken oder Hauptbahnhof zu fahren. Das kleine Motorrad war eine von mir geheiligte 98er Adler M 100. Von den Kollegen wurde sie liebevoll »Hustelinchen« getauft, wegen teilweise ungewöhnlicher Auspufftöne. Die eine Schicht ging von 6 bis 14 Uhr, die zweite von 14 bis 22 Uhr. Manchmal packte ich beide, das brachte mehr Geld. Wenn reichlich Arbeit anlag, wurde zudem gar nicht groß gefragt.

Trotz der abendlichen Drinks und des nahrhaften Futters, trotz Guschis Barmbeker Stullen gab es so praktisch keine Möglichkeit, Fett anzusetzen.

Manchmal zehrte allein schon das Hinschauen. Wenn eine Schute mit zweitausend 69-Kilo-Säcken am Speicher anlegte und entladen werden musste. Oft mit Zugabe. Denn bei so genannten »Stürzungen« musste der Kaffee noch gemischt und verpackt werden. Die Bohnen wurden dann auf den Boden gekippt. Wir mussten die importierten Jutesäcke von innen nach außen wenden, mittels Sackfarbe und Schablone markieren und nach dem Füllen von Hand zunähen.

Eine Bemerkung am Rande. Mit den Kaffeesäcken war 1995 Schluss. Die ersten losen Röstungen hat J. J. Darboven 1973 angenommen. Seitdem werden immer mehr Ladungen in Containern transportiert und in riesigen Silos gelagert. Das gibt weniger Gewichtsverlust, mehr Geruchsstabilität, bessere Transport- und Lagermöglichkeiten. Unter dem Strich bedeutet das geringere Frachtraten und weniger Versicherungsprämien. Dieser Trend war nicht zu stoppen. Auch wenn ich oft noch gern an die alten Säcke zurückdenke. Heute kommt der Kaffee als lose Ware, im »Bulk«, wie es im Fachjargon heißt. In den Erzeugerländern werden die grünen Bohnen jetzt in 23-Fuß-Container geschüttet und über den Ozean nach Hamburg oder Bremen verschifft. Für die Heere von Sackträgern und für die Sisalfabriken war diese Entwicklung ein hartes Brot.

Daran war damals natürlich nicht im Ansatz zu denken, und kurz vor Weihnachten 1954 verließ ich in der Speicherstadt eine intakte Wirtschaftswelt. Ich schied mit einem lachenden und einem weinenden Auge. Einerseits hatte mir die Arbeit, unabhängig von allen Strapazen, Spaß bereitet, mir echte Kollegen beschert und wesentliche Erkenntnisse über das Arbeitsleben gebracht. Andererseits wartete als nächste Ausbildungsstation London auf mich. Der erste Auslandseinsatz. Das ließ meine Träume Tango tanzen. Zum Abschied erschien der Prokurist persönlich: Helmut Papenhagen sprach mir den Dank der Firma Rothfos aus, überreichte mir mein Zwischenzeugnis und – das war der Hammer – einhundert Mark in bar als Prämie. Der junge Albert, von Onkel Arthur eher karges Taschengeld gewohnt, fühlte sich für einen Moment wie Dagobert Duck. Es war ein tolles Gefühl. Natürlich ließ ich mich nicht lumpen und lud zu einem zünftigen Ausstand ein. Mit ein paar Kisten Bier, Schnaps, Rum und den köstlichen Frikadellen von der Brandstwiete. Bis in den frühen Morgen hieß es: »Hoch die Tassen!« Wir sangen abwechselnd »O du fröhliche«, »La Paloma« und den Shanty vom »Veermaster«. Als mich Guschi zum Abschied herzhaft in seine Arme nahm und inniglich drückte, folgte eines der überwältigendsten Komplimente meines Lebens: »Atti, du bist einer von uns. Und das bleibst du auch!« Mir wurde ganz schummrig, und ich weiß nicht genau, ob das nur an der Dezemberluft lag. Schwamm drüber.

Frauen vom Feinsten
und Londoner Handelsluft

&

Der Pflicht im Hafen folgte die Kür. Diese trug in erheblichem Maße dazu bei, meine Sinne in Sachen Bohnenkaffee zu sensibilisieren. Meine Geschmacksnerven hatte ich schon während des ersten Lehrjahres trainiert, wenn sich die Experten im Musterzimmer zum Test trafen. Dabei veranstalteten wir regelrechte Wettbewerbe. Tassen wurden vertauscht, es musste also blind probiert werden. Anfangs waren mir die anderen um Nasenlängen voraus, ich aber wurde immer besser. Die Prozedur ist recht simpel. Man schlürft den frisch gebrühten Bohnenkaffee, als trüge man einen Rüssel. Dabei wird Sauerstoff zugeführt, und die Sinne werden gereizt. Anschließend wird der im Mundraum eingeschätzte Schluck wieder ausgespuckt – und zur nächsten Probe gegriffen.

Zumindest die vier groben Kaffeerichtungen lernte ich bei Rothfos recht schnell einzustufen, bei den Spezialitäten gibt es so viele Nuancen und von Erntetag zu Erntetag abweichende Feinheiten, dass eine Kategorisierung oft nur schwer möglich ist. Grundsätzlich gilt jedoch, dass Kaffee aus Kenia sehr geschmacksstark und säurehaltig ist. Auch Ware aus Brasilien gefällt aufgrund einer kraftvollen Eigenart. Bohnen aus Guatemala oder Kolumbien fallen durch einen ganz typischen aromaintensiven Charakter auf. Dagegen munden die Mischungen aus Äthiopien stark würzig und bisweilen auch ein wenig blumig. Das sind nur Faustregeln; Ausnahmen bestätigen die Regel.

Bei all diesen Tests und beinahe schon philosophischen Betrachtungen der Kaffeebohne an sich bin ich tatsächlich auf den guten Geschmack gekommen. Anders als bei manchem Zigarettenmanager oder Bulettenfabrikanten, der nach außen hin so tun muss, als genösse er sein Produkt mit ganz besonderer Hingabe, zeichne ich mich wirklich durch meine Liebe zum Kaffee aus. Geprägt durch den Kaffeemangel im Krieg, aufgewachsen im Hause Darboven mit feinsinnigen Diskussionen über den edlen Rohstoff und während der Ausbildung spielerisch damit konfrontiert, muss ich mich als wahrhaften Kaffeeliebhaber und Kenner outen.

Wenn ich diesen ganz besonders exotischen Duft auch nur von weitem rieche, stehen meine Geschmacksnerven auf Empfang. Ein frisch aufgebrühtes Getränk aus feinem, à point gemahlenem Mehl regt die Sinne auf höchst angenehme Weise an. Tagtäglich konsumiere ich gut und gern zehn bis zwölf Tassen, auch abends noch. Einschlafprobleme oder andere Handicaps habe ich dadurch noch nie gehabt. Wobei ich magenfreundliche Produkte favorisiere – aber bitte mit Koffein. Koffein ist der Engel in der Bohne, ohne ihn geht ein Teil der anregenden Wirkung verloren. Ohnehin streite ich ab, dass Bohnenkaffee, in vernünftigen Maßen genossen, gesundheitsschädlich ist. Kaffee wird nur dann gefährlich, wenn einem ein Sack davon aus dem fünften Stock auf den Kopf fällt. Heute kann das kaum noch passieren, früher indes wurden die Säcke bekanntlich noch mit Kränen oder Flaschenzügen in die hohen Etagen der Speicherstadtlager gehievt. Nicht nur einmal machte sich dabei ein Jutesack selbstständig. Tödliche Unfälle sind mir allerdings glücklicherweise nicht bekannt.

Auf meinen von Arthur Darboven mit Verstand ausgetüftelten Ausbildungsplan folgte 1955 erst einmal ein Jahr in London. Alles in allem währte die Lehre bei Rothfos vom 1. April 1953 bis zum 31. März 1956. Ohne allzu große Trauer wurde die Berufsschule unterbrochen, und im Januar 1955 ging es mit der Fähre in die Hauptstadt des Commonwealth. Fliegen war damals eine luxuriöse, kostspielige Reiseart. Dass ich nach dem Ausflug mit meinem leibhaftigen Vater in ganz jungen Jahren aber dennoch meine Charterflug-Premiere hinter mir hatte, war Arthurs Großzügigkeit zu verdanken. Als Belohnung für meine Leistungen in der Lehre spendierte er mir im September 1953, ein Jahr vor seinem Tod, eine der ersten Gruppenreisen nach Mallorca. Rund 500 Deutsche Mark kostete das luftige Vergnügen von Hamburg-Fuhlsbüttel aus via Frankfurt und Bordeaux nach Palma. Es war in jeder Hinsicht eine bemerkenswerte Reise. Auf Mallorca selbst ging es ein Stück per Bus weiter, bevor ich mich auf einem Eselskarren wiederfand. Es war ein Erlebnis.

Somit war ich also mit »internationaler Erfahrung« gesegnet, als ich im Januar 1955 in London eintraf. Dort war ich im Office der Truxo Ltd. avisiert, einer Agentur, mit der meine Hamburger Lehrfirma Rothfos intensiv kooperierte. Besitzer war ein deutscher Jude namens August Zuntz, der einige Zeit in einem Konzentrationslager der Nazis untergebracht und der Ermordung nur knapp entronnen war. Diese Vorgeschichte stimmte mich ein wenig mulmig. Wie würde ein Mann mit diesem Schicksal wohl einen jungen Deutschen aufnehmen? Diese Sorgen lösten sich beim ersten Treffen in Luft auf. August Zuntz und seine Crew nahmen mich so freundlich an die Hand, dass mein Herz einen Glückshüpfer machte. Innerlich zog ich meinen Hut vor einem solchen Charakter. Eine andere Reaktion von Zuntz wäre verständlich gewesen, so aber war der Weg frei für phantastische Monate an der Themse. Ich nutzte sie zur beruflichen Weiterbildung und für internationale Kontakte, ließ mir eine Brise Weltstadtluft um die Nase wehen, hatte aber auch genug Zeit, mich mit Hingabe der Damenwelt zu widmen. Dabei registrierte ich neben dem Kaffee eine weitere Leidenschaft, die einen Teil meines Lebens prägen sollte. Ich liebe die Frauen! Weiblicher Charme, intelligent zum Einsatz gebracht, und prickelnde Erotik können mich in himmlische Galaxien katapultieren. Um im Bild der Exkursionen durchaus lebendiger Himmelskörper zu verbleiben, denen ich im Internat Louisenlund mit so viel Inbrunst und Akribie zu Leibe gerückt war. Mit dem Unterschied, dass die Forschungsobjekte in London von einem ganz anderen Kaliber waren.

Aber der Reihe nach. Durch Vermittlung von August Zuntz bezog ich ein kleines, aber anständiges Zimmer an der Gloucester Road. Zwar verschlang die Miete in Höhe von 2,50 Pfund Sterling wöchentlich einen Großteil meines Budgets, doch was störte solche Unbill jemanden, der ausgezogen war, die Welt zu erobern? London lag zu meinen Füßen. Herz, was willst du mehr?

Die Antwort gab mir Ruth Makonnen, eine Granate von einer Frau. Ich nannte sie »Mokka-Lady«, wegen ihrer wunderschönen, leicht gebräunten Haut. Aber auch wegen ihres Temperaments, das jeden Vulkan zu einem eiskalten Aschehaufen erstarren ließ. Die Schöne stammte aus Addis Abeba, und dort aus einer ebenso wohlhabenden wie einflussreichen und vornehmen Familie. Sie studierte in Oxford. Sie hatte ein liebreizendes Antlitz und einen Körper, der mir den Atem raubte. Wenn wir zu einem Rendezvous verabredet waren, ich am Treffpunkt ihrer harrte und sie pünktlich heranstolzieren sah, bebte mein Herz. Bei ihr dagegen klimperte es. Nicht das Herz, auch nicht das stets reichhaltig gefüllte Portemonnaie, sondern der Maria-Theresia-Goldtaler an ihrem Armreif. Mannomann, Miss Makonnen war ein Weib allererster Rasse und Klasse. Als Hanseat aus Arthurs Schule habe ich gelernt, dass diskretes Schweigen tatsächlich Gold ist, aber so viel kann ich verraten: Ruth war in allen möglichen Lebenslagen ein Vulkan. Atti, damals 19 Jahre jung, kam mächtig in Wallung.

Zumal, sorry, Miss Makonnen nicht die einzige Lady in London war. Die Versuchung war für einen Jüngling ohne familiäre Bindung und mit ungeheurer Lust aufs Leben gewaltig. Ein paar Wochen stand ich ganz im Bann einer außerordentlich attraktiven Krankenschwester. Sie wohnte ein wenig außerhalb der City, in der Nähe des Subway Inn. Wir hatten eine innige Zeit.

Die Liaison mit einer Griechin war ungleich heftiger – aber kürzer. Leider hatte sie mir ihr Problem anfangs verschwiegen. Die Dame vom Peloponnes hatte sich just von einem offensichtlich besonders heißblütigen Lover getrennt. In einer spontanen Gefühlswallung hatte er sich entschlossen, seine Ex umzubringen: Wutentbrannt schleuderte er die Dame eine Treppe hinab. Glücklicherweise kam sie glimpflich davon. Dennoch wurde ein Prozess angestrengt, der sogar in der britischen Presselandschaft Berücksichtigung fand. »She Fell In Love With Somebody Else«, stand in großen Lettern als Begründung der Verzweiflungstat. Der »somebody else« hieß Albert »Atti« Darboven, war ein lebenslustiger German Boy – und suchte lieber das Weite. Bye-bye, schöne Griechin!

Die nächste Versuchung war jedoch nicht fern. Freimütig bekenne ich, ein kleiner Casanova gewesen zu sein. Der auch nicht in jeder Phase seinen Verstand auf Hochtouren laufen ließ. So verzahnten sich einige Beziehungen zeitlich, um es vornehm zu formulieren, was Probleme brachte. Ganz besonders, als Ruth aus Äthiopien Wind von einem Techtelmechtel mit einer 27-jährigen, also deutlich älteren Engländerin bekam. Sie reagierte radikal sauer, total eifersüchtig und erteilte mir Kontaktsperre. Ich litt wie ein Hund. Und London hing voll dunkler Wolken. Seelisch verprügelt, zog ich mich in meine kleine Butze an der Gloucester Road zurück, um meine Wunden zu lecken.

Und um über das Wesen der Frauen zu sinnieren. Warum glückte es dieser Spezies von Mensch immer wieder, in mir ein Flammenmeer zu entfachen? In diesen Stunden innerer Revolution kam mir mal wieder eine von Arthurs Lebensweisheiten in den Sinn. »Atti, hüte dich vor den Frauen«, hatte er mal gemahnt. »Manche hat nur dein Bestes im Visier – dein Geld!« Diese Worte hatte er im Allgemeinen gesagt. Und im Speziellen hinzugefügt: »Hab für den Fall der Fälle stets ein Präservativ zur Hand.« Sonst habe man allzu rasch Musik an den Fingern. Damit meinte Arthur eine schreiende, nach Brot verlangende Kinderschar. Diese Einstellung, so betonte er mir gegenüber, sei keineswegs altmodisch, sondern zeitlos aktuell. Er wisse schon, deutete Arthur einmal an, wovon er rede. Dabei blickte er mir viel sagend in die Augen, hielt sich ansonsten an jene Praxis, zu der auch ich mich bekenne. Der Gentleman genießt – und schweigt. Und ich habe reichlich genossen in meinem Leben. Zumindest bis die Hochzeitsglocken ertönten, aber dazu später mehr. Fazit in puncto Frauen: Weiblichen Reizen gegenüber war ich oft wehrlos ausgeliefert. Allerdings habe ich diese Wehrlosigkeit genauso oft sehr genossen.

Während mein Onkel und späterer Vater Arthur Darboven auch auf dem Gebiet zwischenmenschlicher Tête-à-Têtes als Berater Kumpelstatus genoss, war Sexualität früher nicht gerade das Lieblingsmetier meiner leiblichen Eltern gewesen. Obwohl meinem Vater als Chirurg eigentlich nun wirklich nichts fremd sein sollte, wurde das Thema daheim nur gestreift. Als ich ungefähr acht Jahre alt war, exerzierte ein etwa zwei Jahre älteres Mädchen praktische Biologie mit mir. Es war aber nicht jene Schuhmachertochter, mit der ich auf dem Boden zugange war, als uns die Tante erwischte. Meine junge Aufklärerin zeigte mir ein Versteck hinter einer Mauer. Dort untersuchten wir unsere Unterschiede, bis sie mit den Fingern irgendwelche Bewegungen imitierte und mir mitteilte: »Und das da unten nennt man Ficken.« Das war's dann in Sachen Aufklärung – der Rest lief von selbst.

Aber nun zurück nach London. In unser großes Büro im ersten Stock eines Hochhauses. Wir arbeiteten dort als schlagkräftiges, cleveres Team. August Zuntz als Chef, sein Neffe Reinhard, die Sekretärin Frau Bachrach und meine Wenigkeit. Höhepunkte waren jeweils dienstags und donnerstags, wenn die Kaffeeproben aus Nairobi eintrafen. Vom Flughafen Heathrow ging das Testsortiment per Kurier in unser Büro. Dort wiederholte sich regelmäßig eine Zeremonie, die ich lieben lernte und die mir noch heute gedanklich auf der Zunge zergeht. Bei der Probe war Eile geboten. Mundete die jeweilige Bohnenmischung, musste unser Gebot umgehend per Telex nach Ostafrika. Gewöhnlicherweise wurden Waren und Preise je nach Angebot und Nachfrage über die Börse in New York definiert. Kaffee war seinerzeit nach Erdöl das zweitwichtigste Handelsprodukt der Welt.

In unserem Falle jedoch war alles eine Idee persönlicher – und schmackhafter. In der Regel trafen ganz frisch zwanzig kleine Packungen à 10 Gramm im Londoner Büro ein. Diesen Kaffee rösteten wir selbst in einem Probenröster, brühten ihn mit kochendem Wasser auf, füllten ihn in Tassen und ließen dann den Geschmack sprechen. Signalisierten die Sinne Zustimmung, gab der Chef das Gebot ab. Bestellt wurde in Lots zu 50 bis 200 Sack Kaffee, jeder von ihnen 60 Kilo schwer. Kam eine Einigung zustande, was meist der Fall war, wurde die Partie per Schiff in die Freihäfen nach Bremen oder Hamburg geliefert. Hätte ich nicht schon vorher Feuer gefangen, so wäre meine Leidenschaft für die Kaffeebohne jetzt hochgradig entflammt. Die Vielseitigkeit des Kaffees, die internationale Bedeutung, die Handelsmöglichkeiten und der gigantische Absatzmarkt in Europa stimulierten gewaltig.

So sorgten der spannende Beruf, das gewinnende Betriebsklima bei der Truxo Ltd., aber auch die hohe Qualität des Freizeitlebens für einen Zeitverlauf im Düsenjet-Tempo. Dabei registrierte ich erstmals meine Wirkung auf Menschen, nicht nur auf Frauen. Darüber hatte ich mir nie zuvor Gedanken gemacht. In London jedoch fiel mir auf, dass ich mit meiner freundlichen Grundstimmung, einem offenen Visier, Interesse an anderen Charakteren sowie einer offensichtlich recht attraktiven Gesprächsführung Zustimmung und Interesse gewinnen konnte. Als armer Schlucker, in dessen Geldbörse kaum mehr als ein paar Shillinge klimperten, hatte ich materiell nichts zu bieten, und wen scherte im Ausland schon der Name Darboven? So weckte ich letztlich mühelos Sympathien – ohne irgendeinen Einsatz in die Waagschale werfen zu müssen. Denn ich war kein Macho, vollführte keine Handstände, brauste nicht mit einem Jaguar-Cabriolet um den Picadilly Circus, und ich hatte mich nicht ins gemachte Nest gesetzt. Auch das war eine durchaus lohnende Lebenserfahrung. Was hatte Arthur doch gesagt: »Erste Bürgerpflicht ist es, auf dem Boden der Tatsachen zu bleiben.«

Arthurs Tod – Adíos, Hamburgo!

&

Ende 1954 starb Arthur Darboven, mein Adoptivvater, Mentor und großartiger Freund. Arthur war 83 Jahre alt und hatte dem Prostatakrebs nur noch wenig Substanz entgegenzusetzen. Die Ärzte im Elisabeth-Krankenhaus machten uns keinerlei Hoffnung mehr. Dieses Hospital war den Freimaurern verbunden, und Arthur war überzeugter Logenbruder. Es passte zu meinem Vater, dass er ihnen auch im Ende die Treue hielt. Meine unendliche Trauer kann ich kaum beschreiben.

Ein halbes Jahr lang war er bettlägerig, jetzt lag er im Sterben. In der Firma J. J. Darboven, so wurde uns von leitenden Mitarbeitern berichtet, verliefen die Gespräche nur noch gedämpft. Wie, das war die bange Frage in der Belegschaft, würde es ohne den handfesten Visionär Arthur Darboven bloß weitergehen? Auch ich suchte nach einer Antwort, fand aber keine. Zumal es kaum Zeit zum entspannten Nachdenken oder Beratschlagen gab. Plötzlich kam die eilige Mitteilung, dass Arthurs Ende unmittelbar bevorstand. Und da lag er nun röchelnd. Das tat mir unendlich weh, und ich spürte, wie eine eiskalte Hand nach meinem Seelenleben griff. Einige Zeit, so der behandelnde Mediziner, dürfe er noch daheim am Bockhorst bleiben, danach müsse er zurück ins Krankenhaus. Dazu jedoch kam es nicht mehr. Drei Stunden nachdem ich mit meinem 98er Adler-Motorrad nach Hause gerast war und an Arthurs Seite Position bezogen hatte, verschied dieser phantastische Mensch. Ich weinte. Sehr lange, sehr still, sehr einsam. Was hatte dieser Mann mir alles gegeben seit jenem bedeutungsvollen Sommernachmittag anno 1949, als er plötzlich in der Küchentür gestanden hatte mit dem braunen Gummiball unterm Arm. Und nun, Silvester 1954, stand ich an seinem Grab. Tschüs, mein Beschützer und Kumpel. Ich fühlte mich innerlich wie ausgehöhlt, für Tränen war längst kein Raum mehr.

Ich war so fertig, dass die Welt aus den Fugen zu geraten drohte. Meine beiden Mütter trösteten mich, und gemeinsam fassten wir einen Entschluss: Die Pläne gehen so weiter, wie es Arthur vorgesehen hat. Und das hieß: erst London, dann Abschluss der Lehre, schließlich Überseestation in El Salvador. Letzteres erschien mir als Ziel überaus geeignet zu sein. Nachdem Arthur abgetreten war, spürte ich in Hamburg eine große Leere. Um dieses Vakuum zu füllen und frischen Lebensmut zu schöpfen, dünkte mir Mittelamerika als geeigneter Zielpunkt.

In dieser schweren Zeit, in der ich mein Idol und meinen Anker verloren hatte, stand mir Arthurs Witwe Anna-Maria bei. Sie hatte gewiss stattlich geerbt und zeigte mir manchmal ganz stolz ihr »kleines Kästchen«, das sie in ihrem Sekretär verborgen hielt. 3000 Mark schmorten dort mit Sicherheit, eine für mich zu jener Zeit unvorstellbare Menge Bargeld. Wir fanden jetzt mehr Zeit für gute Gespräche, und sie war bemüht, meinen Wissensdurst in Sachen Arthur zu stillen. In der Tat konnte ich gar nicht genug über meinen verstorbenen Freund und Oheim erfahren. Dabei manifestierte sich meine Gewissheit, dass er nicht nur im Alter ein phänomenaler Typ war. So berichtete Anna-Maria von ihrem ersten Kontakt mit Arthur. 1902 war das, in einem Zug. Arthur, offensichtlich damals schon ein Draufgänger wider manche Konfession, scherte sich herzlich wenig um die Trennung in Damen- und Herrenabteile und kam den Mädels in einem Tunnel näher. Anna-Maria gefiel der gut aussehende Draufgänger. Beim Verlassen der Eisenbahn in Gießen überreichte sie ihm ihre Adresse. Arthur ließ sich nicht lumpen, orderte einen halben Rosengarten, keinerlei Zweifel an seinen Absichten hinterlassend. Diese stießen durchaus auf Gegenliebe, zumal sich Anna-Maria, ganz die schlaue Frau, über den Bahnkavalier erkundigt hatte. Das Ergebnis lautete in etwa: Arthur Darboven, neben Caesar, Elsa und Ida eines von vier Kindern des Kaffeekaufmanns J. J. Darboven, steht im Begriff, aus der Firma seines Vaters eine Goldgrube zu schmieden. Viel wichtiger aber waren ihr die menschlichen Vorzüge, die sie bei etlichen Rendezvous zu ergründen suchte.

1903 schlossen beide den Bund fürs Leben. Gut 50 Jahre später flüsterte mir Arthur in einer unserer vertrauensvollen Stunden auf seiner Bettkante zu, dass Anna-Maria, Tochter des Architekten Johannes Wagner, seinerzeit eine halbe Million Goldmark mitbrachte. Das war enorm viel Geld, das Anna-Maria irgendwie, ohne großen Wertverlust, durch Inflationen und Kriege geschleust hatte.

»Anna-Maria wurde mir vom lieben Gott geschickt«, raunte mir Arthur unmittelbar vor seinem Tod zu – natürlich nicht wegen der üppigen Mitgift, sondern wegen ihres Herzens und ihrer konsequent beharrlichen Lebensführung. Getreu der Lebensdevise: Werde niemals wackelig, lasse dich von Begehrlichkeiten nicht vom rechten Wege abbringen, bleibe sauber, zuverlässig und ehrlich. Das waren Tugenden, die nicht im Widerspruch zu einer durchaus mondänen Lebensführung standen. Wie auch ich später zeigten sich Anna-Maria und Arthur in der praktischen Lebensführung sehr bescheiden. Hohe Kosten kamen beiden wie eine Sünde vor. Im Großen und Ganzen jedoch, vor allem in der Auswahl des Mitarbeiterstabes, der Autos und der Häuser, demonstrierten sie boheme Großzügigkeit.

94

Während der Verlobungszeit wohnten sie in Anna-Marias Wohnung an der Mundsburg, nach der Hochzeit wechselte das junge Paar in eine herrliche Villa im Friedensweg in Nienstedten. 1910 folgte dann der Umzug nach Bockhorst. Ursprünglich war das Areal zwischen Isfeldstraße und Iserbrooker Landstraße 30 Hektar groß, es war ein riesiges Landgut am Rande der Großstadt.

Der berufliche Wechsel nach England fiel mir leicht. Ich sehnte mich nach der großen weiten Welt. Ich hatte viel gehört vom Picadilly Circus, dem Trafalgar Square, von Big Ben und dem Königshaus, von großartiger Tradition und dem sprichwörtlichen britischen Stil. Diese Note hatte ich schon am anglophilen Hamburg stets geschätzt. So gesehen war London das ideale Sprungbrett für größere Aktivitäten. Das Jahr an der Themse verbuchte ich geschäftlich wie privat als außerordentlich erfolgreich. Mit dieser Erfahrung im Rücken machte mir die verbleibende Lehrzeit bei Rothfos in Hamburg auch nichts mehr aus. Stoisch und selbstsicher erfüllte ich meine Pflicht, auch in memoriam an Arthur. Im März 1956 schaffte ich den Handelsgehilfenbrief, um diesen Abschluss mit drei Monaten Einsatz bei J. J. Darboven zu krönen. Schließlich musste mein erster Überseetrip exzellent vorbereitet sein. Denn mein Job dort war alles andere als von Pappe. Ich sollte für Bernhard Rothfos in San Salvador eine Kaffeeagentur aufbauen. Mein innerer Spannungszustand war kaum zu beschreiben. Zum ersten Mal ging es nach Amerika, genauer gesagt, in die Heimat des Kaffees. Doppelter Anlass für mich, die Stunden vor dem Abflug zu zählen. Was eine weise Entscheidung war, sollte ich doch eine der außergewöhnlichsten Etappen meines Lebens vor mir haben, deren Erinnerung mich noch heute mit Glück erfüllt.

An einem schönen Altweibersommertag im September 1956 ging es los. Ich fragte mich allerdings, wie die Mittelamerikaner auf einen jungen Pionier aus Germany reagieren würden. Schließlich waren viele Deutsche aus Furcht vor dem NS-Regime dorthin geflohen, von den Altnazis ganz zu schweigen. In Verbindung mit dem Manko, noch kein Spanisch zu sprechen, war dies aber auch der einzige Schwachpunkt, den ich auf meiner Seite wähnte. Insgesamt strotzte ich vor Energie und Tatendrang und lechzte danach, für meine Firma Rothfos aus Hamburg eine Bastion in Übersee zu gründen. Es gab sehr viel zu tun, und ich war gewillt, kraftvoll anzupacken.

Vor Ort reagierte ich mit Begeisterung auf das pulsierende Leben in San Salvador. Das war nicht die geordnete Geschäftigkeit wie in Hamburg, das war ein Vulkan. Welch ein Temperament! Mancher Mensch erinnerte mich an einen Quirl auf zwei Beinen. Ich sog den turbulenten Verkehr, die Hupkonzerte, die lebensfroh gestikulierenden Menschen mit intensiven Zügen auf. »Atti, hier wird deine Stunde schlagen«, sagte ich mir – und stürzte mich mit Lust ins Gewühl. Immerhin war ich zum ersten Mal in meinem Leben mein eigener Boss. Niemand redete mir rein, niemand gab mir Befehle, ich war absolut mein eigener Herr. Ein wahrlich weltmeisterschaftliches Gefühl!

Erste Tat war die Organisation eines kleinen Zimmers in einem Boarding-Haus. Die Bude gefiel mir ausgezeichnet, sie war bescheiden, aber sauber und vor allem zentral. Die paar Quadratmeter waren mein privates Reich, Waschräume und Bad musste ich mit den anderen Bewohnern teilen. Das waren etwa 15 Personen aus aller Herren Länder, zumeist aus Europa und den USA. Fast alle waren Ingenieure oder Studenten. Da fiel ich mit meiner Kaffeeberufung tatsächlich aus dem Rahmen. Weitere Maßnahmen waren die Gründung eines Firmenkontos sowie das Anmieten eines kleinen Büros in der City. Hier wollte ich meine Geschäfte bündeln. Zu diesen Aktivitäten zählte es, besten Kaffee günstig einzukaufen. Nicht nur für Rothfos oder J. J. Darboven, sondern auch für die gesamte einheimische Konkurrenz. Guter Geschmack und Verhandlungsgeschick sind eben keine Frage der Firma. Auch für Jacobs, Tchibo oder Eduscho sollte ich Rohware besorgen. Trotz der Freude auf die Zeit in El Salvador lastete also eine erhebliche Verantwortung auf meinen Schultern. Mit dem Resultat, dass ich praktisch jeden Tag unterwegs war, um eine Landplantage nach der anderen abzuklappern. Dazu bediente ich mich eines Firmenautos, das ich preiswert erstand. Es war ein gebrauchter grauer Chevrolet, mit dem ich mich problemlos in das lokale Verkehrschaos eingliederte. Nach den ersten Schrecksekunden inmitten der brodelnden Blechlawine lehnte ich mich entspannt in meinen Fahrersitz zurück. »Die kochen auch nur mit Wasser«, sagte ich mir und zog mit. Getreu der Devise: Hunde, die bellen, beißen nicht. Und siehe da – meine Freunde aus San Salvador hatten mehr die Hand auf der Hupe als den Fuß auf dem Gaspedal. Wenn man diesen lautstarken Unterschied ignorierte, fuhren sie eigentlich ganz zivil.

Zuerst kamen die Anweisungen des Kaffeeankaufs aus Hamburg. Entweder per Telegramm oder per Telex. Für letztere Fernübertragungsart, heutzutage ja längst in den Museen eingemottet, war der Acme-Code entwickelt worden. Das waren allesamt Wortkombinationen aus fünf Buchstaben, die zwar Sinn machten, aber auf den ersten Blick völlig unverständlich waren. Erst ein dicker Wälzer mit Erklärungen und Übersetzungen half einem aus der Klemme. Man musste schon ganz schön plietsch sein, um im Wettbewerb mit den abgezockten Kaffeefürsten das Näschen vorn zu haben. Hier erwiesen sich meine handfeste Ausbildung, mein bereits in jungen Jahren erlerntes Geschäftsgeschick sowie meine natürliche Handelsmentalität als Pluspunkte. Ohne direkte Absprache mit der Hamburger Zentrale aber lief wenig – wegen der Zeitverschiebung hatten wir quasi rund um die Uhr Kontaktbereitschaft. »Ist das Angebot dieses hiesigen Kaffeeplantagen-Besitzers okay?

Oder wollen wir ihm mit einem Gegenangebot kommen?« So etwa lauteten die Fragen nach Hamburg. Zwar lernte ich das Feilschen mit den örtlichen Bohnenbaronen im Laufe der Monate immer effektiver, doch war mir das doppelte Netz lieber. Immerhin handelte es sich nicht um ein oder zwei Päckchen Ware, sondern um Partien zwischen 250 und 1500 Sack Kaffee à 70 Kilo. Da kam es nicht nur auf jeden Dollar, sondern auch auf jeden Cent an. Zumal die lieben Kollegen an der Waterkant sehr aufmerksam überwachten, was der junge Albert da drüben denn so auf die Reihe kriegte. Hinzu kam ein eigentlich urhanseatisches Geschäftsgebaren, das mir Arthur Darboven beigebracht hatte und das ich in San Salvador nun wiedertraf. Das Motto: »Ein Mann, ein Wort.« Auch die größten Geschäfte wurden per Handschlag besiegelt, da war es eine Frage der Ehre, die Abmachung millimetergetreu einzuhalten. Wer diese Spielregel ein einziges Mal verletzte, war raus aus dem Spiel. Ein für alle Mal.

War der Handschlag erfolgt, war das Ding also im Sack, um im Bild zu bleiben. Danach ging alles seinen geregelten Weg, bei dem auch die Behörden ihren Stempel aufdrückten. In puncto Penibilität standen die Mittelamerikaner uns Deutschen um keinen Deut nach. Unterschriften, Stempel, Bestätigungen – es hatte alles seine feste Ordnung. Und die Militärregierung im Land trug nicht dazu bei, dass die Verhältnisse lockerer wurden.

Auch sonst waren die wirtschaftlichen Strukturen recht starr in El Salvador. Zwar bündelte die Junta die politische Macht, doch die wirtschaftlichen und finanziellen Fäden zogen vielleicht zwanzig bis fünfundzwanzig Familienclans. Für europäische Verhältnisse waren diese Sippen reich wie Krösus. Sie hielten aufs Engste zusammen und zogen die Strippen ohne wesentliche Behinderungen. Es war hochinteressant, diese Gesellschaftsform zu beobachten. Allerdings hütete ich mich, diese Zustände zu kommentieren oder gar verändern zu wollen. Auch wenn man mir als jungem Deutschen vorurteilsfrei und durchweg höchst positiv begegnete, war es angebracht, sich eher zurückzuhalten. Nach den Auswüchsen der Nazizeit galt es bescheiden aufzutreten. Zumindest in jenen Nachkriegsjahren hatten wir wirklich nicht die Legitimation, uns als Lehrmeister in Sachen Demokratie und Menschenrechte aufzuspielen.

So beschränkte ich mich also auf offene Augen und Ohren – und auf gute Geschäfte. Es war eine phantastische Zeit. Die freie Marktwirtschaft, zu Hause von Ludwig Erhard propagiert, blühte auf hohem Niveau. Für einen Mann mit Handelsblut wie in meinem Fall war es eine famose Zeit mit enormen Entfaltungsmöglichkeiten. Ich kam prima zurecht mit der mittelamerikanischen Mentalität. Kurz, ich fühlte mich wohl und genoss das Leben in vollen Zügen. Mit Hamburg im Herzen die Welt erobern, diesem Credo meiner Vorfahren hatte ich mich inbrünstig verschrieben.

Urlaub war tabu. Was nicht schwer fiel, da ich außerhalb der Erntezeiten für Kaffee, die zwischen April und November terminiert waren, ein zweites Betätigungsfeld gefunden hatte. Auf Rechnung einer Firma in Bad Tölz vertrieb ich in Mittelamerika Beregnungsanlagen. Diese basierten auf einem einfachen, aber wirkungsvollen Prinzip, das den Reibungsverlust zwischen Pumpe und Wasserförderung minimierte. Auch dieser Job bereitete mir exorbitantes Vergnügen. Wegen der geschäftlichen Kontakte, der erfolgreichen Abschlüsse und der Prämien natürlich auch, ganz besonders jedoch wegen der explosiven Nebengeräusche.

Weil in einem Land wie El Salvador die Wasserquellen natürlich nicht an allen Ecken nur so sprudeln, muss nach Grundwasser gesucht werden. Ein abenteuerliches Unterfangen, dem damals ohne größere behördliche Auflagen nachgegangen werden durfte. Dynamit musste her, und dieser Sprengstoff war reichlich vorhanden. Es mag dem jugendlichen Leichtsinn zuzuordnen sein, dass meine Kumpels und ich ballerten, was das Zeug hielt. Diese Art der Wasserfahndung war das Allergrößte für uns. Im Laufe der Zeit entwickelten wir eine filmreife Praxis, die gleichermaßen Freude und Erfolg brachte.

Wir deponierten die Dynamitkerzen in neun Meter Tiefe, legten die Lunte und gaben mit einer Zigarette Feuer. Sobald die Leitung glimmte, brüllte einer: »Compañeros, schnell nach oben!« Wir rannten dann wie die Windhunde, suchten hinter zuvor ausgekundschafteten Felsen Deckung, bevor es so richtig krachte. Bei aller Gaudi verstanden wir unser Handwerk, so dass Effektivität und Aufwand in guter Relation standen. Andere gingen dieser Wassersuche mit Wünschelruten und anderem technischen Schnickschnack nach, ich war ein Freund explosiver Forschung. Irgendwie passte das auch zu dem Land und zur allgemeinen Goldgräberstimmung in jenen Jahren, doch diese Assoziation kam mir erst später.

Dass wir allesamt Pistolen bei uns trugen, war so selbstverständlich, dass ich es erst jetzt an dieser Stelle erwähne. Diese Waffen zählten nicht nur zum guten Ton, sondern waren einfach notwendig. Kam es wegen der immensen Klassenunterschiede doch tagtäglich zu Überfällen. Wer sich hier nicht selbst zu helfen wusste, konnte lange nach der Polizei rufen. Die erschien dann vielleicht irgendwann auch, protokollierte artig, zuckte dann jedoch resignierend mit den Schultern: »Sorry, Sir!« Da ich in den Anfangsmonaten glücklicherweise keine Auseinandersetzungen in dieser Richtung hatte, gab es auch keinen Ärger zu vermelden. Dafür kam dieser später in verstärkter Form auf mich zu.

Aber der Reihe nach. Insgesamt blieb ich bei dieser ersten Station gut zwei Jahre in El Salvador, bevor ich Ende 1958 nach Costa Rica wechselte, um dort unsere Filiale in San José zu übernehmen.

Highlife in El Salvador – eine Kaffeeprinzessin erobert das Herz des Junggesellen

Von der Arbeit vor Ort habe ich jetzt ausreichend erzählt. Da die Zeit in Mittelamerika indes auch in meine persönliche Sturm- und Drangzeit fiel, will ich die durchaus lebhaften Erlebnisse auf persönlichem und gesellschaftlichem Sektor keineswegs verschweigen. Zumal ich dort mit einem Sport in Berührung kam, der mich zeitlebens begleiten und der mir enorme Freude bereiten sollte, nämlich Polo. Jenes Ballspiel mit Schläger im Sattel speziell gezüchteter, besonders wendiger Polopferde. Dieser Sport ist keineswegs ein Sonnabend-nach-dem-Tee-Vergnügen reicher Leute, sondern ein handfester Wettbewerb, der Einsatz, Disziplin und Wagemut verlangt. Wer einmal ein Spielviertel, Chukka genannt, der Bambuskugel hinterherritt, weiß von den Anforderungen des Polospiels. Hierbei sind individuelle Fertigkeiten ebenso gefragt wie ein ausgeprägter Teamgeist. Wer einmal Seite an Seite Polo gespielt hat, wird sich im Beruf am Tag danach mit Sicherheit nicht übers Ohr hauen.

Und genau diese Grundregeln lernte ich gleich am Anfang meiner Mittelamerikazeit kennen. Durch die Gastfreundschaft und Offenheit der Menschen bereitete die gesellschaftliche Integration keinerlei Probleme. Die Plantageneigner, mit denen ich Geschäftskontakte pflegte, hatten fast allesamt Nachwuchs in meinem Alter. Es lief fast wie von selbst, in den Freundeskreis der Einheimischen integriert zu werden. Selbstverständlich war das aber keineswegs. Immerhin kam ich als quasi namenloser, eher mittelloser Schlucker, der in einer Mini-Butze in einem Boarding-House lebte und einen gebrauchten Chevy fuhr, aus einem entfernten Land, das gerade einen Weltkrieg initiiert und verloren hatte. Da war die Hand, die mir kollektiv gereicht wurde, besonders wertvoll.

Ich ergriff sie gern und hielt mich an die lokalen Spielregeln. Und die waren in den Country- und Golf-Clubs von San Salvador recht streng. Wer sich nicht an die Etikette hielt – Kleidung, Manieren und Moral betreffend –, war schneller wieder draußen, als er gucken konnte. Auch da hatten die Jungs drüben kein Erbarmen. Wer andererseits einmal Charakter, Chuzpe und Stil bewiesen hatte, konnte auf die Menschen dort bauen. Wer in der Klemme steckte, ganz gleich wie, konnte sich tätiger Hilfe sicher sein. Auf Geld wurde dabei nicht geachtet, man hatte es schlicht. Ich hatte es zwar nicht, aber die anderen umso mehr. Viele stammten aus richtig steinreichen Familien, die, wie erwähnt, nicht nur wirtschaftliche, sondern auch politische Fäden zogen. Von einem dieser Kontakte sollte ich nur wenig später als Gefängnisinsasse profitieren.

Die Jungs waren durch die Bank schwer in Ordnung, und die eine oder andere Freundschaft hat bis auf den heutigen Tag gehalten. Wenn ich an die alten Haudegen denke, galoppiert mein Herz vor Freude. Typen wie Bobby Schaps oder Miguel Regalado oder die Gebrüder Billy und Vizente Sol. Auch Tolin Meardi war dabei, leider stürzte er später in Chile mit seinem Flugzeug ab. Oder ein Pfundskerl wie Jaime Hill; ich bin mittlerweile Patenonkel seines Sohnes. Eine echte Marke ganz besonderer Klasse war Arturo Meza, von dem ich gleich noch erzählen werde. Wir gingen füreinander durch dick und dünn. Oft ging es um die Ehre, auch wenn ich den Anlass nicht immer begriff. Ein Mensch hanseatischen Typus, so wie ich, musste sich an das heiße Blut, den aufbrausenden Charakter und das etwas eigentümliche Gerechtigkeitsgefühl erst gewöhnen.

Wie gesagt, alle hatten Pistolen. Und da knallte es schon mal, wenn das Temperament hochkochte. Bei diesen Leuten war die Lunte gefährlich kurz. Besonders wenn Alkohol oder Señoritas im Spiel waren, konnte das Pulverfass Knall auf Fall zur Explosion kommen. Wurde die Freundin zu intensiv angebaggert, war ein Blick zu feurig, geriet ein Tanz zu eng? Oft sprach dann der Colt. Ich hörte immer wieder von Schießereien, ein paar Mal sogar mit Toten. Ich selbst fand mich nicht nur einmal bei diesen hochexplosiven Feten unter dem Tisch wieder. Einmal wurde ich ganz persönlich angegriffen, im Zimmer fiel ein Schuss. Mit dem Auto machte ich mich aus dem Staub, der Wahnsinnige jedoch ballerte noch im Wegfahren hinter mir her. Zu Hause angelangt, konnte ich mich über ein Heck freuen, das an ein Sieb erinnerte.

Gut, dass der Wagen über die Firma lief, privat hätte ich mir solche Eskapaden nicht leisten können. Denn, wie bereits erwähnt, musste ich wirtschaftlich kleine Brötchen backen. Mein Monatsverdienst summierte sich auf 300 Dollar. 60 Dollar jedoch musste ich allein für das Boarding-House berappen – pro Woche. Allerdings alles inklusive, auch das Essen, von der italienischen Gastgeberfamilie mit Liebe gekocht. Ein Stück Geborgenheit in einer lebendigen Metropole hat ja auch seine Vorteile. Da wir jedoch abends intensiv durch Clubs und Kneipen zogen, mächtig zechten und über Mädels philosophierten und ich zudem anfing, Golf und Polo zu spielen, musste irgendwie Geld her.

Vortrefflich also, dass sich mehr oder weniger durch Zufall eine Quelle ergab, die mehrere Vorteile hatte. Ich sprang bei bekannten oder befreundeten Familien als eine Art Haushüter ein. Waren diese im Urlaub oder zu Angehörigen nach Europa gereist, residierte ich in den Villen, beaufsichtigte das Personal, sah nach dem Rechten. So sparte ich das Geld fürs Boarding-House, wohnte luxuriös und verdiente gleichzeitig noch etwas hinzu. Das waren Geschäfte ganz nach meinem Gusto.

Somit blieb ein wenig Geld und Zeit, um den Flugschein zu machen. Dieses Papier zählte in der Upperclass von San Salvador zum guten Ton. Fliegen war in. Ich griff gern zum Steuerknüppel, zumal das Vergnügen außer etwas Sprit und zum Dank ein paar Whiskeys abends an der Clubtheke nichts kostete – wenn man den Flugunterricht bei der Luftwaffe nahm. »Warum nicht?«, dachte ich mir und flog mit. Flugs war ich, praktisch aus dem Stand, zum Leutnant der Reserve befördert. Mein Ausbilder war ein Colonel, der Karriere machen sollte. Tatsächlich brachte es Señor Juglio Revera vom Luftwaffenoffizier zum Präsidenten. Sein gutes Gedächtnis und die Erinnerung an einen jungen Deutschen in seiner Einheit sollten mich später aus einer verflixt heiklen Situation befreien.

Erst einmal allerdings überwogen die Probleme. Denn nachdem ich mit großer Begeisterung Flieger geworden war, wurde mir während eines Hamburg-Aufenthalts die Kehrseite dieser luftigen Angelegenheit vor Augen geführt. Zu meiner Verblüffung wurde ich von der Reserve zum aktiven Militärdienst eingezogen. »Fliegen gegen Honduras«, hieß der Aufruf. Der Hintergrund: San Salvador und Honduras lagen im Krieg, und El Salvadors Heißsporne und patriotische Paradiesvögel aus meinem Freundeskreis empfanden es als ihre vaterländische Pflicht, im Grenzgebiet Einsätze zu fliegen. Mit Feuer im Herzen bauten sie aus ihren kleinen Maschinen die Türen aus, nahmen ein oder zwei selbst gebastelte Brandbomben an Bord und flogen über die Grenze auf honduranisches Territorium.

Ob sie dort letzten Endes tatsächlich etwas bewirkten oder ob sie El Salvadors Luftwaffe eher ein Dorn im Auge waren, blieb mir unklar. Zumindest gab es am Wochenende am Biertisch eine

Menge Heldenhaftes zu erzählen. Ergriffen lauschten die Kumpels den heroischen Taten, und die jungen Damen zerflossen vor Stolz auf so viel geballte Unerschrockenheit. Vielleicht war es auch ganz gut, dass ich nicht allzu investigativ recherchierte, sondern die Schilderungen im Raum stehen ließ. Möglich aber war in diesen Zeiten in Mittelamerika eine Menge, teilweise herrschten unfassbare Organisationsstrukturen. Die mir letztlich aber persönlich zugute kamen, denn mein Protest gegen die Einberufung in den aktiven Militärdienst wurde akzeptiert – mit vielen Stempeln besiegelt. Zwar sei ich durch die Flugschule Leutnant der Reserve geworden, letztlich aber immer noch deutscher Staatsbürger. So hieß die Begründung.

Und das brachte den Generalstab auf die clevere Idee, mich quasi im diplomatischen Dienst einzusetzen. »Unterstützen Sie unser Land bei der Beschaffung von Waffen und Munition«, wurde eines Tages als Befehl an mich herangetragen. Aus Sympathie zu meinem Gastgeberland und meinen Freunden in führenden Positionen bemühte ich mich tatsächlich. Da in Deutschland im Anschluss an den Zweiten Weltkrieg in dieser Hinsicht natürlich nur wenig lief, aktivierte ich einige Kontakte in die damalige Tschechoslowakei. Dorthin bestanden wirtschaftliche Beziehungen durch Verbindungen auf dem Kaffeesektor, allesamt staatlich autorisiert. Über dubiose Kanäle sowie über Umwege via Belfast und Panama lief dann tatsächlich etwas auf diesem Gebiet. Was genau, wurde mir nie im Einzelnen berichtet, es wurde nur geflüstert. Da sich mein Einsatz ohnehin nur auf die Vermittlung einiger Namen und Adressen bezog, war mir diese Sache letztlich auch nicht besonders wichtig. Außerdem kehrte alsbald wieder Frieden ein im Grenzgebiet zwischen El Salvador und Honduras. Warum es dort überhaupt zur Eskalation kommen konnte, dürfte sowieso nur Einheimischen begreiflich sein.

Immerhin blieb endlich wieder Luftraum und Zeit für die schöne Seite der Fliegerei. Erneut kam ich dabei zum Einsatz, diesmal allerdings in lustigerer Mission. Anlass waren nationale Feierlichkeiten, die traditionell einmal jährlich in der Stadt Sochitoto abgehalten wurden. Optischer Höhepunkt der farbenfrohen Fiesta war ein Himmelfahrtskommando. Dabei zog ein Geschwader Dakotas über das feiernde Volk hinweg, düste im Sturzflug auf den Präsidenten mitsamt Korona zu und schmiss dem Staatsoberhaupt und seinem Gefolge in einer waghalsigen Aktion einen Jutesack mit roten Rosen vor die Füße. Solche riskanten Späße waren ganz nach dem Geschmack des Volkes und der Regierenden. Karamba!

Einmal durfte ich sogar mitfliegen. Das war ein Höchstmaß an Ehre, vergleichbar einem salvadorianischen Ritterschlag. »Du, Chelle, schmeißt diesmal den Rosensack raus«, erklärten mir meine Freunde. »Chelle« heißt Blonder, gemeint war so etwas wie »Europäer«. Es ging also an Bord einer Cessna – und Hals über Kopf hinunter auf den Präsidenten. Leider einen Tick zu steil, so dass wir von neuem ansetzen mussten. Schon witterte der Geheimdienst Verrat und wähnte einen Attentatsversuch, als der zweite Anflug dann doch noch glückte. Die Rosen landeten vor den Füßen des Präsidenten, der salutierte erfreut, das Volk jubelte – und mein Herz pochte bis in die Schläfen. Selbstredend floss dann abends der Brandy in Strömen. Als ansehnlicher Nebeneffekt des Flugmanövers lagen uns die Damen der Hauptstadt reihenweise zu Füßen. Es war eine Nacht vom Allerfeinsten, die ich im Morgengrauen dem Präsidenten widmete.

Wobei ich betonen muss, dass selbst nach solchen Orgien am nächsten Tag Business as usual auf der Tagesordnung stand. Schlappmachen und bis in die Puppen pennen war damals ebenso wenig angesagt wie heute. Okay, wir haben bis in den Grenzbereich gefeiert, über allem aber stand das Hanseaten-Prinzip, das mir Arthur Darboven hinter die Ohren geschrieben hatte: Dienst ist Dienst und Schnaps ist Schnaps. Manchmal blieb am Morgen gerade einmal Zeit für eine Rasur und viel kaltes Wasser über den rumorenden Schädel, dann rief das Büro. Wobei als Ursachen morgendlicher Unbill nicht immer nur Frauen und Alkohol herhalten konnten, oft waren es auch Poker und Alkohol.

Wenn es darauf ankam, waren aber auch feines Benehmen und stilvolles Parlieren Trumpf. Womit ich behutsam überleite zum romantischen Teil des Nachtlebens und ganz speziell zu einer der bezauberndsten Frauen des Universums, zu Señorita Ines de Sola. Bevor ich vom ersten Rendezvous mit dieser entzückenden Kaffeeprinzessin und dessen langjährigen Folgen berichte, sei mir ein kurzer Überblick über die Sippschaft der de Solas gestattet. Um zu dokumentieren, aus welchem illustren Clan Ines stammte, aber auch, um einem der schillerndsten Mannsbilder Ehre zu erweisen, die der Erdball je gesehen hat. Herbert de Sola, ein Abkömmling spanischer Sephaditen ohne Furcht und ohne Tadel, ein Hasardeur mit Herz und Charakter, einer, der auszog, das Leben zu gewinnen.

Geboren wurde Señor de Sola, der, wie auch Ines de Sola, aus dem Kreis der Sephaden-Juden stammt, am 15. April 1865. Das ist für mich leicht zu merken, weil ich ebenfalls am 15. April Geburtstag habe und US-Präsident Abraham Lincoln just an dem Tag erschossen wurde, an dem Herbert de Sola in Curaçao das Licht der Welt erblickte. Seinem Clan gehörten dort riesige Ländereien und enorme Reichtümer. Um es in Kürze auf den Punkt zu bringen: Herbert reichte dieses Leben als Statthalter des familiären Wohlstands nicht. Mit Anfang zwanzig sagte er kurz entschlossen Byebye und trabte auf dem Rücken eines Mulis in Richtung Norden. Mit dem Ziel, sich an einem Ort niederzulassen, der ihm zusagte und würdig sei, die Saat seiner neuen Existenz aufzunehmen.

So geschah es, dass Herbert de Sola eines sonnigen Tages nach San Salvador kam, seinem Muli Futter und Wasser reichte und mit einer Hand voll Dollar das Spiel des Lebens spielte. Herbert siegte mit Bravour und führte alsbald ein Wirtschaftsimperium mit den Standbeinen Seifenwaren, Textilien und Kaffee. Durch die Hochzeit mit Señorita Maduro knüpfte er feine Maschen zur Hautevolee El Salvadors. Fast logisch, dass sogar Herberts Hochzeitsreise von einer legendären Episode begleitet wurde.

Sie führte das junge Paar auf einer der ersten großen Kreuzfahrten über die Weltmeere von Panama aus via New York nach Europa. An Bord des Luxusdampfers stieß Herbert de Sola zu mitternächtlicher Stunde an der Bar auf einige der führenden Köpfe der panamesischen Unabhängigkeitsbewegung. Panama war damals auf dem Weg von der Kolonie zum eigenständigen Staat. Die Bitte an einen einflussreichen Weltbürger wie Señor de Sola war, den ihm gut bekannten US-Präsidenten für die Freiheitsbewegung einzunehmen. Herbert de Sola gelobte nicht nur das, er erläuterte den verblüfften Panamesen auch seine Vorstellung des Weges in die Unabhängigkeit. Kurz entschlossen, so die historisch belegte Episode, habe sich Don Herberto ein Tischtuch gegriffen und seine Strategie für den politischen und militärischen Coup aufgezeichnet. Die militärischen Zonen führten von Ost nach West sowie von Nord nach Süd. Sie wurden später mit Erfolg umgesetzt. Das Tischtuch wurde mit nach Panama-Stadt genommen; dort diente es als Vorlage für die neue panamesische Nationalflagge. Daher ist es mir verständlich, das ich überall auf der Welt nach dieser Flagge Ausschau halte. Weil dann famose Erinnerungen an Herbert de Sola wach werden. Hut ab vor diesem Strategen von Weltklasse.

Fünf Söhne gingen aus dieser Beziehung hervor, einer davon war Ernesto de Sola, Architekt, Gesellschafter des Sola-Imperiums und nicht zuletzt Vater der bezaubernden Ines. Anfang 1957 lernte ich sie kennen, bei einem Debütantinnenball im Country Club von San Salvador. Ich stand damals kurz vor meinem 21. Geburtstag und fühlte mich gut in Schuss. Trotz der katholischen Basis des Landes waren derartige Anlässe für Miguel Regalado, Arturo Meza, Billy und Vizente Sol, Jaime Hill, Albert Darboven und andere bevorzugte Jagdreviere. Es galt, auf stilvolle Manier Kontakte zu knüpfen. Plumpe Machos oder heiße Aufreißertypen hatten hier nie eine Chance.

Später am Abend stand ich an der Theke, orderte einen Scotch und scherzte mit der Unbekannten neben mir. »Sorry, aber das ist nur für Erwachsene.« Sie lächelte selbstsicher, und all meine Sinne gingen auf Empfang. Neben mir stand eine große brünette Frau, musterte mich aus dunklen Augen, forderte mich mit schlagfertigem Wortwitz heraus und wirkte dermaßen stolz und unabhängig, dass ich wie vom Schlag getroffen war. Das sei Ines de Sola, wurde mir mitgeteilt, Tochter von Ernesto und Enkelin des legendären Herbert de Sola, mithin Abkömmling einer der nobelsten Familien Mittelamerikas. Mit einem Satz: eine traumhafte Prinzessin aus einem Kaffeekönigreich. Atti aus Hamburg schien das Blut mit dreifacher Geschwindigkeit durch die Gefäße zu rasen, der Kopf ratterte nicht nur wegen der genossenen Drinks, alle Sinne kamen zu dem einen Ergebnis: »Ran an die Frau!«

Was keinesfalls einfach war. Ines zählte zu den Schönsten und auch Wohlhabendsten des Staates. Es war eine Situation, in der einmal wieder Arthur vor meinem inneren Auge erschien und mir zuflüsterte: »Junge, sei hanseatisch, bleib ruhig und sichere dein Terrain mit Gelassenheit.« Folglich verdrängte ich den gefühlsmäßigen Beelzebub in mir, schraubte die Emotionen hamburgisch herunter und tat, als hätte ich alles auf der Erde im Visier, nicht aber das Herz dieser Frau. Wir diskutierten entspannt über Gott und die Welt, tanzten zu mitreißender Musik – und tauschten heimlich unsere Telefonnummern aus. Zum Abschied flüsterte sie mir ihr Alter ins Ohr. 15 süße Jahre. Und hauchte ein »Adíos!« hinterher.

Ines ließ sich mit ihren Eltern nach Hause chauffieren. Sie hinterließ einen Mann, in dem die Emotionen meterhohe Wellen schlugen. Trotz des einen oder anderen Gute-Nacht-Schlucks fand ich kaum Schlaf, sondern wälzte mich auf dem Bettlaken und in Erinnerungen an die Minuten mit Ines. Dieses Wesen musste von einem fremden Stern stammen. Ganz ehrlich, schon mit zwanzig hatte ich manche Liebesschlacht hinter mir, so aber hatte es mich noch nie erwischt. Es war eine neue Dimension auf der nach oben offenen Gefühlsskala erreicht. Der Pegel stand so hoch, dass ich meinen Kumpels gegenüber kaum Aufhebens machte und den wahren Zustand meines Innenlebens lieber für mich behielt. Ich war mir sicher: Dieser Fall ist ernst, großes Ballyhoo kann nur als Schuss nach hinten losgehen. Balsam für meine strapazierten Ge-fühle kam aus meinem Freundeskreis. »Ich bin unsterblich verliebt in den Deutschen«, hatte Ines einer guten Freundin anvertraut. Dieser Tatbestand gab Kraft, beruhigte aber nicht eben.

Mancher trachtete danach, das junge Glück gar nicht erst zum Knospen zu bringen. Der Krieg war noch keine Dekade vorbei, vie-le Deutsche jedweder Gesinnung waren nach Süd- und Mittelame-rika geflohen; unser Land war Thema in Übersee. Dass nun ausge-rechnet ein junger Deutscher eine Liaison mit einer der First Ladys El Salvadors eingehen wollte, die zudem jüdischen Ursprungs war, war nicht wenigen wider die Fasson. Der Druck war immens, die Intrigen fielen engmaschig aus, das Gerede war groß. Andererseits wurde die bis ins Mark aufregende Liebesschlacht durch all diese Hürden natürlich noch dramatischer. Zumal Ines äußerlich von herrlicher Kühle gesegnet war; dieser Schutzwall konnte jedoch kaum die Glut eindämmen, die in ihrem Inneren loderte. Und eine

Ines de Sola, das war der Dame trotz ihrer Jugend klar, ließ sich ihre Gefühle von nichts und niemandem verbieten. Basta!

Auch mich machte diese ganze Arie noch entschlossener. »Ines oder keine«, fraß sich als Maxime in meine Gedanken ein. Nie wieder, so sprach die innere Stimme, würde mir eine Fee dieser Intelligenz, dieses Charismas und dieser Leidenschaft begegnen. Und dann noch dieses Aussehen. Wie Sophia Loren als Teenager von 15 Jahren.

Ich ließ nicht locker, und Ines erwiderte die Lockrufe des Herzens. Irgendwann kapitulierten auch unsere Feinde. Der Sieg war nahe. Unter Dach und Fach kam er letztlich, weil die Familie ihren Segen für das junge Glück gab. Ines' Vater, Ernesto de Sola, war mir mit ebenso offenem Visier entgegengetreten wie der legendäre Herbert de Sola. Letzteren traf ich in seinem 90. Lebensjahr – es war ein Erlebnis höchst seltener Prägung. »Und der ist auf einem Muli aus dem wirtschaftlichen Schlaraffenland ins Nirwana des Abenteuers getrabt, hat ein eigenes Imperium aufgebaut und an einer Schiffsbar Panamas Staatsflagge kreiert«, dachte ich gleich beim ersten Handschlag. Vor mir stand kein strahlender Hüne, sondern ein sehr klein gewachsener Señor im weißen Anzug und mit passendem Hut. Er wirkte wie ein echter Boss, wie jemand, der absolut nichts nötig hat. Kein Großmaul mit miesen Manieren, sondern ein feinsinniger Mann, der ruhig und bescheiden auftrat, mich aber mit hellwachen Augen musterte. Wir redeten viel und lange, auch über Deutschland. Dem keineswegs unumstrittenen Land, dem wir schließlich beide entstammten. Na ja, dann kam noch die Sache mit dem gemeinsamen Geburtstag hinzu – und gewiss noch das eine oder andere, das sich in diesem intensiven Gespräch ergab. »Junger Mann, ich bin ein paar Jahre älter«, meinte Herbert de Sola mit einem Schmunzeln auf den Lippen. Ich glaube, dass er mich verstand.

Grundsätzlich war also grünes Licht gegeben, und Ines und ich schwebten in höheren Sphären. Selbst als sie zum Studium auf die Hamlin-School nach San Francisco wechselte, blieb das Glück ungeteilt. Während der Kaffee-Ernte hatte ich ohnehin rund um die Uhr zu tun, da blieb kaum Zeit für Schmerz. Außerdem folgten den Jahren 1956 bis 1959 in El Salvador gut 15 Monate im Nachbarland Costa Rica, die ich allerdings oft für Trips nach San Salvador nutzte.

Blaue Bohnen –
hinter Gittern in Costa Rica

&

So hatte ich hart geschuftet, um mir an Ines' Seite ein goldenes Weihnachten 1958 zu gönnen. Die Flüge waren gebucht, kleine Präsente waren verpackt, und der Koffer war fertig, als die Abschiedsparty in San José zu einem Desaster geriet, das mich hinter Schloss und Riegel brachte. Ines und erst recht Herbert und Ernesto de Sola wären überhaupt nicht amüsiert gewesen, ihren Verwandten in spe über das Christfest im Knast des Nachbarlandes zu wissen.

Dabei hatte alles so harmlos begonnen. Mein Companero Pedro, ein Herzensbrecher und Sumpfhuhn par excellence, meinte absolut zu Recht, dass wir uns vor der mehrwöchigen Trennung ruhig ein paar besinnliche Vorfesttagsdrinks genehmigen könnten. Gesagt, getan. Ob der weihnachtlichen Vorfreude war wohl das eine oder andere Glas ein wenig zu groß geraten, auf jeden Fall wollten wir zusätzlichen Spaß in die Bar bringen. Kurzerhand veranstalteten Pedro und ich ein Preisschießen auf die Flaschenparade hinter der Theke. Die Schießerei geriet zu einem Volltreffer. Fast jede Kugel traf, Glas splitterte, Spiegel brachen, die Barkeeper hechteten unter die Holztische, Gäste sprangen aus den Fenstern in Sicherheit. Dabei waren wir beide doch ganz zahme Jungs, die ein bisschen zu viel Mut getankt hatten. In einem vorübergehenden Rückfall in die Ära der Pistoleros aus San Salvador, als jeder unserer Kumpane einen Revolver im Halfter hatte und ein paar Ballereien zum guten Ton zählten. Blaue Bohnen und grüne Kaffeebohnen, damals war das nicht unbedingt ein Kontrast.

Costa Rica indes war keine Militärdiktatur wie El Salvador. In San José und den anderen Städten herrschte ein pazifistischer Geist. Beseelt von dem Grundsatz, dass ausschließlich Angehörige der Guardia National Waffen mit sich führen durften. Pistoleros unseres Kalibers waren in Costa Rica seltene Vögel. Daran aber hatten wir in unserem fortgeschrittenen Stadium natürlich nicht gedacht, und ich ließ gerade mit lauten Anfeuerungsrufen meinen 38er Smith & Wesson sprechen, als plötzlich die Tür aufsprang und sechs Polizisten mit gezückten Pistolen die Bar stürmten. Ehe Pedro und ich uns versahen, spürten wir kühlen Stahl zwischen unseren Rippen. »Hände an die Wand!«, brüllte der Chef. Der Rest ging ruck, zuck. Nach einer rüpelhaften Leibesvisitation wurden wir um Schnürsenkel, Gürtel und Halskette erleichtert und in Handschellen zur Kommandantur gefahren. Als ich dort im tiefsten Gerechtigkeitsgefühl einem Leutnant an die Gurgel wollte, sprachen die Fäuste, und ab ging's in die Zelle.

Nicht in irgendeine Gefängniszelle, sondern in eine ganz besonders widerwärtige. Sechs weitere, höchst suspekte Zeitgenossen waren dort auf wenigen Quadratmetern zusammengepfercht. Die Herren urinierten und spieen in die Ecken, es stank bestialisch. Die Jungs waren raubeinig und böse, aber auf ihre Art irgendwie kollegial. Sie ließen uns in Frieden und boten uns sogar minutenweise die einzige Bank an, die für die gesamte Belegschaft zur Verfügung stand. Mir ging es gar nicht gut, zumal sich ein entsetzlich großer, scheußlicher Kater in meinem Schädel breit machte. Wäre ich doch bloß brav ins Bett gegangen und hätte daheim vom Christfest mit Ines geträumt. So aber stand ich inmitten eines Hottentottenhaufens und kämpfte unablässig gegen die hartnäckige Übelkeit.

Irgendwann reichte es den Gentlemen in meiner Zelle, sie riefen lautstark nach Trinkwasser. Die Bewacher zeigten Erbarmen und schütteten einen Eimer Wasser in hohem Bogen in unsere Zelle. Es war deprimierend. Im Geiste sah ich mich für immer in einem finsteren Verließ verschwinden.

Da brachte auch ein Häftlingstransport morgens um acht Uhr keine Hoffnung. Der Schnellrichter ordnete Haft vom 20. Dezember 1958 bis zum 5. Januar 1959 an. Mein Gott, wie würde Ines darauf reagieren? Was sollte ich ihr sagen? Erst einmal erschien irgendein Rechtsreferent der Deutschen Botschaft – er erinnerte mich in seiner Erscheinung an einen Doppelgänger Fred Astaires –, um Haftverschonung gegen Kaution zu fordern. No, Señor! Gab es denn kein Entrinnen aus dieser vermaledeiten Falle? Dann keimte in mir ein Fünkchen Hoffnung, als das schwarze Uraltelefon klingelte – und der Haftrichter am Apparat Haltung annahm. Schweigend ließ er einen für mich unverständlichen Wortschwall über sich ergehen. »Si, mon presidente«, flüsterte er schließlich und legte den Hörer bedächtig auf die Gabel. Ich sei frei, teilte er mir daraufhin mit. Auf Bewährung, aber immerhin. Auf die Frage nach seinem Meinungswechsel erntete ich nur resignierendes Schulterzucken. Später erfuhr ich zumindest ansatzweise, über welche Kanäle meine Entlassung bewirkt worden war. Die Federführung hatte der Deutsche Botschafter in Costa Rica, Herr von Mumm, sowie der Präsident Mario Echandi. Er hatte den jungen Hamburger offensichtlich nicht vergessen und irgendwelche Drähte ins Nachbarland glühen lassen. Mir war durchaus bewusst, dass ich enormes Glück gehabt hatte, und auch mein befreundeter Revolverheld Pedro schwieg ergriffen. Läppische 100 US-Dollar musste jeder von uns bezahlen – als Buße für ein Vergehen gegen das Waffengesetz Costa Ricas. Selbstverständlich beglichen wir auch den materiellen Schaden in der Bar. Der Besitzer dort schien so viel

Anstand hoch zu achten: Erfreut schüttelte er uns die Hand und wünschte, der Herrgott möge zeitlebens auf unserer Seite sein.

Ich erhielt mit Ausnahme meines Schießeisens all meine Habseligkeiten, auch Schnürsenkel, Gürtel und Halskette, zurück. An der Halskette hing ich ganz besonders, weil sie das alte Firmenzeichen von J. J. Darboven zeigte: altgermanische Handelsrunen, ergänzt mit der Weltesche. An Pedros Seite trat ich bestens gelaunt auf die Straße – um wenige Minuten später am liebsten im Erdboden zu versinken. Denn als ich mich in einem Straßencafé an einem starken Kaffee labte, fiel mir die Schlagzeile der lokalen Tageszeitung ins Auge. »Se creo, Pancho Villa!«, stand dort in fetten Lettern neben meinem Namen. »Er glaubt, er sei Pancho Villa.« Es war eine Anspielung auf den Oberpistolero, der vor dem Ersten Weltkrieg in Mexiko von sich reden gemacht hatte und in Mittelamerika einen enormen Ruf genoss. In Bezug auf uns Greenhorns war diese Story natürlich eine grandiose Verballhornung. Peinlich hoch drei, daran konnte es keinen Zweifel geben. Zumal ich sicher sein konnte, dass ein Mitarbeiter des Sola-Imperiums diese erstaunliche Nachricht garantiert nach San Salvador weiterleiten würde. Keiner sprach mich auf das Thema an, ich spürte aber, dass der Vorfall bekannt war. Bescheiden und devot verbrachte ich ein besonders friedliches Weihnachtsfest. Zutiefst dankbar, den Heiligen Abend nicht mit den rohen Gesellen im Knast von San José verbringen zu müssen.

Direkt nach Neujahr 1959, das ich mit einem Glas Orangensaft begrüßte, flog ich für ein paar Tage nach Hamburg. Anna-Maria, Gattin des unvergessenen Arthur Darboven und nach der Adoption meine zweite Mutter, war gestorben. Ihr Tod ging mir erheblich an die Nieren. Unvermittelt brach die Erinnerungswelt wieder auf. Ich spürte sie immer noch ganz tief im Inneren, jene Wärme und Geborgenheit, die mir Anna-Maria und Arthur Darboven in ihrer

Villa am Bockhorst so selbstverständlich gegeben hatten – nach den Kriegswirren mit all dem Elend. Ich hatte Anna-Maria eine Menge zu verdanken und stand sehr lange still an ihrem Grab. Auch sie war eine Hamburgerin von Format, auch sie war tief geprägt vom Prinzip, mehr zu sein als zu scheinen und im Stillen Gutes zu tun. Solche Menschen sind rar, damals wie heute.

Zurück auf dem anderen Kontinent, öffnete mir das Leben wieder sein pralles Füllhorn – so viele Chancen, beruflich wie privat. Beruflich saß ich immer fester im Sattel und begriff meinen Job als Leidenschaft, der ich auch ohne Verdienst nachgehen würde. Privat wurde meinem leichtfüßigen Casanova-Dasein die rote Karte gezeigt, indem ich 1961 Ines de Sola vor den Traualtar führte. Am 22. März 1961. Allerdings nur im übertragenen Sinn, denn als evangelisch erzogener Christ durfte ich nach den strengen Sitten San Salvadors nicht einmal in die Nähe des Traualtars. Die Trauer darüber hielt sich bei mir in Grenzen, denn die Hochzeit wurde eine Fiesta der Superlative. Mit einer Einschränkung, die mir ebenfalls völlig gleichgültig war: Wegen eines Trauerfalls in der Familie de Sola unmittelbar vor der Zeremonie durfte nur in »kleinem Kreis« geheiratet werden. Statt der in diesen Familien üblichen 1500 wurden also »nur« 350 Gäste zum Fest gebeten.

Es war eine gigantische Party, an die ich mich noch im Detail erinnern kann. Der Rahmen war hochherrschaftlich, die Stimmung ausgelassen südländisch. Der Traualtar, dem ich ja nicht allzu nahe treten durfte, war im Garten der Eltern de Sola errichtet worden, mit Blumen ohne Ende, eine Orgie für die Augen. Die Zeremonie wurde vom nicht nur in Mittelamerika berühmten Padre Esnaola mit Herz und Verstand begangen. Meine Trauzeugen waren der Deutsche Botschafter in El Salvador, Alessandro Prinz von Solms-Braunfels, sowie David Montgomery, der Sohn des bekannten britischen Feldmarschalls. Als »best man« stand mir mein altbewährter Kumpel Billy Sol zur Seite. Wir beide hatten manchen Strauß ausgefochten, manchen Husarenstreich gelandet, und nun musste er mich beruhigen, weil mir die Nerven doch reichlich flatterten. Mich dünkte, dass es leichter sei, dem Staatspräsidenten im Tiefflug einen Sack Rosen vor die Füße zu schmeißen, als mit würdevoller Miene eine mittelamerikanische Kaffeeprinzessin zu ehelichen, der ein kompletter Clan angeschlossen war.

Letztlich klappte alles glänzend. Es war ein erhabenes Gefühl, die bezaubernde Ines in einem weißen Traumkleid vor einem Blütenmeer zu sehen und ihr nach alter Indianersitte ein Armband mit 13 Goldmünzen über das schlanke Handgelenk zu streifen. Als dann noch die Kapelle festliche Weisen intonierte, tanzten wir hinein in eine Nacht, die wundersamen Glanz zu versprühen schien. »Möge dieses Glück niemals enden«, sagte ich zu mir selbst.

Trotz der Freude und der Zukunftszuversicht nutzte ich einen Moment der Stille an einem etwas abgeschiedenen Ort, um in der parkähnlichen Gartenanlage im Villenviertel San Salvadors eine Weile zu sinnieren. Vor nicht allzu langer Zeit hatte mein Elternhaus in Flammen gestanden, und ich war an der Hand meiner Mutter an den verkohlten Leichen meiner Spielkameraden vorbei um mein Leben gerannt. Ein Polizist hatte uns vor einem britischen Tiefflieger gerettet, und letztlich hatten braune Fahnen ein ganzes Land in den Untergang gestürzt und millionenfaches Leid gebracht. Und nun stand ich, gerade mal 25 Jahre alt, vor der Villa de Sola, hatte soeben eine Märchenfrau geheiratet und blickte voller Optimismus in die Zukunft. Vielleicht war es kein offizielles Gebet, aber es war schon ein ungemein tiefer Dank, den ich in dieser Nacht auf den 23. März 1961 nach oben sandte – mit einem Gruß an Arthur und Anna-Maria, denen ich so viel zu verdanken hatte.

Heim nach Hamburg

&

Ein paar Tage später landete ich in Hamburg-Fuhlsbüttel wieder auf dem Boden der Tatsachen. Aus San Salvador hatte uns die Hochzeitsreise mit Umwegen heim an die Elbe geführt. Stationen waren Mexiko, New York und Paris mit dem just eröffneten Flughafen Charles de Gaulle. Das waren prächtige Erlebnisse in famosen Hotels, umso ärgerlicher war es, dass der Auftakt so schmerzhaft verlief.

Am Hamburger Flughafen warteten meine Mutter und meine Schwester in der Ankunftshalle und hießen Ines und mich herzlich willkommen. Stolz zeigten uns die beiden ihre neuesten fahrbaren Errungenschaften, zwei VW-Käfer. Die Freude währte exakt bis zur Ecke Alsterdorfer Straße, dort kam es zu einem Auffahrunfall, bei dem ich mir recht tiefe und schmerzhafte Schnittwunden zuzog. Trotz der Verletzung war ich heilfroh, mir die Beulen noch einmal genauer angesehen zu haben: Unter dem Kotflügel lag mein Verlobungsring im Straßenstaub. Das war alles andere als ein gutes Omen, allerdings verdrängte ich diesen Gedanken rasch.

Nach einem Stopp bei unserem Hausarzt Dr. Rieger ging es heim zum Bockhorst. Heim, ganz genau. Denn noch vor dem Ableben meiner Adoptiveltern Arthur und Anna-Maria Darboven war ich als zukünftiger Hausherr inthronisiert worden. Somit war Arthurs Langzeitplanung umgesetzt. Ich übernahm seine Rolle in der Firma seines Vaters und nunmehr meines Großvaters, sollte aber auch

Chef in der Elbvororts-Villa sein. Da dieses Ziel über viele Jahre angepeilt, intensiv abgewägt und Schritt für Schritt verwirklicht wurde, war die Umstellung für mich nicht so gewaltig, wie sie an dieser Stelle erscheinen mag. Auch wenn der Kontrast zwischen dem Savoir-vivre in Mittelamerika und dem vergleichsweise geordneten Leben in Deutschland einer Zeit der Gewöhnung bedurfte. Andererseits freute ich mich auf mein geliebtes Hamburg und speziell die Arbeit für das Unternehmen J. J. Darboven. Auch wenn Arthur nicht mehr unter uns weilte, galten meine Bemühungen in erster Linie ihm die Richtigkeit seiner Entscheidung zu beweisen. Ich schwor mir, die Firma zu hegen und zu pflegen, weiter zu stabilisieren und fit für die Zukunft zu machen. »Atti, bis ins neue Jahrtausend hinein soll J. J. Darboven unabhängig und gesund sein«, lautete mein persönlicher Eid. Hätte ich um die Probleme in den folgenden Jahrzehnten gewusst, wäre ich ein wenig vorsichtiger gewesen. Andererseits sind große Ziele und Visionen Voraussetzungen für starke Leistungen.

Erst einmal stand ein Kraftakt privater Natur auf dem Programm. Meine Ehefrau Ines, heißblütige und nicht unverwöhnte Kaffeeprinzessin von einem anderen Kontinent, musste sich an der Elbe akklimatisieren. Nicht nur was das Wetter betraf, sondern vor allem auch die alltäglichen Lebensumstände. Immerhin war sie als junge Frau von Anfang zwanzig ihrem gewohnten Lebensraum und angestammten Freundeskreis entrissen worden. Um diese Schwierigkeiten und die Bedrohung akuten Heimwehs wusste jeder, natürlich auch sie selbst. Umso rührender waren alle bemüht, Ines die Umstellung so leicht wie irgend möglich zu machen.

In unserem neuen Heim am Bockhorst wurde sie mit offenen Armen empfangen. Auch ich hatte von langer Hand Vorbereitungen getroffen, eine behagliche Umgebung zu schaffen. Zeit dafür hatte ich ausreichend gehabt, weil ich die Monate vor unserer

Trauung in El Salvador bereits in Hamburg verbracht hatte. Meine Stationen in San Salvador sowie in Costa Rica waren erfolgreich abgeschlossen und gute Nachfolger eingearbeitet, so dass dort ein reibungsloser Übergang gewährleistet war. Ich selbst hatte die Zeit in Hamburg vor der Ankunft meiner Gattin genutzt, um in jeder Beziehung Fuß zu fassen. Beruflich ohnehin, aber auch familiär und gesellschaftlich.

Unter dem Strich war also alles vorbereitet, als Ines und ich nach dem Unfall am Flughafen und dem anschließenden Arztbesuch am Bockhorst eintrafen. Die Haustür war mit Girlanden und Willkommensgrüßen geschmückt, und unsere sechs Hausbediensteten standen mehr oder weniger in Reih und Glied, um die neue Frau Darboven mit ganzer Herzenswärme zu begrüßen. Die Zimmer waren nach Ines' Geschick eingerichtet, der Menüplan mit Geschmack zusammengestellt. Ich hob Ines in die Höhe und trug sie über die Schwelle, so wie es sich gehörte. »Herzlich willkommen, mein Schatz«, sagte ich auf Spanisch, »jetzt bist du zu Hause.« Eine Freundin aus Winterhude, Donna Hildegard Nottebohm, stand mitsamt Familie bereit, den Einstieg in die neue Welt zu unterstützen. Donna Hildegard war, unabhängig von ihrem gesegneten Alter jenseits der achtzig, in hohem Maße gebildet, kulturell interessiert und des Spanischen kundig, so dass Ines sich auf eine behutsame und intelligente Hilfe einstellen konnte. Die Kinder und Enkel Nottebohm waren ebenso rührend um Unterstützung bemüht. Somit hatte ich das gute Gefühl auf meiner Seite, alles erdenklich Mögliche für Ines' Akklimatisierung getan zu haben. Da ich ausreichend Zeit und Liebe hinzugab, hatte ich die Basis geschaffen, um mich mit Inbrunst in mein berufliches Leben zu stürzen. Auch die gesellschaftliche Komponente, in Mittelamerika ein gern gehegtes Hobby, sollte nicht zu kurz kommen. Mit meinen gut 25 Jahren lechzte ich nach Erlebnissen.

5000 Flaschen Champagner – hoch die Tassen, beruflich und privat

&

Mein größtes Engagement galt jetzt dem Betrieb. Die Mitarbeiter, denen ich mich persönlich und einzeln vorgestellt hatte, soweit sie mich nicht schon längst kannten, waren ebenso wie ich bis in die Haarspitzen motiviert. Gemeinsam waren wir gewillt, die Ärmel hochzukrempeln und mit Schmackes in die Hände zu spucken. Schließlich schlief die Konkurrenz nicht, und aus anderen Ländern drängten weitere Rivalen auf den Wirtschaftswundermarkt in Deutschland. Ich fühlte mich fit für die merkantilen Duelle auf dem Weltmarkt, auf dem es nicht die Bohne friedlich zuging. Bis zum heutigen Tag wird mit harten Bandagen gekämpft. Gegen die Haie der Zunft kann auf Dauer nur bestehen, wer das Geschäft von der Pike auf gelernt hat, sich konsequent auf seine Nische konzentriert und sich nicht durch Nebengeschäfte vom Prinzip ablenken lässt. Ich werde später noch von Übernahmeschlachten berichten, bei denen ich die goldenen Engel singen hörte, im Interesse von Tradition, Begeisterung und Mitarbeiterschaft indes stets dem Lockruf des Geldes widerstand.

Einmal mehr musste ich in solchen Situationen ein Stoßgebet nach oben an Arthur richten. Phantastisch, was dieser Mann mit Courage und Weitblick geplant hatte, mit welchem Impetus er seine Fäden gesponnen und Anker gesetzt hatte. Vielleicht mögen manchem die wiederholten Lobpreisungen meines Mentors und

Onkels langweilen. Ohne Arthur Darboven jedoch gäbe es dieses Unternehmen längst nicht mehr. Und mich am Ruder noch viel weniger.

Aber zurück ins Jahr 1961, das die Einigung mit Nicolaus brachte und der Firma Frieden schenkte. Ich selbst war im Anschluss an Lehre und Mittelamerika-Jahre 1960 quasi Angestellter im prozessualen Zustand gewesen und hatte mich der Eintracht wegen auf die Arbeit bei unserer Tochtergesellschaft Ludwig Giesselmann konzentriert, einem etablierten Einkäufer für Rohkaffee mit Sitz am Brook 2 in der Hamburger Speicherstadt. Das Recht an diesem Firmennamen hatte Arthur nach dem Ersten Weltkrieg einem Hafenarbeiter namens Ludwig Giesselmann für 1500 Reichsmark abgekauft – er gefiel ihm so gut. So viel noch einmal zu meinem Onkel …

1961 war der Weg jedenfalls frei für gute Geschäfte. Auch für mich ganz persönlich, da ich eine Hürde schon vorher beiseite geräumt hatte. Denn nach Arthurs Tod hatte es ganz erhebliche Meinungsverschiedenheiten mit meinem Onkel Nicolaus Darboven gegeben. Im Zentrum dieses Disputs um den weiteren Weg der Firma standen die Mehrheitsverhältnisse im Unternehmen. Onkel Nicolaus, ein Neffe des langjährigen Firmenchefs Arthur Darboven, fiel es sehr schwer, meine neue Rolle zu akzeptieren, die eben auch mit präzisen Vorstellungen über den Kurs von J. J. Darboven verbunden war. Es ist heute müßig, groß nachzukarten, doch wird Arthur schon seine Gründe gehabt haben, warum er nicht Nicolaus, sondern mich ans Firmensteuerrad stellte. Meiner Meinung nach war alles im Sinne von Arthur geregelt, doch gab es in diesem Punkt augenscheinlich divergierende Vorstellungen. Die Fronten wurden immer härter, so dass schließlich fast nur noch die Juristen sprachen. Diese Zunft verdiente wahrlich nicht schlecht an den internen Streitigkeiten, so dass die Sache Nicolaus und mich richtig Geld gekostet hat. Ehrlich gesagt, ging es zeitweise auf Hauen und Stechen, und der gesunde Menschenverstand drohte auf der Strecke zu bleiben. Bis im Jahr vor der Hochzeit mit Ines de Sola die Wende herbeigeführt wurde. Ein Gerichtsprozess jagte den nächsten, die Verfahren wurden immer verworrener. Wo lag bloß der Punkt, um diesen Knoten zu entwirren?

Wo der Punkt bzw. der Ort lag, ergab sich dann wie aus heiterem Himmel. Es war das stille Örtchen im Hamburgischen Oberlandesgericht am damaligen Karl-Muck-Platz. Wie es diese Art der Geschäfte so an sich hat, standen Onkel Nicolaus und ich nach langer Ära des Schweigens mit Einsatz einer Armada juristischer Sprachrohre in einer Verhandlungspause mutterseelenallein Seite an Seite auf diesem Lokus vivendi. Derweil wir schweigend die Kacheln vor uns musterten, sagte ich: »Onkel Nicolaus, ich würde viel lieber Kaffee verkaufen, als die Zeit hier vor Gericht im Streit zu verplempern.« »Du hast Recht, Albert«, entgegnete der Widersacher neben mir. Erst wuschen wir uns die Hände, dann gaben wir sie uns. Dieses Zeremoniell hatte reinigende Qualität. Jeder von uns ging zu seinen Anwälten, stoppte den Streit und ließ einen Aufschub des Gerichtsverfahrens durchsetzen. Keine Frage, die Verblüffung war allerseits groß. Nicolaus und ich fuhren heim, und die Richter saßen ratlos vor ihren Aktenbergen. Anwesend war auch der Präsident des Oberlandesgerichts, er soll keineswegs amüsiert gewesen sein.

Wie unter Ehrenleuten üblich, wurde die per Handschlag vereinbarte Lösung umgesetzt. Zwar mussten die Anwälte noch reichlich arbeiten, der Akt der Versöhnung jedoch war im Sack. Nicolaus blieb formal in der Firma, zog sich jedoch aus der aktiven Geschäftspolitik zurück. Seiner Lebensart kam das nicht ungelegen. Nicolaus galt als charmanter Mann mit Witz und Manieren, er war ein netter Kerl mit hohem Beliebtheitsfaktor – auch bei

den Damen. Voller Leidenschaft durchtanzte er die Nächte im
»Boccaccio«, genoss Wein, Weib und Gesang aus vollem Herzen.
Fraglos war er ein Lebenskünstler, und ich mochte ihn.

»Albert, du bist jung und fähig, mach das Beste daraus!«, sagte er
nach der Vertragsunterzeichnung, blickte mir tief in die Augen und
gab mir nochmals die Hand. Das war eine noble Geste von ihm, allerdings nun auch wiederum keine Tat gänzlicher Barmherzigkeit.
Als Gesellschafter von J. J. Darboven sollten er und seine Familie in
den kommenden Jahren ganz erheblich von dem Aufschwung des
Betriebes profitieren. Andererseits hatte ich nun die Hände frei, um
meine Pläne umsetzen zu können. Letztlich war ich der um vieles
Jüngere, da konnte ich kaum meinen eigenen Onkel aus der Firma
schmeißen. Juristisch wäre das vielleicht möglich gewesen, nicht
jedoch im Sinne von Arthur Darboven. Vom Grundsatz her war
das Unternehmen nunmehr so organisiert: Nicolaus hielt 35 Prozent der Anteile, mein Vetter Herbert 25 Prozent, während ich
mit 40 Prozent Haupteigner war. Nach Onkel Nicolaus' Tod am
11. August 1985 im Alter von 83 Jahren bei einem schweren Ver-
kehrsunfall wurde seine Tochter ausbezahlt. Fortan gehörten mir
75 Prozent und Herbert 25 Prozent. Leider verstarb auch Herbert
am 20. August 2002, damals 69 Jahre alt, so dass die Firma heute
auch von den Anteilen her in meinen Händen liegt. Natürlich wird
der Anteil meines Sohnes Arthur im Laufe der Zeit immer mehr
zunehmen. Zwar fühle ich mich noch taufrisch, dennoch ist es ein
durchaus beruhigendes Gefühl, die Weichen gestellt zu wissen.

Nach der Lösung mit Nicolaus im Jahre 1961 war der Sinn
des Testaments von Arthur Darboven erfüllt. Im Gegensatz zu
manchem anderen Familienunternehmen, das in der wirtschaftlichen Hausse der Nachkriegszeit oft vergeblich seine Tradition
zu behaupten versuchte, war die Nachfolge bei J. J. Darboven
letztlich harmonisch geregelt worden. Der Disput war abgehakt.

Bekanntlich gilt unter hanseatischen Kaufleuten der Wahlspruch: Entscheidend ist, was unter dem Strich steht. Und hier stand ein zukunftsorientierter, einvernehmlicher Wachwechsel, der Beständigkeit demonstrierte. Der von meinem Urgroßvater Johann Joachim Darboven im Frühling anno 1866 gelegte Grundstein hatte ein knappes Jahrhundert später an Stabilität gewonnen. Herbert und ich hatten beide eine fundierte Ausbildung als Kaffeekaufleute durchlaufen, hatten uns in den Ursprungsländern des Kaffeeanbaus mächtig Wind um die Nase wehen lassen und in namhaften Handelshäusern die Hebelwirkung des Marktes von der Pike auf erlernt. Wie schon meine Vorfahren beherzigte ich die Leitlinie, gute Kontakte zu anderen Kaufleuten zu unterhalten. Buten un binnen, in Hamburg und außerhalb der Stadt. Dazu kamen glänzende Beziehungen zu den Politikern im Rathaus. Diese konnten mit traditionsreichen, florierenden Firmen wie J. J. Darboven national und international Staat machen. Andererseits kam es uns nicht ungelegen, wenn die Bürgermeister und Senatoren für uns in aller Welt an die Türen klopften und Gespräche einfädelten. Dass diese am Ende zu tatsächlichen Geschäftsbeziehungen führten, war und ist unser Job. Auch daran hat sich seit Jahrzehnten nichts geändert. Zum guten Ton zählte es damals wie heute, den Abschluss einer Verhandlung bei einem guten Schluck Kaffee zu würdigen. Ohnehin lasse ich es mir bis heute nicht nehmen, regelmäßig das Probierzimmer unserer Firma zu betreten. Denn nur wenn man seine Sinne wirklich auf den ganz besonderen Geschmack der Kaffeebohne konzentriert, kann man mit überzeugter Haltung nach außen treten und sagen: »Unsere Marke ist die beste!«

Dass die Tassen nicht nur im Betrieb hochgehalten wurden, sondern auch nach Feierabend, war meinem Freundeskreis zu verdanken. Wie zuvor schon in London und Mittelamerika huldigte ich auch während meiner Ehe mit Ines der Devise: leben und leben lassen. Das heißt: Wer hart malocht, hat auch das Recht auf Freizeit. Natürlich war ich meiner Kaffeeprinzessin Ines de Sola stets treu wie Gold, dennoch schätzte ich den Flirt mit dem Klabautermann. Mit anderen Worten, wir ließen nur wenig anbrennen, wussten Feste zu feiern und waren Experten, wenn es darum ging, die Nacht zum Tag zu machen. Die Ehre des ungekrönten Kaisers in diesem Metier kam einem Mann zu, der mir immer mehr ans Herz wuchs und den ich als meinen besten Freund bezeichne: Horst-Herbert Alsen, Jahrgang 1918. Mithin 18 Jahre älter als ich, dennoch ein jugendlicher Typ, ein Hanseat und Lebemann, ein strammer Arbeiter, aber eben auch ein Genießer erster Klasse.

Mit Horst-Herbert verband mich nicht nur das Faible für Pferde und Partys, sondern auch das gemeinsame Band der Sympathie, persönliche Probleme in absolut vertraulichem Rahmen behandeln zu können. Horst-Herbert war, bei aller Gaudi, verschwiegen wie ein Grab. Manches, was ich ihm in Diskussionsrunden êntre nous anvertraute, nahm er mit an ebendiesen Ort. Der Mann war ein Pfundskerl, er hatte Charakter. Das machte den wahren Kern unserer Freundschaft aus, nicht das Remmidemmi, das mancher dafür hielt. Teilweise stand eine Menge Unsinn in den Zeitungen; wir trugen das mit Humor. Zumal wir in vielen Punkten die Vorlagen lieferten und uns nicht darüber wundern durften, dass die Öffentlichkeit über wilde Orgien spekulierte.

Horst-Herbert hatte seinen Anteil daran – wegen seiner Leidenschaft für Frauen. Er heiratete vier Mal, von den Zeiten dazwischen mal ganz zu schweigen. Zu dem Stamm der Alsen-Gattinnen zählte zum Beispiel Rosemarie, später Ehefrau des Verlegers Axel Caesar Springer, der, ebenfalls kein Kind von Traurigkeit, zum erweiterten Feierzirkel zählte. Auch Axel wusste, wo Moses den Most holt. Er war eine hochintelligente Stimmungskanone, aber auch ein feinsinniger Gesprächspartner. Vor allem hatte er

Visionen, nicht nur politischer Natur. Besonders beeindruckend aber war Horst-Herberts magische Wirkung auf namhafte Damen aus bestem Hause. Wie Helga Ludewig und andere, die an dieser Stelle unter den Schirm der Verschwiegenheit fallen. Sicher ist nur, dass sich mancher Hamburger erstaunt umblicken würde ... Aber Schwamm drüber! »Horst-Herbert, du solltest lieber Rilke lesen«, scherzten wir, in Anspielung auf seine Aktivitäten. Meine Frau Ines schätzte meinen Umgang mit diesen lebenslustigen Paradiesvögeln gar nicht und blieb lieber zu Hause.

Meine Gefühle gehörten nach wie vor Ines, doch ließ ich mir das Feiern nicht verbieten. Beruflich und privat wollte ich bis an die Grenzen gehen und viel erleben. Mein normaler Tagesablauf sah so aus: 4.30 Uhr aufstehen, 6 Uhr Post abholen, 6.30 Uhr ab in die Firma in der Wendenstraße. Den Tag über konsequent arbeiten, abends auf die Piste. Weit nach Mitternacht ging es heim, wo um 4.30 Uhr erneut der Wecker klingelte. Im Nachhinein wundere ich mich über meine Kondition; solche Feierleistungen könnte ich heute nicht ohne Blessuren wegstecken. Ines enthielt ich nichts vor, aber natürlich wurde ihre Phantasie von den wilden Storys der Boulevardzeitungen beflügelt, die regelmäßig von Orgien auf St. Pauli berichteten.

Davon stimmte nur der Ort. Denn tatsächlich sumpften wir damals in mancher Kiez-Kaschemme, ließen allerdings die primitiven Sexläden links liegen. Ohnehin war die sündige Meile rund um Reeperbahn, Große Freiheit und Erichstraße damals längst nicht so verroht wie ein paar Jahre später. Mancherorts waberte noch der Geist von Hans Albers und Hein Mück. In zweierlei Hinsicht aber hatten die Zeitungsleute Recht. Wir hatten die schönsten Mädchen der Stadt an unserer Seite, und wir verbuchten mit Abstand den höchsten Champagner-Umsatz. Nicht nur in der Hansestadt Hamburg, sondern vermutlich bundesweit. »Hoch die

Tassen«, hieß die Zauberformel. Irgendwie kein Wunder, dass Ines not amused war über meinen Umgang und meine Freizeitgestaltung. Ihr grauste vor diesen Partys. »Primitiv und doof«, urteilte sie oft mit bebender Stimme.

Famos dennoch, dass Horst-Herbert und ich auch in der Schampus-Marke einer Meinung waren, nur Röderer durfte unseren Gaumen küssen! Und da seinerzeit nichts bedrohlicher wirkte als eine trockene Kehle, musste allzeit Vorrat parat sein. So orderten wir 5000 Flaschen Jahrgangs-Champagner bei der Firma Röderer – Jahr für Jahr. Das, so versicherte uns die Geschäftsführung dort, sei immer die größte Privatbestellung gewesen. Kein Wunder, dass Röderer stark an unserem Wohlbefinden interessiert war.

Als Bestelltermin hatte sich ausgerechnet der Buß- und Bettag eingebürgert. Nach der traditionellen Novemberjagd im Duvenstedter Brook saßen wir dann abends im roten Frack beisammen und erfreuten uns kulinarischer Wildspezialitäten. Der Norddeutschland-Repräsentant der Firma Röderer war heftig bemüht, als unser Tischherr zu fungieren. Mit dem Ziel vor Augen, die Lieferung für das kommende Jahr klar zu machen. Bis zum Dessert wurde dann intensiv verhandelt, meist ging es um die Höhe des Rabattes, auszahlbar in Flaschen oder Kisten natürlich. Ich kann mich noch präzise erinnern, dass der Jahrgangs-Schampus Mitte der 60er-Jahre zwischen 16,80 und 17,10 Mark pro Flasche lag. Wir einigten uns immer irgendwie, gaben uns die Hand und vereinbarten die Liefermodalitäten. 2500 Stück kamen zu Horst-Herbert Alsen in den Pferdestall, 2500 Stück zu mir nach Hause in den Bockhorst. Das Jahr war gesichert, zumindest schampustechnisch.

Jahrelang ging das prima so. Wir lebten nicht sparsam, wir lebten nicht protzig – wir lebten extensiv. Das Motto: Nach außen bitte alles schön diskret und dezent, intern jedoch durfte ruhig mal über die Stränge geschlagen werden. Solange die stilvolle Note bewahrt blieb. Erst zum Dekadenwechsel 1969/70 gingen Horst-Herbert und ich fremd. Sehr zur Betrübnis des Röderer-Repräsentanten. Hintergrund war unser intensives Tête-à-Tête mit dem Pferde-sport. Eben dort war auch Monsieur Henri-François Poncet aus dem Hause Moët et Chandon sesshaft. So war es nicht unbedingt eine Frage des perlenden Geschmacks, sondern mehr ein nahe lie-gender Grund, dass wir die Marke wechselten. Die Qualität der Feierlichkeiten, besonders auf Alsens Gestüt in Hamburg-Sülldorf, blieb wie gewohnt auf höchstem Niveau.

Auch wenn das der eine oder andere Klatschreporter in der Hansestadt anders sah und immer wieder Geschichten nach der Masche »Polo & Champagner« strickte. Uns war das gleichgültig. Erstens mussten die Presseleute auch leben und ihre Seiten tagtäg-lich neu füllen, zweitens wussten wir ob unserer Integrität. Um es ganz deutlich zu sagen: Wir feierten zwar oft auf der Reeperbahn, mit Sex oder Porno oder gar Drogen hatten wir dort aber rein gar nichts am Hut. Und es ging auch ordentlich fidel zu, doch immer nur auf der Basis des guten Geschmacks. Insgesamt war es eine herrliche Zeit, die ich nicht missen möchte.

Polo in der Puszta – mit dem Briten-Major hinterm Eisernen Vorhang

&

Am liebsten waren mir stets geschäftliche Verbindungen, die auch privat Vergnügen machten. Beispielsweise die Kontakte nach Ungarn; nach dem von Kommunisten brutal niedergeschlagenen Volksaufstand von 1956 kein leichtes Unterfangen. Noch nicht einmal eine Deutsche Botschaft gab es in Budapest, so dass die französischen Diplomaten diesen Job übernehmen mussten. So wie es Bundeskanzler Konrad Adenauer zuvor mit General Charles de Gaulle vereinbart hatte. Kurz gesagt, auf beiden Seiten war sehr viel Fingerspitzengefühl gefragt, um auch nur dezent ins Gespräch zu kommen.

Für mich war das Unternehmen J. J. Darboven die Eintrittskarte. Die politische Führung drangsalierte die Menschen mächtig und hatte die Freiheiten der stolzen Ungarn gekappt. Ein paar Gewohnheiten allerdings mussten beibehalten werden, um den Unmut nicht eskalieren zu lassen. Infolgedessen galt es, dem historisch mit der Wiener Kaffeetradition verwachsenen Pusztavolk das Bohnengetränk nicht zu vermiesen. Und da der Ostblock eben auch technisch hinterherdampfte, wurden in Hamburg Röstmaschinen geordert. Zwei Ungarn kamen, um den Umgang mit diesen Apparaturen zu lernen, nach Hamburg; die Kontakte liefen also. Mit dem Ergebnis, dass ich relativ frei hin und her reisen und in Budapest sogar eine Wohnung besitzen durfte. Diese lag hinter der

Nationalbank von Budapest, in bester Gegend also, direkt hinter dem Hotel Gellert. Es war uns geglückt, rechtzeitig einen Nagel einzuschlagen.

Das wäre auch alles auf kleiner Diplomatenflamme wunderbar gegangen, hätten die in Ungarn dominierenden Sowjets nicht Wind von dem kleinen Privatdeal im Reich des Marxismus bekommen. Es gab einen bitterbösen Fingerzeig aus Moskau, eine Akte wurde angelegt, die Aktion war offiziell geworden. Ich sei kein Bürger Budapests, so die staatliche Mitteilung in Schriftform, hätte somit kein Wahlrecht in Ungarn und sei daher nicht befugt, eigene vier Wände zu unterhalten. Das sei übelste Kapitalistenmanier, der Anfang vom Ausverkauf des Kommunismus. Ich musste die Wohnung räumen, erhielt aber mein Geld zurück. Der Fall wurde so hoch gekocht, dass sogar das Auswärtige Amt aus Bonn anrief.

Dass es uns dennoch gelang, in Ungarn ein Poloturnier, immerhin ein nicht gerade von kommunistischen Prinzipien zeugender Sport, mit gigantischem Zuspruch von mehr als 50 000 Menschen zu veranstalten, war ein Akt beidseitiger Cleverness und vor allem Ausdruck des pfiffigen Geistes in einem unterdrückten Land. An dieser Stelle bewährte sich meine tiefe Freundschaft zum ungarischen Oberland-Stallmeister, so die offizielle Rufart seinerzeit, Georgi »Juri« Javor aus Budapest, den ich im Rahmen des Deutschen Springderbys in Hamburg-Klein Flottbek kennen und schätzen gelernt hatte. Zwischen uns beiden stimmte die Chemie in einer Kombination, die politische Welten und Herrschaftssysteme mühelos überwand. Vom Kommunismus hielten wir beide nichts, aber auch gar nichts, darüber musste kein Wort verloren werden.

Wir hatten dieses Spektakel lange geplant, und 1969 war es endlich so weit. Immerhin ein Jahr nach der Niederschlagung des Prager Frühlings 1968, der dem ganzen Ostblock – und besonders den freiheitsliebenden Ungarn – so viel Mut gemacht hatte. Schon Monate vor dem Einmarsch in die damalige Tschechoslowakei bekamen wir bei Budapest-Besuchen massive Truppenbewegungen mit und befürchteten das Schlimmste. Eines Tages geschah es dann, und die junge Freiheitsbewegung in den meisten Satellitenstaaten des Warschauer Paktes wurden mit Panzern überrollt. Es war zum Heulen, in mir keimte eine brodelnde Wut, und meine ungarischen Freunde waren am Boden zerstört. Umso wichtiger war es, wie wir unisono befanden, im Kleinen ein Zeichen zu setzen.

Als Bühne hatten wir das traditionsreiche Reiterturnier in Hortobagy ausgewählt, etwa 200 Kilometer von Budapest inmitten der Puszta gelegen. 50 000 Menschen gaben diesem Festival einen feurigen Rahmen, zumal, wir schrieben das Jahr 1969, das Novum eines Poloturniers für zusätzliche Würze sorgte. Wie nur konnten wir es schaffen, die ungarischen Reiter in diesem Sport zu unterrichten, ohne dass die Regierung, und allen voran die sowjetischen Aufpasser, Lunte rochen?

Die Lösung hatte einen guten Namen: Hugh Dawny, Mitglied der britischen Rheinarmee, ein mutiger Mann durch und durch und ein Fan des Polosports. Durch diese gemeinsame Begeisterung war ich seit einem Polospiel 1964 in Düsseldorf mit Hugh bestens befreundet. Was alles andere als eine Selbstverständlichkeit war, wie Hughs Vater bestätigen kann. Sir David Dawny, ein General von altem Schlag, liebte das Commonwealth und das Polo, nicht aber die Germans. Bei den Olympischen Sommerspielen 1936 in Berlin, als Polo noch im Zeichen der Ringe stand, erhob General David Dawny vor dem Finale Argentinien gegen England nicht die Hand zum Gruß. Die versammelten Nazi-Schergen reagierten brüskiert, konnten aber nichts ausrichten, ohne in der Weltöffentlichkeit noch blamierter dazustehen. Nun gut, General Dawny, dessen Regiment den Polosport anno 1869 als Steckenpferd der

Maharadschas kennen gelernt und nach Europa gebracht hatte, konnte die Deutschen nun einmal partout nicht leiden. Ein Treffen mit dem alten Haudegen verlief dementsprechend recht frostig.

Umso größer war meine Freude, ja Rührung, als ich meinen Freund Hugh Anfang der 70er-Jahre auf dem Anwesen seiner Eltern in Irland besuchte. Der General lag krank im Bett, ergriff plötzlich meine Hand und flüsterte »Ich danke dir für alles, was du für meinen Sohn getan hast.« Er versicherte mir seine Freundschaft und Sympathie. Das war schon ein überwältigender Moment aufrichtiger Völkerverständigung.

Gewiss war es also auch im Sinn des alten Generals, dass ich mit seinem Sohn Hugh bei einer guten Flasche Scotch den ungarischen Polo-Plan schmiedete. Im Anschluss an eine lange Nacht umarmten wir uns und sagten: »Bye-bye« – bis bald in der Puszta. Ziel war es, von der britischen Generalität diskret abgenickt, den Major der bei Münster stationierten Zehnten Husaren als irischen Farmer zu verkaufen, der die Cziscos, die ungarischen Pferdehirten, im Polo trainieren sollte. Gegen einen harmlosen, sportverrückten Landwirt aus dem fernen Irland konnte selbst die Kommunistische Partei nichts einwenden. Und so geschah es, dass Husaren-Major Hugh Dawny den Eisernen Vorhang als Zivilist überwand. Per Telefon informierte mich Hugh mit verschlüsselten Nachrichten über den Stand der Trainingsvorbereitungen. Der Tenor der Botschaften: Alles lief bestens; die Cziscos und der Briten-Major waren Freunde geworden und verstanden sich nicht nur im Sattel. Nicht vorstellbar, welche diplomatische Bombe explodiert wäre, hätten die sowjetischen Militärs von der Mission des britischen Offiziers auf ihrem Herrschaftsgebiet gewusst. Ein Spionageskandal mit heftigstem internationalem Beben wäre noch die geringste Konsequenz gewesen. Immer mit Hinblick auf die höchst sensiblen Zeiten damals, in denen Kontakte zwischen Ost und West mit Glacéhandschuhen geführt werden mussten und Wettrüsten Trumpf war.

So jedoch war die Kugel frei für ein Poloturnier, das gewiss zu den brisantesten der Geschichte zählt. Direkt vor der Veranstaltung flog ich nach Budapest, hielt mich jedoch aus gutem Grund von der Britischen Botschaft fern. Letztlich brauchte ich wegen meiner offiziellen Einladung keinerlei Furcht zu hegen, schließlich hatten wir in Hortobagy ein Polofestival organisiert. Mit drei weiteren Deutschen wurden wir die 200 Kilometer zum Turnierplatz chauffiert, wo wir auf der Ehrentribüne Platz nehmen durften. Praktisch alle Botschafter und Diplomaten waren versammelt, allen voran die Sowjets. Und wie es der Zufall so wollte, saß neben mir ein russischer General. Mürrisch saugte er an seiner Zigarette und befand nach einiger Zeit mit saurem Unterton: »Ganz nett, aber wir brauchen diesen Kapitalistensport hier nicht.« Ich lächelte den Mann freundlich an, ersparte mir jedoch eine Antwort. Diese gab ich lieber auf dem Rasen. Da einer der ungarischen Spieler ausfiel, musste ich selbst aufs Pferd – in leuchtend rotem Hemd, im Team Ungarns. Noch heute befällt mich eine Gänsehaut, wenn ich an die Reaktion des Publikums denke. Erst vernahm ich den Ruf nur ganz vereinzelt, bis er immer stärker wurde und als Schlachtruf durch die Arena gellte: »Atti Baci! Atti Baci!« – »Onkel Atti!, Onkel Atti!« Dahinter verbarg sich eine gezielte Provokation gegen die Besatzungsmacht und das kommunistische Regime; es war ein Affront empörender Güte. Die offizielle Rufart nämlich wäre »Genosse« gewesen, durch die altungarische Formulierung »Onkel« jedoch war es ein Volksprotest auf sehr diplomatische Art. Den aber jeder im Rund ganz genau verstand.

In einer Pause zwischen den Chukkas blickte ich Hugh Dawny in die Augen. Wir sagten kein Wort, dachten aber das Gleiche. Wir hatten die Kommunisten ausgetrickst und dem ungarischen

Volk eine Freude gemacht. Die Besucher kannten die Hintergründe nicht, genossen aber den frischen Hauch Westwind, der an diesem Wochenende durch die Puszta wehte. Wie gut für dieses großartige Volk, dass dieser Wind zunahm und gut zwei Jahrzehnte später zu einer friedlichen Revolution führte und den Kommunisten alter Prägung die Macht nahm.

Davon konnte man damals nur träumen. Dennoch war der Abschied in Hortobagy begeisternder Natur. Bei einem Cocktailempfang für das Diplomatencorps wurde abschließend über das Ereignis debattiert, und bis auf die inoffiziell ohnehin nicht gelittenen UdSSR-Vertreter waren alle sehr angetan. Auch der Britische Botschafter nippte stolz an seinem Drink, mit Ungarns Außenminister Janos Peter über Polo parlierend. Peter, ein ehemaliger Jesuitenpfarrer, der seine Kutte an den Nagel gehängt und ins Lager der Kommunisten konvertiert war, zeigte sich zufrieden. Das Volk hatte jubelnd applaudiert. Das war eine bemerkenswerte Seltenheit in damaligen Tagen.

Nun galt es den britischen Major ohne Aufhebens und offizielle Irrungen außer Landes zu schaffen. Das glückte. An der Grenze erhielten wir Beifall von den ungarischen Zöllnern, die unsere Poloausrüstung im Kofferraum entdeckten und uns ohne Kontrolle passieren ließen. Erneut fiel mir ein großer Stein vom Herzen. Wir hatten nämlich reichlich Geschenke in Form von Schnaps, Schinken und Würstchen gebunkert. In Österreich nahmen wir uns daher erst einmal einen Kleinen zur Brust. Die gesamte Polo-Aktion war ein Glanzstück internationaler Völkerverständigung, ein echter Hoffnungsschimmer. Auf kleinem Level zwar, aber mit Signalwirkung.

Ein wenig war der Grundpfeiler gelegt für eine politische Überraschung, die drei Jahre später für Erstaunen sorgte. Zur Weltmeisterschaft der Gespannfahrer 1972 in Budapest war auch

Prinz Philip angereist. Dies war der erste Besuch eines Monarchen in einem kommunistisch regierten Land seit 1918. Vor Zehntausenden Zuschauern umarmte der britische Königsgemahl dort meinen Freund, den ungarischen Stallmeister. Das war ein erhebender Moment, der zu den unvergessenen Augenblicken meines Lebens zählt.

Herzschmerz – Adíos, Ines!

&

Meine Freunde in Hamburg brannten nach dem Polo-Coup förmlich vor Spannung. Ich spannte sie nicht lange auf die Folter. Im Rahmen einer ungarischen Fiesta auf Horst-Herbert Alsens Gestüt präsentierte ich einen detaillierten Bericht. Es ging hoch her und endete erst im Morgengrauen.

Wie so oft. Wie allzu oft, befand meine Frau Ines, geborene de Sola. Ich habe es nicht im Einzelnen berichtet, aber sie war der ganzen Tratschgeschichten in den Medien längst überdrüssig. Irgendwann hatte sie endgültig die hübsche Nase voll und teilte mir mit, was ich schon länger befürchtet hatte und trotz mancherlei Bemühung nicht verhindern konnte: »Das war's!« Hinzu kam die Tatsache, dass sich Ines trotz der großen Reize Hamburgs in dieser eher anglophilen Metropole des Nordens nie so richtig heimisch gefühlt hatte. Sie vermisste ihre mittelamerikanische Heimat, das pulsierende Leben dort und, ganz bedeutsam, ihren großen Freundeskreis. Diesen konnten wir ihr in der Hansestadt niemals ganz ersetzen. Lange Rede, kurzer Sinn: Ines reiste ab und zog sich nach San Salvador in ihr Elternhaus zurück.

Das ging nicht Hals über Kopf, womöglich gar mit einem geharnischten Ehedrama oder so. Die Trennung vollzog sich eher in Etappen, der Schlussteil ereignete sich während einer Poloreise nach El Salvador, Nicaragua, Guatemala und Costa Rica, an der ich teilnahm. Um übrigens im Team von Prinz Philip zu spielen.

Zum Jahresbeginn 1972 war das. Während ich bereits nach Guatemala abgedüst war, blieb Ines noch für einige Zeit in ihrem Elternhaus. Bei meinen Anrufen reagierte sie immer so seltsam, gab ausflüchtige Antworten und verhielt sich insgesamt höchst eigenartig. Bis irgendwann der alles entscheidende Satz fiel: »Atti, ich komme nicht zurück.«

Trotz der bösen Vorahnungen traf mich diese Nachricht wie der Schlag eines Vorschlaghammers an die Schläfe. Dazu muss man wissen, dass ich Ines nach wie vor liebte. Ich wusste auch von ihrer Unzufriedenheit, die ich aber niemals ganz beheben konnte. Da hätte ich schon Hamburg in die Mitte Amerikas verlegen müssen. Dennoch war ich ob der Endgültigkeit ihrer Worte entgeistert. Ich reagierte betroffen und verletzt, wochenlang in tiefem Unglück lebend. Bis ich meine bewährte Tugend ans Tageslicht beförderte und mich entschloss, eine Frau dieses Formates nicht widerstandslos verloren zu geben. Auf in den Kampf, lautete wieder einmal die Devise.

Da passte es wunderbar ins Konzept, dass ich von gemeinsamen Freunden diskrete Hinweise auf eine Hamburg-Reise meiner Frau im März 1972 bekam. Gewiss erahnte sie meinen Kampfesmut und war vorsichtshalber inkognito gekommen. Quartier hatte sie in einem kleinen, aber feinen Hotel in Blankenese bezogen. Es hieß, sie wolle in Hamburg ein paar private Angelegenheiten regeln und unter anderem ihren Banksafe in der Innenstadt leeren. Dabei war sie zum Mittagessen in einem ihrer Lieblingsrestaurants, in »Schümanns Austernkeller« am Jungfernstieg, zum Lunch eingekehrt. Ich wusste also, wo sie steckte, kam aber nicht an sie heran. Denn für die Schlussoffensive war es unabdingbar, ihr von Angesicht zu Angesicht gegenüberzustehen. In einem letzten Appell, so die Planung, wollte ich sie zum Bleiben und zu einem Neubeginn an meiner Seite überreden.

Der Moment war an einem Sonnabend kurz vor Morgengrauen gekommen. Um 5.30 Uhr fuhr ich vom Haus in Rissen an die Elbe, öffnete ganz vorsichtig die Eingangstür, schlich zur Rezeption, griff mir das Gästebuch und sah nach, in welchem Zimmer Ines untergekommen war. Ich klopfte an ihre Tür, anfangs zaghaft, dann konsequenter. Bis sie nachfragte, nach meiner Antwort kurz schwieg, dann aber doch die Tür öffnete. Sie kannte mich und wusste, dass ich nicht so ohne weiteres wieder gehen würde. Um nicht das gesamte Hotel in Aufruhr zu versetzen, stimmte sie zu, mit mir am Elbufer spazieren zu gehen. Sie hörte mich an, blieb aber kühl. Mehr als die vage Zusage, sich die Sache in den kommenden Wochen noch einmal durch den Kopf gehen zu lassen, war nicht zu erreichen. Ich ließ es dabei bewenden, denn auch ich kannte meine Frau und ihre Konsequenz. Wenig später flog sie zurück, und mir verblieb nur noch wenig Hoffnung.

Nun hatte ich im Laufe meines Lebens gelernt, über unveränderliche Tatbestände nicht länger zu lamentieren, und somit gewöhnte ich mich trotz meines Schmerzes allmählich daran, dass meine Ehe gescheitert war. Vordergründig an Ines' Kritik an meinen gesellschaftlichen Eskapaden im Reigen mit Horst-Herbert Alsen & Co., in Wahrheit jedoch vielmehr am langjährigen Heimweh und der unterschiedlichen Mentalität der Städte San Salvador und Hamburg. Ich war durchaus bereit, mich der neuen Situation zu stellen, litt aber unter einem Fakt, den ich bisher noch nicht erwähnt habe, der aber eine große Änderung für mich bedeutet hatte. 1964, also nach drei glücklichen Ehejahren, war unser Sohn Arthur an der Elbe zur Welt gekommen. Es war ein erhabener Moment für uns alle gewesen. Das erste Kind, mit einer Traumfrau, in einem geordneten Umfeld. Würde alles gut laufen, so sagte ich mir damals, würde Arthur eines Tages mein Nachfolger im Unternehmen J. J. Darboven werden. Wie sich jeder denken kann, war die Wahl des Namens alles andere als Zufall. Sie war eine Reminiszenz an Arthur Darboven, den Sohn des Firmengründers, meinen Adoptivvater, Freund und großen Mentor. Auch wenn ich mich wahrhaft bemühe, kein besonders gefühlsduseliger Mensch zu sein, so war es schon ein beeindruckendes Gefühl, als eines Tages wieder ein Arthur Darboven in der Villa am Bockhorst wohnte. Ganz klar, dass dabei wieder Erinnerungen an jenes Schlüsselerlebnis meines Lebens wach wurden, als Arthur Darboven senior erstmals in der Küchentür vor mir stand und jenen unvergesslichen Satz sagte: »Hallo, ich bin Onkel Arthur ...«

Auch unter diesen Umständen, mehr jedoch wegen meiner Liebe zum kleinen Arthur fiel mir die Trennung von Ines doppelt schwer. Zumal wir zuvor vereinbart hatten, dass der Junge im Falle einer Trennung bei der Mutter bleiben sollte. Ich wusste ja aus eigener Erfahrung, wie bitter eine Kindheit ohne festen familiären Bindungspunkt ist. Ich saß also allein in Hamburg, während Ines und der mittlerweile acht Jahre alte Arthur in El Salvador weilten. Fraglos gab es schönere Tage in meinem Leben.

Die Traumfrau – Hochzeit mit Edda Adelheid Elisabeth Emma Antoinette Prinzessin von Anhalt

&

Schon wegen Arthur startete ich einen allerletzten Versuch, die Ehe zu kitten. In Erinnerung an Ines' Versprechen vom März 1972, sich alles noch einmal in Ruhe zu überlegen, nutzte ich einen Monat darauf eine Dienstreise nach New York, um einen Zwischenstopp in San Salvador einzulegen. Ines wartete am Flughafen, begrüßte mich nicht unhöflich, aber bis ins Herz unzugänglich, und fuhr mit mir zu einem Hotel in der Nähe. Da war mir endgültig klar, was die Stunde geschlagen hatte. Ich konnte reden, was ich wollte, Ines war nicht umzustimmen. Zerknirscht ging ich am nächsten Tag an Bord des Weiterfluges in die USA. Adíos, Ines de Sola!

1972 machte ich Ines ein allerletztes Friedensangebot. »Please, don't miss a bus«, sagte ich ihr klipp und klar. Das Thema war nun definitiv durch. Ende 1973 wurde die Scheidung einvernehmlich vollzogen. Da wir vor der Eheschließung ohnehin Gütertrennung vereinbart hatten und Ines ein mehr als wohlhabendes Elternhaus hatte, gab es keinerlei schmutzige Wäsche. Wir vereinbarten eine monatliche Apanage, die ich gewissermaßen als Erziehungsgeld für Arthur überwies. Ich habe es meiner geschiedenen Frau immer hoch angerechnet, dass sie dieses Geld nie anrührte, sondern auf Arthurs Konto einzahlte. Bis zu seinem 18. Lebensjahr hatte sie so ein durchaus stattliches Sümmchen angespart.

142

Mein Sohn Arthur selbst, der 1970 in Hamburg eingeschult worden war, wechselte nach der Trennung nach San Salvador und von dort als 18-Jähriger auf eine Schule und auf ein Internat in die USA. Trotz des Lebens in Mittelamerika war es für ihn auch eine Frage der Ehre, den Grundwehrdienst bei der Bundeswehr zu absolvieren. Ines legte auf Erziehung wie Ausbildung enormen Wert. Das Ergebnis kann sich heute ja auch sehen lassen, geschäftlich wie menschlich, wenn ich das einmal so salopp formulieren darf. Nach dem Abitur machte er ein Praktikum bei der Ibero-Bank in Bremen, um anschließend Betriebswirtschaft zu studieren und in Boston mit dem MBA abzuschließen. Nach Praktika in Bogotá in Kolumbien sowie in Oxaca in Mexiko in namhaften Kaffeehandelsfirmen wechselte Arthur in die Firma J. J. Darboven. Letzten Endes schloss sich der Kreis wieder, was mir höchste Genugtuung bereitete. Insoweit kann ich nur den unvergessenen Arthur zitieren: »Die Nachfolge ist bestellt.« Mit Sinn und Verstand, so wie es beste Sitte ist im Hause Darboven. Damals wie heute.

1972 jedoch galt es erst einmal, den Schmerz um Ines zu vergessen. Wohl dem, der in einer solchen Situation gute Freunde und fesselnde Hobbys hat. Horst-Herbert und die anderen brachten enormes Verständnis für den waidwunden Atti auf, standen mir lange Abende als Gesprächspartner und Seelenärzte zur Seite und brachten mich irgendwann dann doch auf andere Gedanken. Der Kopf war wieder frei, das Herz ebenso. Famos also, dass die Polosaison begann. Auf also in das Mutterland dieses illustren Sports, auf nach Großbritannien. Bei einem Turnier dort verdrehte ich mir den Kopf – aber nicht auf dem Rasen. Susan Ferguson, damals just in Scheidung mit Major Ronny Ferguson lebende hübsche und facettenreiche Mutter der auch bei uns unter dem Namen »Fergie« bekannten adligen Powerfrau Sarah Ferguson, hatte es mir in erheblichem Maße angetan. Stark angetan.

Ohne Umschweife gesagt, Susan war eine Granate. Lebenslustig, fröhlich und nett, zudem als Schiedsrichterin dem Polo und als aktive Reiterin der Jagd zugetan. Ich spürte fortschreitende Genesung. Das Feuer in meiner Gefühlswelt loderte wieder, der alte Don Juan war erwacht. Nach Jahren treuer Ehe kostete ich meine Wirkung auf Frauen wieder in vollen Zügen aus. Mittlerweile 36 Jahre alt, war ich in jeder Beziehung gut auf dem Posten. Ein Tatbestand, der befriedigte. Wie in besten Tagen attackierte ich mit vollem Risiko, gewann das Spiel und hatte ein Vollblutweib mit Charme und Chuzpe auf meiner Seite. Alsbald reisten wir als originelles Pärchen durch die Lande. Im August 1972 nahmen wir an der Hochzeit meines Freundes Paul Withers teil, eines gewandten britischen Polospielers von Format. Susan und ich waren ein gern gesehenes Paar.

Dass dann alles doch wieder vollkommen anders kam, lag an einer Frau, die alles in und an mir vibrieren ließ. Hatte ich Jahre zuvor bei Ines gemeint, den Vulkan der Gefühle kennen gelernt und vor kurzem an der Seite von Susan Ferguson einen erneuten Vulkanausbruch erlebt zu haben, so wurde nun alles Dagewesene in den Schatten gestellt.

Das Ereignis bleibt auf ewig unvergessen. Es war ein herrlicher Julisonntag 1972 im Umfeld der Olympischen Spiele in München. Es war der Gründungstag des Münchner Polo-Clubs, und alles, was Rang und Namen hatte, war auf den Beinen. Das Fest war lebendig, lustig und spontan. Ein wunderbarer Sommerabend eben, im Kreis sympathischer Menschen. Bis, ja bis am Buffet plötzlich eine hoch gewachsene Dame in einem weißen Hosenanzug neben mir stand. In Zehntelsekundenschnelle spürte ich ein nervöses Prickeln, und eine innere Stimme sagte mir: »Atti, gib Acht, diese Frau kann dich fressen, mit Haut und Haaren.« »Sei ruhig!«, teilte ich der inneren Stimme mit und ließ mich nur allzu gern auf einen

Flirt mit dieser wunderschönen Frau ein, der Grazie wie Intelligenz auf den ersten Blick anzumerken waren.

Ich war vom ersten Augenblick an fasziniert von dieser Frau. So ein Wesen war mir noch nie begegnet! Sie musste nur ihren Namen nennen, und ich erzitterte. »Ich heiße Edda Anhalt.« Ich gab mir außerordentliche Mühe, die Contenance zu wahren. In Wahrheit jedoch war es um mich geschehen. Es war Sommer, und es war heiß, und ich war wie Wachs, und keiner durfte es merken.

Dass ich Feuer gefangen hatte, musste sie bemerkt haben. Auch in ihr loderte es bereits, aber das gestand sie mir erst Monate später. Erst einmal verbrachten wir den Abend mit einer großen Gang aus dem Polo-Club in einem Münchner Nachtclub. Bei dem einen oder anderen erfrischenden Drink machte sich die aparte Prinzessin von Anhalt immer wieder über meinen Hamburger Dialekt lustig. Aber mit Niveau! Es waren ihr Aussehen und ihre Art, die den Sizilianer in mir weckten. In einem solchen Maße, dass mir das Datum dieser besonderen Begegnung auf ewig im Gedächtnis eingebrannt ist. An jenem Freitag, dem 7. Juli 1972, erhielt mein Leben eine entscheidende Wende.

Zunächst aber folgte ein Schritt d'amour dem nächsten. Ich merkte schnell, dass es mich mächtig erwischt hatte, und zwar mit einer bisher unübertroffenen Wucht. Ein Grund mehr, einen hanseatisch kühlen Kopf zu bewahren und sich nicht sofort dieser betörenden Kunsthändlerin aus München auszuliefern. »Mach dich rar und steigere dadurch deinen Wert.« Dass ich am Tag darauf, am Sonnabend also, nicht an Eddas Seite auf ein großes Polo-Fest ging und dort überhaupt nicht auftauchte, hatte allerdings einen anderen Grund. Freunde aus Mittelamerika waren dort zu Gast. Hätten die mich bei heftiger Balz mit einer germanischen Prinzessin ertappt, wäre diese Kunde in Windeseile quer um den Erdball nach San Salvador an Ines' Ohr gedrungen. Den Ärger wollte ich mir ersparen, zumal wir ja noch gar nicht geschieden waren. Also flirtete ich im Verborgenen. Ohne den Hamburger Grundsatz zu vergessen, der schon manchem Coup den Weg bereitete: Wer nicht wagt, der nicht gewinnt.

Als Tag der Entscheidung hatte ich Sonntag, den 9. Juli 1972, auserkoren. Alles war generalstabsmäßig vorbereitet, um Pannen von vornherein auszuschließen. Es würde mein Tag werden, das hatte ich schon nach dem Turniersieg unseres Hamburger Polo-Teams La Ina gespürt. Die Mannschaft, benannt nach einer Sherrymarke, war überlegen, und auch ich präsentierte mich in guter Form. Mit diesem Erfolg waren gleichermaßen für mich die Signale auf Grün gestellt. Zumindest konstruierte ich mir das so. Als Indiz registrierte ich einen Preis der unbezahlbaren Kategorie direkt nach der Siegerehrung: Von Edda gab's ein Bussi. Ich schwöre: Die jährlich 2500 Champagner-Flaschen aus dem Hause Röderer mundeten keinen Deut besser als dieser Lippenkontakt.

Anlass genug, nicht mehr lange zu fackeln und im geeigneten Moment zur Tat zu schreiten. Die Rede ist von einem lauschigen Abend im Biergarten, als der Himmel voller Harfen hing. Innerlich bebend, äußerlich indes kühl, hängte ich der Prinzessin Edda von Anhalt eine Kette mit Medaillon um den betörenden Hals. Die Harfen im Himmel spielten zu einem furiosen Finale auf. Erst blickte mich Edda fassungslos an, dann schenkte sie mir ein Lächeln, das mein Herz tanzen ließ. Und ich beeide erneut: Wie schon der Kuss nach dem Poloturnier war dieses Mienenspiel des Glücks mit keinem Geld der Welt aufzuwiegen.

Über den Rest der Nacht schweigt der Gentleman und schwelgt in Erinnerungen. Ich will nur so viel sagen: Als wir vor ihrem Hotelzimmer angekommen waren und die Tür ins Paradies öffneten, feuerte ich meine Schuhe auf den Flur. »Sollen sie doch alle sehen, dass ich nicht allein bin«, rief ich. »Ich bin ja so verliebt!«, fügte

Edda hinzu. Anschließend drehten wir den Schlüssel um – von innen.

So war das, und wem diese Reportage ein wenig zu glühend erscheint, möge bitte an meine Worte am Anfang dieses Buches denken, mit denen ich mein Faible für Frauen beschrieben habe. Ich wiederhole an dieser Stelle noch einmal: Eine Frau mit Format und Feuer, die meine Leidenschaft und Liebe weckt, bedeutet für mich Gold, Platin, Weihnachten und Silvester zusammen. Dann tanzen meine Lebensgeister im Dreivierteltakt und setzen Glückshormone frei, die süchtig machen.

Die Romanze mit Edda gewann von Tag zu Tag an traumhafter Wirkung. Nach meiner offiziellen Scheidung von Ines traten wir 1973, vier Tage vor Weihnachten, in Garmisch-Partenkirchen vor den Standesbeamten. Am 14. Januar 1974, eineinhalb Jahre nach dem ersten Rendezvous am Buffet des Münchner Polo-Clubs, heirateten wir kirchlich.

Als Trauungsort hatten wir uns einen der schönsten Orte der Erde ausgesucht, die Erlöserkirche in Greinau bei Garmisch-Partenkirchen. Meine Trauzeugen waren Peter Brakel und Michael Deckel. Letzterer war sozusagen dafür verantwortlich, dass Edda und ich uns überhaupt kennen gelernt hatten. Eddas Trauzeugin war Sabine Helms, die entzückende Tochter eines Bremer Reeders. Im Anschluss an die Hochzeitszeremonie feierten wir im kleineren Familienkreis im Restaurant »La Mer«, es war ungemein festlich. Und es war der pure Kontrast zur Hochzeitsfete mit Ines einige Jahre zuvor in San Salvador. Damals feurige Hitze, Rambazamba; diesmal Gefühle immens intensiver Natur, Bergwelt im Schneeschimmer, Romantik in idyllischer Landschaft. Ines war eine Señorita, die damals genau in meine Sturm- und Drangzeit im temperamentvollen Mittelamerika passte. Edda kam genau zum richtigen Zeitpunkt in mein Leben geschneit. Mit 37 Jahren hatte

ich mir manches Horn abgestoßen, war beständiger und boden-
ständiger, einfach einen Hauch reifer.

Jetzt, nachdem ich mehr als drei Jahrzehnte an Eddas Seite
erleben durfte, kann ich mir ein Urteil anmaßen. Edda Adelheid
Elisabeth Emma Antoinette Prinzessin von Anhalt ist die Frau
meiner Träume. Manchmal will ich dieses unfassbare Glück
ganz still in meiner Herzenskammer tragen, manchmal will ich es
lauthals hinaus in alle Welt posaunen: Edda, ich liebe dich noch
heute mit Haut und Haaren! Vielleicht mehr denn je, immer ein
Stück anders, auf jeden Fall immer ganz besonders. Es ist eine
wahrhaftige, gute, stabile und in sich ruhende Liebe, die mit ehr-
licher und tiefer Freundschaft verbunden ist. Seit nun mehr als
30 Jahren spüre ich das in einem speziellen Moment inniglicher
denn je: Jeden Tag gönnen wir uns von 17.30 Uhr bis 18.30 ein
lauschiges Champagnerstündchen. Wir sitzen dann in wohliger
Zweisamkeit beisammen, ziehen Bilanz des Tages, planen Neues,
genießen schweigend unser Glück. Wenn wir in Hamburg weilen,
mit Vorliebe in unserem Salon mit traumhaftem Elbblick, dann
zieht das Leben an uns vorbei, wir beide jedoch halten inne. Das
hat was! Ist einer von uns auf Reisen, ist ein tägliches Telefonge-
spräch absolute Selbstverständlichkeit.

Bevor ich weiter- und weiterschwelge, kehre ich lieber zurück
zu jenem Glückstag im Januar 1974. Die persönliche Predigt des
Pfarrers Kohl aus Ostpreußen noch in Seele wie Hirn, genossen wir
mit rund 40 Verwandten und Freunden einen besinnlichen Abend,
der durch die Reden der Witwe von Halt und meines Schwagers,
dem Prinzen Eduard, gekrönt wurde. Zwischendurch bewies ein
Zitherspieler sein ganzes Können. Beschwingt starteten wir wenig
später in die Flitterwochen, nach Irland, auf das Gut des Marquis
of Waterford, eines guten Freundes. Unseren eigentlichen und viel
spektakuläreren Honeymoon hatten wir schon vor der Eheschlie-

ßung begangen. Im Anschluss an eine Poloreise mit Turnieren in Soto Grande in Südspanien wie auch in Singapur düsten wir nach Polynesien und Hawaii. Es war ein exotischer Traum auf dem Gipfel heißer Gefühle.

Auf dem Trip nach Irland machten wir in London Station und nahmen Susi Ferguson mit an Bord. Meine Verflossene akzeptierte mein neues Leben, schätzte Edda über alles und fühlte sich keineswegs als drittes Rad am Wagen. Wir waren ein fideles Trio, lachten viel und amüsierten uns prächtig auf dem riesigen Schlossareal – unter anderem bei der Fasanenjagd. Edda und ich durften als frisch verheiratetes Brautpaar im altehrwürdigen Queen Mary Room nächtigen. Zwischen meterdicken Gemäuern war ein gigantisches Himmelbett platziert – liebevoll bezogen, sogar mit einer Wärmflasche darin. Zum privaten Service des Schlosses zählte auch die gestärkte herzogliche Unterwäsche. »Es gibt schlimmere Strafen«, stellten wir beide lachend fest. Abends ließ der Marquis of Waterford im Speisesaal mächtig auffahren, um eine Hochzeitsreise nach diätetischen Prinzipien handelte es sich wahrlich nicht.

Edda hatte und hat ihre Prinzipien, aber sie versteht zu genießen. Diese Tugend zeichnete ihre gesamte Sippschaft aus. Die Devise, mit der ich mich verständlicherweise bestens anfreunden konnte: leben und leben lassen! Immer auf der Basis exzellenter Manieren, sozialen Denkens und echter Tradition. Immerhin zählen die von Anhalts, deren Hausname Askanien ist, zu den ältesten europäischen Adelsfamilien und stammen von Albrecht dem Bären ab, dem Gründer der Mark Brandenburg. Mich begeisterten die Schilderungen über eine Familie mit ebenso edlen wie tiefen Wurzeln. Eine dieser Wurzeln reicht bis in die Ära Friedrichs des Großen. Katharina, die Gattin des russischen Zaren Paul, war eine Anhalt-Zerbst gewesen. Dessau, zwischen Magdeburg und Leipzig in Sachsen-Anhalt wunderschön gelegen, war Wohnort der Dynastie; Ballenstedt wurde als Residenzstadt ausgewählt. Aufgrund der SED-Herrschaft in der DDR gab es natürlich kaum Verbindungen »nach drüben«; Eddas Familie ließ sich nach der Flucht 1945 in Bayern nieder.

Ohnehin hatte der Zweite Weltkrieg bei den von Anhalts tiefe Wunden hinterlassen. Eddas Eltern, Edda Charlotte und Herzog Ernst-Joachim von Anhalt, schenkten insgesamt fünf Kindern das Leben – drei Mädchen und zwei Jungen. Nach Kriegsende waren sie im Kloster Ebsdorf in Niedersachsen untergekommen. Leider nicht alle gemeinsam. Eddas Vater war in russische Kriegsgefangenschaft unter General Schukow geraten und ins KZ Buchenwald verschleppt worden, wo er 1947 starb. Im Gegensatz zu seinem Freund, dem Ritter von Halt. Dieser überlebte den sowjetischen Terror, zunächst musste aber ein entsetzlicher Irrtum aufgeklärt werden. Im KZ Buchenwald waren beide Männer verwechselt worden, so dass die Frau von Halt eines Tages ein Telegramm erhielt, in dem der Tod ihres Mannes übermittelt wurde. Lange Zeit trug sie Trauer, bis ihr Mann eines Tages plötzlich vor ihr stand. Zur Freude der Trauernden, zur tiefen Betroffenheit der Herzogin Edda Charlotte von Anhalt, die ihren Gatten lebend wähnte, obwohl er längst zu Grabe getragen worden war. Schicksalsschläge dieser fürchterlichen Dimension vergisst man sein ganzes Leben lang nicht. Umso beachtlicher ist die Persönlichkeit beider Frauen einzuschätzen. Und umso höher ist unser Respekt Frau von Halt gegenüber, die auf unserer Hochzeit in Greinau eine so starke und ungemein beeindruckende Rede hielt.

Diese Stärke, aber auch den anpackenden Optimismus und die ausgeprägte Lebensfreude hat meine Frau von ihrer Mutter Edda Charlotte geerbt. Als einziges Mädchen evangelischer Glaubensrichtung besuchte meine Edda eine Nonnenschule, studierte in

München kurz Kunstgeschichte und ging dann zum Auktionshaus Neumeister, ebenfalls in der bayerischen Landeshauptstadt. Ja, und dann lief ich ihr am Rande eines Poloturniers gewissermaßen direkt in die Arme, angezogen von ihrem hübschen, begehrenswerten Äußeren, ihrem Humor und Frohsinn, aber auch Tugenden wie Toleranz und Warmherzigkeit. Auch wenn uns selbst trotz intensiven Wunsches kein eigener Nachwuchs vergönnt war, hat meine Frau ein ausgezeichnetes Händchen für Kinder. Das können zum Beispiel die Kinder meines Sohnes Arthur bestätigen – sie lieben ihre Stiefgroßmutter unendlich. Kommen die Kleinen zu Besuch, ist unser Haus am Elbufer erfüllt von lautem Lachen und sehr, sehr viel Frohsinn. Diese Stunden der Glückseligkeit zählen zu den absoluten Höhepunkten meines Lebens.

Dieses Talent ist mir übrigens schon vor unserer Hochzeit angenehm aufgefallen. Wie auch der Tatbestand, dass Edda ihre entzückende Nase keineswegs oben hielt und kein Stück überheblich war. Bis heute kann sie mit jedem einen Schnaps trinken, egal welcher Herkunft oder welchen Standes. Hinzu kommen Geduld und Gutmütigkeit. Dennoch darf man meine Frau keineswegs unterschätzen. In ihrem Inneren brennt ein außerordentlicher Ehrgeiz. Sie hat es mit mir gemein, möglichst als Erste durchs Ziel gehen zu wollen. Glückt dies nicht, können auch zweite Plätze mit Anstand akzeptiert werden. Viel schlechter sollte das Abschneiden dann aber nicht ausfallen.

Während ich mich eher als einen rationalen Menschen einschätze, weiß Edda mit einer stolzen Portion Empfindungen und Instinkt zu brillieren. Sie hat einfach enorm viel Herz und Gefühl, und sie stand mir damit in manch kritischer Phase unterstützend zur Seite. Auch bei dem einen oder anderen Sorgenmoment, den mir meine Firma bescherte. Eine so lange während Ehe ist natürlich immer ein unkalkulierbares Risiko. Umso besser ist es, wenn ich mich immer wieder dankbar freuen kann, dass mir Edda als Sternschnuppe erschien.

Indirekt habe ich diese Fügung dem Ritter von Halt zu verdanken, jenem Freund des Herzogs Joachim von Anhalt, der fälschlicherweise für tot erklärt worden war, 1947 aber doch dem Grauen des Konzentrationslagers entkam. In Vertretung seines umgekommenen Freundes übernahm er Eddas Vormundschaft und kümmerte sich rührend um meine spätere Frau. Dazu zählte auch das Management der Jobs während der Semesterferien. Und da der Ritter von Halt als Vorsitzender des Nationalen Olympischen Komitees der Bundesrepublik Deutschland federführend an der Ausrichtung der Olympischen Sommerspiele 1972 in München beteiligt war, brachte er Edda als Hostess im Ehrengastbereich unter. Sie beherrschte mehrere Fremdsprachen, verfügte über eine umfassende Allgemeinbildung, zeichnete sich durch perfekte Umgangsformen aus und war von fröhlichem Naturell – einen größeren Sympathiefaktor konnte Deutschland als Gastgeberland kaum aufbieten. Ebenso wie eine Kollegin namens Silvia Sommerlath, die im Rahmen der Spiele dem schwedischen König ja ganz besonders in Augen und Herz fiel. Na ja, und Edda gefiel eben einem bestimmten Herrn aus der Hansestadt Hamburg ganz besonders.

Der sich dann auch alle erdenkliche Mühe gab, der jungen Dame zu gefallen. Eine kleine Spezialität aus meiner Trickkiste sei an dieser Stelle ausnahmsweise verraten. So nutzte ich eine Reise Eddas als Begleiterin des Olympischen Komitees Finnlands nach Kiel zu einer Überraschung mit ganz eigenem Glanz. Edda war die ehrenamtliche Hostess für den Kronprinzen von Saudi-Arabien. Der Schock aller Beteiligten über den Terroranschlag auf die israelische Olympiamannschaft war natürlich immens; die Saudis reisten sofort ab. In Kiel jedoch war alles in Ordnung, ich holte Edda mit dem Auto ab und schlug ihr in Hamburg die Einkehr in »Schümanns Austernkeller« am Jungfernstieg direkt an der Binnenalster vor. Sie akzeptierte freudig, nicht wissend, dass ich mit dem Kellner dort einen kleinen Coup eingefädelt hatte. Langer Rede kurzer Sinn: In einer ihrer Austern fand Edda eine echte Perle. Ihren Blick, geprägt von Überraschung, ungläubigem Erstaunen und geradezu kindlicher Freude, werde ich nie vergessen. Allerdings auch jenen nicht, als ich ihr den Gag Jahre später beichtete.

Auch heute noch ist es lieb gewordener Usus, uns gegenseitig mit kleinen Überraschungen und Präsenten zu beschenken. Ich wähle gern ein kleines Schmuckstückchen, zum Beispiel ein Tigerauge mit Streifen, ähnlich einer Kaffeebohne, ein hübsches Kleid oder schlicht ein paar schöne Blumen. Sie verwöhnt mich bisweilen mit Krawatten, Smokingknöpfen für meinen Frack oder einem winzigen Talisman. Langeweile kehrt auch so nie ein; hinzu kommt der Reiz des Prickelnden. Irgendwie ist fast jeder Tag ein besonderer Tag. Ich habe mir geschworen, diesen Grundsatz nach Möglichkeit beizubehalten. Was nicht heißt, dass alles im Gleichschritt passieren muss. Jeder hat seine eigenen Hobbys und Interessen. Carpe diem, nutze den Tag, da hat jeder seine eigenen Vorstellungen. Während Edda zum Beispiel für ihr Leben gern im Bett frühstückt, hasse ich diese Krümelei.

Aber natürlich gibt es auch Ausnahmen. Wie während der Rennwochen in Baden-Baden, dem alljährlichen Höhepunkt des Turfjahres – abseits des Deutschen Derbys in Hamburg-Horn, versteht sich. Seit Ewigkeiten beziehe ich Quartier im Gasthof »Zum Hirschen« in Hügelsheim in unmittelbarer Nähe des Iffezheimer Hippodroms. Dort kostet das Doppelzimmer 60 Euro, das Preis-Leistungs-Verhältnis stimmt. Meine Vorstandskollegen logieren fast alle im feinen »Brenners Parkhotel« an der Lichtenthaler Allee neben Kasino und Kurpark in Baden-Baden. Im »Hirschen« fühle ich mich wohl, fast wie zu Hause. Edda und ich beziehen immer das

Zimmer Nr. 60. Mein Chauffeur, Jörg Bergmann, wohnt in Nr. 58. Um Punkt sechs Uhr klopft er an die Tür, Weckzeit! Wenig später kommt dann meist das Frühstück, das ich für Edda bestellt habe. Serviert auf einem Tablett, garniert mit einer prachtvollen Rose.

Egal an welchem Ort der Welt, am liebsten gehe ich früh raus und ran an den Kaffee. Mit klarem Verstand und voll funktionierenden Geschmacksnerven. Womit sich automatisch die Frage nach dem Tabakkonsum stellt. Seit meinem 40. Lebensjahr erntet der Fragesteller nur noch entschiedenes Kopfschütteln. Genau am 15. April 1976 war das, in St. Moritz. Beim Frühstückskaffee sagte ich: »Das war's, adíos Zigaretten.« Und tschüss! Bis dahin hatte ich tagtäglich 50 Marlboros inhaliert. Einmal habe ich es aus Spaß wiederholt, zwei Züge genommen – und mich vor dem scheußlichen Geschmack geekelt. Seitdem kann ich die gerösteten und gemahlenen Kaffeebohnen wieder mit der vollen Kraft meiner Geschmacksnerven genießen. So, wie sie es verdient haben.

Lübke & Scheel – zwei »Bundespräsidenten«
in Darbovens Diensten

&

Anlässlich unserer Turfausflüge nach Iffezheim erwähnte ich ja eben meinen jetzigen Chauffeur, Herrn Jörg Bergmann. Als Fahrer wie Sicherheitsmann ist er dabei, sich unersetzlich zu machen und damit guter alter Tradition zu entsprechen. Denn es zählt zu den Besonderheiten des Privathauses Darboven, aber auch der Firma J. J. Darboven, dass entscheidende Mitarbeiter sehr, sehr lange bleiben. Manchmal ihr halbes oder ganzes Berufsleben lang.

Was nicht nur die beiden »Bundespräsidenten« in unseren Diensten beweisen, Lübke und Scheel. Hans Lübke stellte ich ein. Heinrich Scheel, engagiert schon von meinem Vater Arthur, wirkte mehr als drei Jahrzehnte als Gärtner. Mit blühendem Erfolg, wie von allen Seiten lobend anerkannt wurde. Beide Scheels hießen oder heißen Heinrich, der Junior hat noch den Namen Hans davor. Der Vater blieb 35 Jahre bei uns, der Sohn, fortan der Einfachheit halber »Heini« genannt, arbeitete sogar 45 Jahre für unsere Familie. Man kann es kaum glauben, zusammen sind das 80 Jahre. Vor Leistungen dieser Güte und Beständigkeit ziehe ich zehnmal lieber den Hut als vor vielen Wichtigtuern auf dieser Welt, die mir auf gesellschaftlichem, wirtschaftlichem oder kulturellem Parkett so in die Quere kommen.

Heiligabend lade ich Heini und andere in Treue wie Ehre ergrauten Mitarbeiter immer zum »Oldtimer-Essen« ein. In Hamburg-

Rissen gibt's dann alljährlich einen Lütten zu trinken und kleine Geschenke.

Über den Senior, Heinrich Scheel, könnte insbesondere Arthur Bücher schreiben. Er war zuerst Röster bei J. J. Darboven, später Kutscher. Durch die Tätigkeit für Onkel Arthur, die wohl kurz nach Beginn des vergangenen Jahrhunderts ihren Anfang nahm, lernte er auch seine Ehefrau Alwine kennen. Diese wohnte im Elevenhäuschen auf dem Darboven-Grundstück am Bockhorst und bekochte die vier oder fünf Mitarbeiter der dortigen Hühnerfarm. Mein Onkel und späterer Stiefvater hatte mit den Legehühnern einen profitablen Nebenerwerb entdeckt. In besten Zeiten brüteten 7000 Sussex-Hühner auf dem Bockhorst, die Eier und Küken wurden verkauft.

Hans-Heinrich Scheel, beider Sohn, war von 1950 bis Weihnachten 1995 bei uns angestellt. In der Anfangsphase als Autoschlosser. In dieser Zeit lernte er seine Frau Thea kennen, die als Köchin und Haushälterin in der Darboven-Villa arbeitete. Thea war wie eine dritte Mutter zu mir und kannte mich noch als Kind in der Badewanne. So etwas schmiedet zusammen – fast das ganze Leben lang. Auch außerhalb des Oldtimer-Treffens zu Weihnachten halten wir regelmäßigen Kontakt. Das ist eine Frage der Zuneigung und Menschlichkeit, die eigentlich keiner Erwähnung bedarf.

Wenn Heini wollte, könnte er viel mehr über mich erzählen, als in diesem Buch steht. Er tut es aber nicht, sondern schweigt in der Art eines Ehrenmanns. Wie ein Grab, heißt es ja so treffend. In meiner Sturm- und Drangzeit, den wilden Jahren mithin, hätte manche Boulevardzeitung Heini liebend gern als Informationsquelle angezapft. Tatsächlich wäre er eine grandiose Fundgrube gewesen. Schließlich saßen Majestäten und andere Mitglieder europäischer Königshäuser bei uns im Fond, nicht nur die aus Schweden, Dänemark und den Niederlanden. Aber nichts ging. Glücklicherweise.

Wir hatten eine Menge erlebt, seitdem er als Chauffeur für mich arbeitete. 1964 begann das, so richtig vornehm mit Uniform und Mütze. Die Mütze selbst schafften wir drei Jahre später gemeinsam ab, sie war dann doch zu auffällig. Schließlich chauffierte mich Heini nicht nur von zu Hause bis in die Firma und retour, sondern zu allen möglichen und unmöglichen Ortschaften. Anfangs in einer Mercedes-Karosse, heute in einem BMW – auch als Reminiszenz an den langjährigen Hauptsponsor des Deutschen Galoppderbys. Heini harrte geduldig aus, wenn wir mit Horst-Herbert Alsen & Co. bis in die Puppen Orgien feierten, wenn wir im Reitstall Schampus-Feten begingen oder wenn ich anderweitig auf der Piste war. Details überlasse ich der Phantasie jedes Einzelnen. Wobei mir Heini auf der Pirsch in fast jeder Beziehung zur Seite stand. Bei der Jagd, auf dem Hochsitz, waren wir ein unschlagbares Team. Da ich natürlich auch an Heinis und Theas Privatleben interessiert war, gab ich ihm oft genug frei. Dann machte ich mich per Taxi oder eben als mein eigener Chauffeur auf Achse. Das ging genauso schnell, war aber viel weniger lustig. Denn Heini zeichnete sich nicht nur durch Treue, Verschwiegenheit und sicheren Fahrstil aus, er war gleichfalls ein begnadeter Unterhalter. Wenn wir beisammen im Wagen saßen und er auf Plattdeutsch mit seinen Döntjes loslegte, erbebte die Karosserie nicht selten vor Lachen.

Apropos Jagd. Einmal waren wir auf Gut Kielmannsegg in Seestermühe bei Hamburg den Wildenten auf der Spur. Bis in die Dunkelheit dauerte es, bis zum Bauchnabel wateten wir im brackigen Wasser, mit zunehmender Flut sogar fast bis zum Hals. Das Jagdfieber ließ uns immer weiter hineingehen. Schließlich kehrten wir zum Auto zurück, zufrieden, aber klitschnass und hundserbärmlich nach Moder stinkend. Da wir die schönen Polster nicht versauen wollten, zogen wir uns bis auf die Unterhosen aus, warfen eine leichte Wolldecke über und traten in dieser seltsamen

Kostümierung die Rückfahrt an. »Gut, dass uns die Polizei nicht kontrolliert«, meinte Heini mit seinem unverwechselbar trockenen Humor.

Eigentlich hatten wir uns früher geduzt, als ich noch Kind war und Heini für Arthur im Einsatz war. »Jetzt muss ich ja ›Sie‹ sagen«, meinte Hans-Heinrich Scheel dann, als er sich für mich ans Steuer setzte. Ich widersprach nicht. Mir ist ein persönliches »Sie« allemal lieber als ein unpersönliches »Du«. In dieser Beziehung bekenne ich mich zu einem eher konservativen Geist. Ich bin mit anderen Menschen gern per Sie, mit der Sympathie oder der Einstellung hat das nichts zu tun. Ich finde das korrekter und bin stets gut damit gefahren. Natürlich gibt es Ausnahmen von der Regel. Zum Beispiel im Freundeskreis meiner Ehefrau Edda. Der Adel pflegt sich untereinander oft zu duzen. Und die Pologemeinde natürlich. Wer auf dem Pferderücken sitzt, der Bambuskugel nachjagt und gemeinsam durch Matsch, Hitze, dick und dünn geht, kann nicht mitten im Match rufen: »Herr Lehmann, seien Sie so nett und spielen bitte einen Pass.«

Aber zurück zu Heini. Der nicht nur als Typ, sondern auch als Fahrer pfundig war. Keiner sonst hatte solche tricksigen Schleichwege drauf wie er, niemand sonst aber konnte – wenn's darauf ankam – mit einem solch enormen Affenzahn durch Hamburg und norddeutsche Lande kurven wie er. Dabei zeichnet sich der wahre Könner dadurch aus, nicht erwischt zu werden. Einmal allerdings war es so weit, aber dafür dann auch richtig. Im Frühjahr 1978, zur Horrorzeit des Terrorismus also, waren wir auf dem Weg zur Konfirmation meiner Nichte Alexandra in Hannover.

Hier sei mir ein kleiner Einschub gestattet. Alexandra ist die Tochter meiner Schwester Marie-Luise Hopusch, die in beeindruckender Weise ihr eigenes Glück gemacht hat. Nachdem sie Ende der 40er- und Anfang der 50er-Jahre mit meiner Mutter und mir in der Bockhorst-Villa gewohnt hatte, wurde sie rasch flügge. Im Anschluss an eine Schneiderlehre in einer Modeboutique im Hamburger Stadtteil Osdorf heiratete sie später den Journalisten Alexander Wanke. Dieser arbeitete damals beim Hamburger Abendblatt, später bei der Hannoverschen Allgemeinen, nach der Wende in Leipzig und schließlich für den Madsack-Verlag mit Hauptsitz in Hannover. Mein Schwager ist heute mit Fortune auf dem spanischen Medienmarkt aktiv; die Familie lebt halb in Hannover, halb in Sevilla. Neben Alexandra kam auch Sascha zur Welt. Auf dem Weg zur Konfirmation ebendieser Alexandra befanden wir uns an jenem Tag.

Der Zeitdruck war immens, Heini raste mit Bleifuß nach Hannover. Auf der recht leeren Autobahn war er leider mehr als nur einen Tick zu schnell. Er registrierte seinen Irrtum zu spät und kam erst 200 Meter hinter der für uns richtigen Ausfahrt zum Stehen. Ohne langes Zögern legte mein Chauffeur den Rückwärtsgang ein, zischte auf dem Standstreifen zurück und war so schnurstracks wieder auf der korrekten Spur. Prima, lobte ich ihn gerade, vielleicht können wir doch noch pünktlich in der Kirche sitzen. Vielleicht – denn leider hatten wir die Rechnung ohne den Bundesgrenzschutz gemacht. Ausgerechnet vor Hannover war ein Sicherheitsring aufgezogen worden, und auch an »unserer« Abfahrt lauerte ein Sonderkommando, mit MGs und ähnlichen Gerätschaften bis an die Zähne bewaffnet. Der Rest war eine Sache von Sekunden. Wir wurden mit quietschenden Reifen gestoppt, Pistolen und Gewehre waren auf uns gerichtet: schön langsam raus aus dem Auto, Hände aufs Autodach. Nach Feststellung der Personalien kehrte allmählich wieder Ruhe ein; nunmehr übervorsichtig, schlichen wir weiter zur Konfirmation. Das Nachspiel folgte vor Gericht. Dabei tischte Heini eine solch geniale Story auf, dass das Strafmaß mehr als glimpflich ausfiel. Was bei einem unbescholtenen Mann und in der Regel besonnenen Fahrer ja auch richtig war.

Eine andere gleichfalls nicht absolut saubere Angelegenheit blieb ungeahndet. An dieser Stelle darf ich beichten, dass die Chauffeursmütze auch nach dem Absetzen 1967 im Dienst blieb, in absoluten Ausnahmefällen. Wenn Heini Feierabend hatte und ich allein im Auto unterwegs war. Nicht selten währten diese vermeintlich kurzen Ausfahrten ein paar Stunden länger als geplant und verliefen weit weniger trocken als vermutet. Wie auch immer, es erschien alles andere als ratsam, zu fortgeschrittener Stunde mit der Polizei in Kontakt zu kommen. Und, so dachte sich der damals wilde Atti, was wirkt auf Ordnungshüter beruhigender als ein redlicher Chauffeur, der des Nachts auf Dienstfahrt ist. Jeder würde zechen und seinen Führerschein riskieren, aber nicht er. So geschah es also, dass Atti himself im Morgengrauen durch die Elbvororte fuhr – mit einer schicken Chauffeursmütze auf dem Haupte. Ein lässiger Wink an die Kollegen vom Peterwagen, mit freundlich erwidertem Gruß durfte ich passieren. Dies war bis jetzt mein kleines Geheimnis. Nur Heini wunderte sich bisweilen, dass bei seinem morgendlichen Dienstantritt plötzlich die Mütze auf dem Vordersitz lag. Bis heute hat er nicht ein einziges Mal gefragt, warum das so war. Nun weißt du es, Heini! Wobei ich ganz sicher bin, dass du es immer geahnt hast.

Alles in allem war es für mich mehr als eine Zäsur, als Hans-Heinrich Scheel zu Weihnachten 1995 in den wohlverdienten Ruhestand ging. Wir feierten einen würdigen Abschied, wobei der eine oder andere eine ganz schön große Träne spazieren trug. Als Dank für 45 Jahre Treue und Anstand schenkte ich Heini und Thea eine kleine Wohnung. Ich bin sicher, dass wir uns noch lange sehen werden.

Kein Wunder, dass ich mich schwer tat mit der Nachfolge.

Überall hörte ich mich um, auf der schwierigen Suche nach dem geeigneten Universalkönner. Ein Portier des »Atlantic Hotels« an der Außenalster gab Heini schließlich den entscheidenden Tipp. Jörg Bergmann würde sich durch seinen sicheren und zügigen Fahrstil auszeichnen, Vertrauenswürdigkeit und exquisite Manieren inklusive. Er war Chauffeur eines Vorstandsmitglieds des Axel Springer Verlages, und seine Schwester war als Chefsekretärin in ebendiesem Verlag tätig. Der Gründer des Hauses, Axel Caesar Springer, zählte früher zu den gern gesehenen Partnern mancher schwungvollen Festivität. Er war ein hochintelligenter Mann, von Charme und Mutterwitz geprägt, und ich war stolz, ihn zu meinen Freunden zählen zu dürfen. Aber das nur am Rande.

Vater und Sohn Scheel waren gewiss die Krönung der Treue, absolute Ausnahmen im Privathaus wie im Unternehmen waren sie nicht. Denn auch andere Mitarbeiter stehen mir seit Jahrzehnten zur Seite. Für mich ist das eine Bestätigung meiner Personalpolitik, die auf Menschenwürde, netter und korrekter Behandlung sowie Motivation basiert. Wer andere Menschen wie Zirkustiere dirigiert und nach Gutsherrenart vor anderen zusammenstaucht, hat das Zeug zum Diktator, aber nicht zu einem guten Chef. Ich mag bisweilen sparsam sein, keine Frage, meine Angestellten begreife ich dennoch eher als Partner und behandele sie entsprechend fair und im Zweifel großzügig. Das ist eine Frage der Moral. Abgesehen davon, dass sich diese Vorgehensweise am Ende rechnet.

Positiver Nebeneffekt ist zudem, dass man sich im Laufe der Jahre natürlich gut kennen lernt. Heini zählte ja praktisch schon zur Familie, aber auch andere langjährige Mitarbeiter sind mir wahrlich ans Herz gewachsen. Wenn ich an Helga Brinkmann denke, die 28 Jahre bei uns war. Oder an Hans Krogbien, der nach sage und schreibe mehr als 60 Jahren Firmenzugehörigkeit Ende der 80er-Jahre ausschied. Von der Lehre bis zur Rente, das ist schon Rekord.

Als Lehrling startete bei uns übrigens auch Klaus Konieszny, der nach 45 Jahren 2002 schließlich in den Ruhestand ging. Er hat bei J. J. Darboven die EDV mit aufgebaut, Hand in Hand mit Heinz Dotti. Letzterer absolvierte ebenfalls die Ausbildung bei uns und ist auf dem besten Wege, bald die 50 Jahre voll zu machen.

Ich wundere mich bisweilen schon, wie rasch die Zeit vergeht. Am deutlichsten wird das bei unseren Oldtimer-Feiern. Zugegen sind dann die Jubilare und jene Kollegen, die in Pension gehen – plus Anhang, versteht sich. Jeder wird auf ganz besondere Art und Weise geehrt. In kleinen Reden, die ich entweder persönlich halte oder einer der direkten Vorgesetzten, aber auch mit kleinen Geschenken, die ich in ausgewählten Fällen sehr individuell anfertigen lasse. Für sehr langjährige Strategen bei einem Juwelier in der City. So erhielt zum Beispiel ein Herr Duden ein kleines silbernes Lexikon mit seiner Namensgravur. Von den originellsten Schmuckstücken habe ich mir Duplikate anfertigen lassen, die in einer Vitrine im ersten Stock unseres Verwaltungsgebäudes ausgestellt sind. Ich erfreue mich jeden Tag an den prächtigen Stücken, und andere übrigens auch. Sollten sie darüber hinaus als Motivation dienen, habe ich dagegen nichts einzuwenden.

Auf jeden Fall erhalten die Jubilare die von mir kreierte Darboven-Uhr als Erinnerungsstück, firmiert, nummeriert, mit Zertifikat. Das Zifferblatt hat das Design des typischen »Darboven-D«, und darauf prangt mein persönliches Motto, das gleichzeitig auch das unserer Firma ist: »Aus Freude am Leben«. Das Armband hat die Unternehmensfarben Orange und Braun, so wie ich es selbst auch trage. Ohne diese Uhr, die auch unsere Lehrlinge zum Start erhalten, würde ich mein Haus nicht verlassen. Zu dieser Macke bekenne ich mich gern.

Garniert wird die Jubiläumsfeier mit einem guten Essen und mit spaßiger Unterhaltung, wir wollen ja nicht vor Ehrfurcht vor so viel Beständigkeit erstarren. Mal tritt ein Bauchredner auf, mal ein Zauberer. Auch mit Käpt'n Prüsse und seiner Mississippi-Queen sind wir schon über die Elbe getuckert. Unter dem Strich ist es immer wieder ein Erlebnis, und so soll es auch sein.

Bevor ich zu den Mitarbeitern am Bockhorst komme, möchte ich noch einen ganz seltenen Fall schildern, der gewiss einmaligen Charakter hat. Die Rede ist von meinem Pferdetrainer Martin Melendez; ein Maya-Indianer und sehr feiner Mensch, der 1970 aus El Salvador als Betreuer meiner Polopferde nach Hamburg kam. Und dieser Martin, der mittlerweile die gute Seele auf Gestüt Idee am Falkensteiner Elbufer ist, kümmert sich am Wochenende auch um ein paar Mädchen aus der Nachbarschaft, die bei uns in der Halle, auf den Weiden oder Wegen, aber auch am Elbstrand reiten. Dabei war auch – lang, lang ist es her – eine talentierte Reiterin namens Erika Voigt. Jahrelang kannte man sich nur so, ein paar Jahre später kamen die Gefühle ins Spiel. Mit dem Resultat, dass beide seit bald 30 Jahren ein Paar sind und nach 25 Jahren »wilder« Ehe jüngst auch offiziell den Bund fürs Leben eingingen. »Aus Kostengründen habt ihr Trauung und silberne Hochzeit auf einen Tag gelegt«, habe ich unter Beifall in der Festansprache gesagt. »Das kann ich sehr gut verstehen.«

Das i-Tüpfelchen dieser Story folgt aber noch. Durch Martins Engagement für meine Pferde kam Erika in Kontakt zur Firma J. J. Darboven und absolvierte dort schließlich auch eine Lehre. Und nicht nur das, Erika Voigt, die heutige Frau Erika Melendez, machte so richtig Karriere. Sie stieg zur technischen Betriebsleiterin in der Firma auf. In dieser Funktion organisierte sie in perfekter Manier den Umzug unserer Rösterei zurück aus Berlin nach Hamburg. Diese Mammutaktion vollzog sich zwischen 1994 und 1996, war mit einem Kostenvolumen in Höhe von 35 Millionen Mark verbunden und wurde ohne Störung abgeschlossen.

Am 6. November 2003 habe ich Erika Melendez zur Prokuristin ernannt.

Ich liebe diese Beispiele von Beständigkeit und Harmonie. Wie gesagt: aus Freude am Leben! Besser kann man es nicht auf den Punkt bringen, finde ich. Dieser Satz, diese lebendige und aussagekräftige Wortkreation, die von mir stammt, ist mein ganz persönliches Leitbild, das wie ein Banner über meinen Handlungen schwebt. Die intensiven Lehrstunden bei meinem väterlichen Freund Arthur Darboven in jungen Jahren, aber auch die Lebenserfahrungen haben in mir eine Gleichung keimen lassen, die Garant für ein gedeihliches Miteinander ist: Respekt plus Disziplin gleich Harmonie. Offenheit und Fairness haben als Beigaben große Bedeutung. Von Anfang an habe ich mich daran gehalten. Jeder Mitarbeiter, ganz gleich in welcher Position, darf mir frank und frei seine Meinung sagen. Voraussetzung: Tonfall, Umgebung und Zeitpunkt müssen passen. Sind diese Bedingungen gegeben, kann man mir in der Tat alles sagen. Ich höre dann ruhig zu, entscheide sofort oder lasse mir die Sätze später noch einmal im Kopf umhergehen. »Utspoken« nenne ich diese Freiheit der Rede. Das ist Plattdeutsch und heißt in etwa »ausgesprochen«. Das ist gut und wichtig, weil dann nichts im Verborgenen keimt, was Bakterien mit sich führt, die sich vermehren könnten. Lieber heraus mit dem Ballast, fair darüber sprechen, möglichst eine gemeinsame Klärung finden, diese umsetzen und dann Schwamm drüber.

Vom Bockhorst an den Leuchtturm

Nach dieser kleinen Abhandlung privater Philosophie zurück zu jenen Typen, die des Daseins Würze ausmachen. Stromlinienförmige Mitläufer befriedigen unter Umständen das eigene Ego, fördern jedoch nie und nimmer kreative Prozesse. Insoweit schätze ich es durchaus, den einen oder anderen kauzigen Typ in meinem Umfeld zu haben.

Schließlich bin ich von Kindesbeinen an den Umgang mit Menschen gewöhnt, die nicht unbedingt der Charakterisierung »normal« entsprechen. In der Darboven-Villa am Bockhorst lebte mit Onkel Arthur immerhin eine Persönlichkeit, die auch Uhren mochte, die nicht im Zeitgeist tickten. Wie unsere Gesellschaftsdame Alma Schlüter, die seit 1917 im Haus wohnte und engagiert war, um meiner späteren Stiefmutter, Anna-Maria Darboven, die Freizeit auf intelligente Weise zu verannehmlichen. War es seinerzeit doch nicht schicklich, als Dame allein auszugehen. Die Männer konnten die Puppen tanzen lassen, die Frauen durften daheim häkeln – so war es en vogue. Und da Alma Schlüter, die von uns in späteren Jahren nur Tante Alma gerufen wurde und wie auch Chauffeur Heini quasi zur Familie zählte, eine belesene und intelligente Dame war, die vor Lebenslust und originellem Geist nur so sprühte, fand Anna-Maria durchaus Gefallen an den Gesprächen mit ihr.

Da man nun jedoch nicht den lieben langen Tag kluge Gespräche führen kann, wurde es Alma im Laufe der Zeit zu langweilig.

Mit Inbrunst und Know-how widmete sie sich dem Aufbau der Hühnerfarm auf dem Grundstück. Mit Arthur hatte sie den idealen Partner bei diesem Bestreben, denn welcher Kaffeeröster lässt neben seiner Wohnung schon Federvieh brüten! Tante Alma also ging die Sache wissenschaftlich an, kommunizierte mit der ganzen Hühnerwelt, reiste nach Rom und Sussex, um die erfolgreichsten Zuchttiere nach Hamburg-Hochkamp zu holen. Sehr zum Wohle des Unternehmens, welches immer mehr aufblühte.

Sosehr ihre Leidenschaft den Gockeln und Hennen gehörte, ihr Herz gehörte einem gestandenen Seemann, der von St. Pauli aus die Weltmeere bereiste, Postkarten aus aller Herren Länder sandte, nach langen Törns mit üppigen Präsenten heimkehrte und Alma auf seine Art verwöhnte. Leider, leider viel zu kurz, denn eines Tages, das muss noch vor dem Zweiten Weltkrieg gewesen sein, ging der Seemann ihres Herzens mitsamt seinem Schiff unter. Der Schmerz war groß, verständlicherweise, Tante Alma indes blieb ihr gesamtes Leben über ihrem verstorbenen Partner und der christlichen Seefahrt treu. Ihren Verhältnissen gemäß spendete sie großherzig für die Gesellschaft zur Rettung Schiffbrüchiger. Und einmal im Jahr zelebrierte sie eine Art Memorial in Form einer Schiffsreise nach Nordafrika. Und zwar an Bord eines Frachtschiffes der OPD, der Oldenburger Portugiesischen Dampfschifffahrtsgesellschaft.

Arthur verriet mir eines Abends den Grund dieser Treue. An Bord des Frachtschiffes pflegte unsere gute Tante Alma mit dem Kapitän derart heftig zu zechen, dass nicht selten in einem portugiesischen Hafen angelegt und neuer Proviant gebunkert werden musste. In flüssiger, hochprozentiger Form, versteht sich. Dazu muss man wissen, dass die Gesellschaftsdame mit den vornehmen Umgangsformen zwar dünn wie eine Bohnenstange, aber von einer außerordentlichen Trinkfestigkeit war. Man sah es ihr wirklich in keiner Form an, wenn sie »'nen Lütten intus« hatte, wie man im

Norden sagt. Sonst zumeist ein wenig streng und überaus akkurat, becircte sie uns in solchen Momenten mit geradezu explosiver
Fröhlichkeit. Wahrscheinlich hatte Tante Alma dann einen Promil-
legrad erreicht, der andere längst gefällt hätte. Ging es ganz hoch
her, erzählte sie uns von ihrer Jugend in Preetz im Schleswig-Holsteinischen. Diese abenteuerlichen Geschichten waren in Wahrheit
so harmlos, dass ich mich nicht mehr daran erinnern kann.

Umso mehr aber an die Schoten, die sich im Umfeld ihrer Nord-
afrika-Bereisungen ereigneten. So berichteten uns Offiziere eines
Tages, dass der Steward an Bord extreme Hochachtung vor der
spindeldürren, aber zähen Norddeutschen hatte und bei diesen
Trips Sorge dafür trug, dass bloß ausreichend Piccolos, Schnaps,
vor allem jedoch Gin gelagert war. Dieser Wacholderbrand hatte
es Tante Alma besonders angetan. Auch bei den Ausflügen in Sachen Hühnerzucht nach Sussex soll es dem Vernehmen nach hoch
hergegangen sein.

Ich mochte Alma, sie hatte eine ganz spezielle Note. Manchmal
gingen Arthur und ich des Abends von unserer Villa aus über den
Hof zu ihrer Wohnung, um einen Klönschnack zu halten. War
Alma dann enorm in Form und ließ ein Bonmot nach dem anderen
vom Stapel, zwinkerten wir uns zu. Wohl wissend, dass die Gute
dann – sorry, Tante Alma! – granatenstramm war. Eine Blöße aber
oder einen Ausfall jedoch leistete sie sich in unserer Gegenwart niemals. Die Dame hatte Trinkkultur. Zudem eine herrliche Art, ihren
Geschichten Note zu verleihen. Wie bei jener Anekdote, als Alma
Schlüter, damals auch schon Ende 80, endlich befand, doch wohl
eine Brille zu benötigen. Von den besten Wünschen der Bockhorst-
Belegschaft begleitet, machte sich Tante Alma mitsamt Chauffeur
Heini, selbst auch nicht mehr der Jüngste, auf zum Optiker in
das Elbe-Einkaufszentrum. Beim Test des x-ten Gestells meinte
die Verkäuferin nur zu Alma – mit Blick auf Heini: »Gnädige

Frau, gucken Sie mal Ihren Sohn an!« Während Heini fast umfiel, reagierte Alma begeistert auf diese Sehhilfe, die allerdings nur aus dem Gestell bestand, also gar keine Gläser hatte. »Fein, junges Fräulein, damit kann ich super sehen, diese Brille behalte ich gleich auf.« Im Laden, aber auch daheim bogen sich alle vor Lachen, als Alma die Story abends in ihrer unvergleichlichen Art von sich gab. Wer Alma gekannt hat, weiß, was ich meine. Leider blieben die hochprozentigen Rendezvous mit Bruder Gin – selbstredend stets in memoriam an die christliche Seefahrt – langfristig nicht ohne Folgen. Immer mehr unter Verfolgungswahn leidend, musste sie eines Tages zu unser aller Betroffenheit in den 80er-Jahren ins Seniorenwohnheim wechseln; dort verstarb sie wenig später im gesegneten Alter von 98 Jahren. Es war eine Frage der Ehre, dass wir ihre Beerdigung in Preetz durchführten. Hier wird sie ganz gewiss ihren Frieden gefunden haben.

Nicht nur das Ableben Tante Almas bewies: Auch die schönsten Seiten und Dinge des Lebens gehen eines Tages dem Ende zu. Da passt es ins Bild, dass wir 1971 von der traditionellen Darboven-Villa am Bockhorst Abschied nehmen mussten. Für mich war dieser Moment mit einer intensiven inneren Einkehr verbunden, stellte er doch auch eine Zäsur, zumindest eine Wendemarke in meinem Leben dar. Immerhin hatte ich am Bockhorst viele glückliche Jahre erlebt, und richtungsweisende zudem. Hier hatte ich an jenem legendären Sommertag anno 1948 zum ersten Mal Onkel Arthur getroffen. Hier war ich in gutbürgerlichen Verhältnissen aufgewachsen, hier fand ich jene Ruhe und Stabilität, die mich später stark machte, die Firma doch recht erfolgreich zu führen.

Am Bockhorst war ich enorm behütet gewesen. Kein Wunder, kümmerten sich doch gleich zwei Elternteile um mich und meine Schwester – vom Angestelltenstab ganz zu schweigen. Wir hatten also eine gewaltige Portion Liebe auf unserer Seite. Meine leibliche

Mutter und meine Adoptivmutter besaßen beide Niveau, lehrten uns gute Manieren, hatten große Herzen.

Dennoch zog es meine leibliche Mutter immer stärker zurück nach Darmstadt. Hier kannte sie sich aus, hier lebten Bruder und Tante, hier hatte sie von früher noch einen großen Freundeskreis. Da mit meiner Schwester, aber auch mit mir in Hamburg alles in trockenen Tüchern war und seinen geordneten Gang ging, kehrte sie Ende der 60er-Jahre zurück. Die Jahre davor hatte sie im Prinzip ihren Kindern geopfert. Zwar in der durchaus bohemen Bockhorst-Atmosphäre, doch eben weit weg von der Heimat. Liebevoll stand sie Pate, als Arthur mich in das Leben und später in das Geschäftsleben einführte. Ich bekenne, meiner leiblichen Mutter alles zu verdanken. Sie gab mir Sicherheit und Wärme in den Anfangstagen, in denen ich noch fremd in Hamburg-Hochkamp war. Abgesehen von ganz anderen Augenblicken, bei denen Leben und Tod auf der Kippe standen. Damals wie heute überfällt mich eine Gänsehaut, wenn ich an diese fürchterlichen, im tiefen Entsetzen eigentlich gar nicht zu beschreibenden Kriegstage in Darmstadt denke. Als ich aus dem Luftschutzkeller sprang und mit meiner Mutter an der Hand durch die Feuersbrunst rannte, vorbei an den verkohlten Leichen meiner Spielkameraden. Manchmal träume ich heute noch davon.

Vielleicht war es letztlich auch göttliche Fügung, dass das Feld unseres Lebens beizeiten bestellt war. Zurück in Darmstadt, bezog meine Mutter eine eigene Wohnung und arbeitete halbtags als Sprechstundenhilfe bei ihrem Bruder, einem Radiologen. Ihr Leben verlief ruhig und eher gemächlich, und das war auch gut so. Dennoch war ich stets in Sorge um sie; somit kehrten sich die Verhältnisse um. Jeden Tag, wirklich jeden, rief ich bei ihr an, egal wo auf der Welt ich gerade weilte. Oft besuchte ich sie auch. Fraglos habe ich meine Mutter sehr geliebt. Mancher könnte sagen, ich sei ein bisschen sogar Muttersöhnchen. Andererseits meine ich, dass dies das Natürlichste auf der Welt ist. Ende des letzten Jahrhunderts oder Jahrtausends, je wie man will, verstarb meine Mutter in Darmstadt im gesegneten Alter von 90 Jahren. In meinem Herzen lebt sie weiter.

Unvergessen und für ewig in meinem Inneren eingemeißelt bleiben aber auch jene zwei Sätze, die Onkel Arthur mir seinerzeit in der Küchentür gesagt hatte: »Ich bin Onkel Arthur!« Und: »Du wirst mal mein Nachfolger sein.«

Genau 21 Jahre waren seit dieser bedeutungsvollen Situation vergangen, mithin gut zwei Jahrzehnte, prall gefüllt mit großartigen Erlebnissen, als ich von der Bauunternehmung Deba ein Kaufangebot für das 15 Hektar große Areal am Bockhorst erhielt. Die Deba verfügte über einen untadeligen Leumund, war auch in Sachen Olympisches Dorf 1972 groß im Geschäft und offerierte einen Preis, den ich nicht ablehnen konnte, wie man so schön sagt. Denn zu einem normalen Tarif hätte ich weder Villa noch Grundstück herausgegeben. Da ich darüber hinaus gelernt hatte, im Geiste Arthur Darbovens zu entscheiden, gab es nur eine Entscheidung: Kaufvertrag her, unterschreiben! Hinzu kam, dass die Gegend zwischen dem Platz des Springreiterderbys in Klein Flottbek und dem heutigen Elbe-Einkaufszentrum ohnehin für ganz andere Zwecke vorgesehen war. Wo einst Spargel, Erdbeeren und Kirschen angebaut wurden und sogar ausreichend Grün für Treibjagden war, stehen heute viele Wohnhäuser, und es wurde eine ganz neue Straße gebaut. Unabhängig vom Kaufpreis, war es also höchste Zeit, sich einen neuen Standort zu suchen.

Außerdem, so sagte mir meine innere Stimme damals, war der Zeitpunkt für einen Umzug eigentlich gar nicht so schlecht. Mit 33 Jahren waren bei mir die wesentlichen Dinge geklärt. Arthur Darboven, Hausherr am Bockhorst, hatte in meiner Person einen

Nachfolger gefunden, der die Firma in das nächste Jahrtausend führen sollte. Arthur und Anna-Maria, die den Bockhorst nach 1910 zu einer Darboven-Bastion gemacht hatten, waren verstorben. Meine Ehe mit Ines hatte keine große Zukunft mehr. Fazit: wenn weg, dann jetzt. Zwar brach es mir beinahe das Herz, wenn ich an den Abriss dieser prächtigen Villa dachte, doch wenn ich heute durch die Gegend fahre und all die Änderungen dort registriere, fühle ich mich in meiner Entscheidung absolut bestätigt.

Das alles entscheidende Argument allerdings folgt jetzt: Wohler als in meinem neuen Heim kann man sich nicht fühlen. Wobei die Bezeichnung »neu« natürlich relativ ist, schließlich lebe ich nun schon seit mehr als 30 Jahren in meinem Haus in Hamburg-Rissen, nicht weit entfernt vom Falkensteiner Ufer. Von der Terrasse aus kann ich gewissermaßen in die Elbe spucken, der Ausblick ist gigantisch. Der Strom ist zum Greifen nahe, die Riesenpötte aus aller Herren Länder dokumentieren die internationale Rolle der Hansestadt Hamburg, die frische Brise duftet nach Norddeutschland. Der Fluss fließt so stetig, so ausgeglichen, so majestätisch, dass er zu jeder Tageszeit, zu jedem Zeitpunkt des Jahres eine Augenweide ist, egal ob bei Ebbe oder Flut, Regen oder Sonne, Sturm oder lauem Lüftchen. Diese Konstanz liebe ich, hier fühle ich mich zu Hause. Hier finde ich Muße zum Auftanken, hier kann ich ungestört Pläne schmieden und auch mal mit mir selbst ins Gericht gehen. Auch das gibt es. Und so manches Mal, wenn ich die Elbe so stark und still an mir vorbeifließen sehe, bin ich mir ganz sicher, auch Arthur Darboven hätte sich an diesem Platz sehr wohl gefühlt. Nirgendwo sonst ist Hamburg hamburgischer, nirgendwo sonst hat die Erdanziehungskraft stärkere Bedeutung als hier. Für mein Naturell zumindest. Und auch wenn ich in Darmstadt geboren und aufgewachsen bin, spüre ich hier meine hanseatische Ader ganz besonders.

Ganz genau erinnere ich mich an jenen Tag im Jahre 1971, als ich erstmals an dieser Stelle stand. Allerdings sind damals und heute in keiner Weise zu vergleichen. Früher wuchs in Rissen nahe dem Leuchtturm eine Art Urwald, der kaum ein Durchkommen gewährte. Jetzt können Fußgänger und Radfahrer direkt am Strand Elbstimmung tanken und praktisch ohne Stopp von der Innenstadt und den Landungsbrücken bis nach Wedel oder gar noch weiter kommen. Bei der Planung des Gartens und des Hauses, bei der ich weitgehend mein eigener Architekt war, bemühte ich mich um einen optischen Trick. Der Rasen vor meiner Terrasse ist so raffiniert gewölbt, dass man den Weg nicht sehen kann. So dünkt es den Beobachter, von der Wiese in den Fluss springen zu können. Und die Schiffe schweben quasi zum Greifen nah vorbei. Speziell im Sommer, bei Nacht, ist es ein maritimes Gefühl der Extraklasse, wenn die Lichter erhaben an einem vorbeigleiten.

Bei der Skizzierung der weißen Villa hielt ich mich an den Trend der 70er-Jahre und baute im Bungalowstil. Heute wurmt mich das, da ein spitzes Dach natürlich viel mehr Raum beschert hätte. Aber meine Klagen, das gebe ich freimütig zu, verlaufen auf recht hohem Niveau. Es lässt sich schon vorzüglich wohnen an der Elbe Au. Wenn unsere Freunde heute bei Edda und mir zu Besuch sind, so können sie unisono feststellen: Wir haben es großzügig und behaglich eingerichtet, übertriebener Luxus oder gar Pomp jedoch ist absolute Fehlanzeige. Dafür war und bin ich nicht der richtige Mensch. Ich kenne bessere Wege des Geldausgebens; übertriebene Kosten stören mein Empfinden.

Davon können übrigens auch die Hamburgischen Elektrizitätswerke ein Lied singen. Nach meinem Umzug auf das gut 6000 Quadratmeter große Grundstück waren die Energiekosten derart hoch angesetzt, dass ich mit dem Stromlieferanten in erbittertem Clinch lag. Da dieser in keiner Weise nachgeben wollte, trat ich in einen ganz persönlichen Strom-Streik, die erste Demonstration meines Lebens. Das ging ganz einfach: Ich beschränkte mich schlicht auf die allernotwendigsten Energiequellen und ließ ansonsten die Hände von den Schaltern. Sprich, ich sparte Strom, wo es nur ging. Mein Boykott erreichte seinen Höhepunkt, als ich abends bei Kerzenschein in meinem Salon saß und genüsslich an meinem Champagnerkelch nippte. Da die E-Werke damals noch um gute Kundschaft buhlen mussten, hatte meine Sparsamkeit am Ende Erfolg. Die HEW kamen mir ganz erheblich entgegen, so dass ich frohen Herzens einschlug. Was übrigens nicht heißt, dass ich fortan unter Flutlichtbedingungen lebte. Schampus-Runden bei Kerzenlicht zählen nach wie vor zu den Höhepunkten meiner fast immer arbeitsreichen Wochen. Beinahe hätte ich sie übrigens allein genießen müssen. Bei der Planung und Zeichnung der Villa vergaß Meisterarchitekt Atti glatt die Haustür. Zwar habe ich gewisse Talente auf diesem Gebiet, immerhin war mein leiblicher Großvater erfolgreicher Architekt, doch halte ich es seit dieser Erfahrung mit dem Wahlspruch einer alten Innung: »Schuster, bleib bei deinen Leisten.« Gut also, dass doch noch ein Profi einen Blick auf meinen Grundriss geworfen hatte.

Ich will den Leser nicht mit Details über unser Haus langweilen, so dass ich mich auf einige besondere Punkte beschränke. Geradezu ideal ist zuallererst die Lage. Zwar sind es mit dem Auto in verkehrsberuhigter Zeit 30 Minuten bis in die Innenstadt und weitere zehn Minuten bis zur Firma, dennoch genieße ich die Idylle hier im Grünen. Wichtiger noch ist der kurze Weg von gerade einmal 400 Metern zu meinem Gestüt Idee. Hier stehen nicht nur meine Polopferde – in bester Obhut bei Martin, wie erwähnt –, sondern auch meine Zuchtstuten und jungen Vollblüter. Wenn ich sehr früh vor der Arbeit, nach Feierabend oder am Wochenende über die Koppeln im Schatten des Leuchtturms schlendere, genieße ich dieses Bild. Meinem Faible für Pferde jedoch werde ich später noch ein eigenes Kapitel widmen, in dem mein Paradehengst »Pik König«, der 1992 das Deutsche Derby in den orangebraunen Kaffeefarben des Unternehmens J. J. Darboven gewann, eine prominente Rolle spielt, der allerdings auch wenig später ein tragisches Ende fand.

In jedem Fall ist es ein gewaltiger Vorteil, Wohnhaus und Gestüt in direkter Nachbarschaft zu haben. Aber auch wer mein Gestüt nicht kennt, kommt bei mir privat an den Pferden nicht vorbei. Im wahrsten Sinn des Wortes. Im Wohnzimmer und den Salons hängen Ölgemälde und Stiche mit großem Liebhaberwert. Einige habe ich von Poloturnieren in Großbritannien mitgebracht, andere in Italien erworben. Hinzu kommen Fotos meiner besten Pferde, allen voran »Pik König«, von dramatischen Zieleinläufen und Siegerehrungen. Es ist ein Potpourri angenehmer Erinnerungen, das seine Fortsetzung auf stabilen Holztischen findet, die in der großen Diele untergebracht sind. Hier liegen Bildbände über Polo und das Turfvergnügen, Fotoalben und Zeitungsausschnitte. Immer wieder, wenn ich Muße finde, stöbere ich in diesen Unterlagen.

Ebenso präsent sind bei uns die Werke meiner Cousine Hanne Darboven, einer Künstlerin von Weltgeltung, deren Exponate auch im Museum of Modern Art sowie im Guggenheim-Museum in New York, im Centre de Georges Pompidou in Paris und in namhaften japanischen Galerien zu sehen sind. Hanne ist eine originelle, faszinierende Type. Sie malt eigenem Bekunden nach nicht, sie schreibt ihre Bilder. Meist zu den Themen Raum und Zeit. Ihre großformatigen Kunstwerke geben unserem großen Salon das gewisse Etwas; auf der anderen Seite konkurrieren riesige Panoramafenster mit dem schon beschriebenen Elbblick. Auch ihre epochalen Einzelblattsammlungen oder die ZEN-Arbeiten sind von internationalem Ruf. Hanne ist fünf Jahre jünger als ich und wohnt in Rönneburg vor den Toren der Hansestadt. Durchschnittlich zweimal im Monat treffen wir uns zu einem gemeinsamen Mittagessen. Die Unterhaltungen dort sind nicht eben einfach, aber ungemein anregend. Ich schätze den enormen Lebensgeist dieser außergewöhnlichen Frau.

Am markantesten in unserer Villa sind gewiss die vielen alten und sehr wertvollen Bleiverglasungen, gut und gern achtzig an der Zahl. Diese wurden einst von Arthur und Anna-Maria Darboven erworben und in die Familienvilla integriert. Mit viel Detailverbundenheit habe ich diese phantastischen Unikate in den neuen Bungalow und die Fenster dort eingebunden. So fungieren sie heute und künftig als sehenswerte Erinnerungen an die herrlichen Jahrzehnte am Bockhorst. Es sind nicht die einzigen Schätze, die ich von dort mitgebracht habe. Vielleicht das bemerkenswerteste Stück ist die wuchtige, von Hand gefertigte Eingangstür aus Holz, die es in puncto Sicherheit mit jedem Eisenexemplar aufnehmen kann. Von ihrer einzigartigen Tradition, Schönheit und Würde einmal abgesehen. Der Türknauf zum Beispiel erinnert an den Hirtenstab eines Bischofs. Das Schloss aus diesem hölzernen Portal schmückt nun die Eingangstür zu unserer Bibliothek, in der nicht nur die famose Aussicht auf den Fluss sehenswerten Charakter hat. Wer es weiß und genau hinschaut, findet im und am Schloss ein kleines, bisher wohl gehütetes Geheimnis. Der Schlüsselbart ist nämlich eine Abbildung der altgermanischen Handelsrune, der so genannten Weltesche. Diese entstammt der germanischen Mythologie und ist mir aus nahe liegendem Grund sehr gut bekannt. Die Weltesche war jahrzehntelang das Logo des Unternehmens J. J. Darboven. Wegen seiner symbolischen Bedeutung hatte meine Adoptivmutter, Anna-Maria Darboven, dieses Zeichen so um 1904 für Arthurs Firma ausgewählt. Das machte Sinn, keine Frage. Obwohl im Ursprung Tausende Jahre alt, versuchten die Nazis später, sich

Logo vgl. 116

die Weltesche anzueignen – im Zusammenhang mit germanischem Blut, Ariertum und anderen völlig abstrusen Denkmodellen.

Für mich gab es einen ganz anderen Grund, dieses Logo Mitte der 80er-Jahre abzuschaffen. Es war mir einfach viel zu weit weg vom Kaffee. Da ich bekennender Tüftler bin, habe ich wochenlang gezeichnet und gebastelt, bis ich eine Lösung gefunden hatte, die sehenswert ist, zum Rohstoff passt und über einen hohen Wiedererkennungswert verfügt. Ich meine die am Boden liegende Bohne, die ein bisschen auch dem Anfangsbuchstaben unserer Familie ähnelt. Das Ganze in den sinnvollen Farben Orange und Braun hat meiner Meinung nach allemal mehr Verbindung zum eigentlichen Geschäft als irgendwelche Hieroglyphen. Zudem glaube ich, dass die Verbraucher dieses Logo verinnerlicht und akzeptiert haben. Ebenso wie unseren Leitsatz: »Aus Freude am Leben«. Meines Erachtens sind wir auf diesem Gebiet fit für die Zukunft und brauchen uns hinter keinem Konkurrenten zu verstecken.

Und da eine Biografie keine fixe Tagesordnung hat, erlaube ich mir an diesem Punkt einen neuerlichen Einschub. Eben weil es gerade so gut in den Kontext passt. Also: Die alten Kaffeeverpackungen wurden nach dem Ersten Weltkrieg von einem Astrologen namens Wilhelm Wulff angefertigt. Heute würde man »designed« sagen. Dieser galt als Koryphäe auf seinem Gebiet und war in den feinen hanseatischen Zirkeln auch ob seiner Schriftstellerei ein gern gesehener Gesprächspartner von hoher Intelligenz. Ebenso wie meine Mutter Anna-Maria war Wulff den edlen Künsten zugetan. Beide hegten ihre schöngeistigen Ambitionen unter anderem in einer Gesellschaft deutscher Schriftsteller mit der Bezeichnung GEDOK. Die Autorin Ida Dehmel hatte die Gesellschaft gegründet, Anna-Maria war Vizepräsidentin und Schatzmeisterin. Deren Korrespondenz wurde übrigens jüngst in der Rathaushalle in Hamburg ausgestellt.

*Jetzt geht's los: Albert Darboven am Arbeitsplatz; 1968 noch
in der Wendenstraße*

Bohne auf dem Prüfstand: Probierstube bei J. J. Darboven

*1961 war J. J. Darboven noch in der Wendenstraße aktiv (o.);
1972 folgte der Umzug in den Pinkertweg*

Standesamtliche Trauung mit Edda von Anhalt
am 21. September 1973 in Garmisch-Partenkirchen

Hochzeitsfeier im Kreise der Familie

Freizeitspaß auf dem Hippodrom in Hamburg Horn (2003)

Juli 1980: Gala-Abend in historischen Kostümen bei der Britischen Rheinarmee: Edda Darboven als Prinz Albert, Albert Darboven als Queen Victoria

Künstlerin von Weltruf: Hanne Darboven

Ein Freund in allen Lebenslagen:
Horst-Herbert Alsen

Arthur Darboven (r.) und sein
Schützling Dr. Stramcke

Die Krönung der Vollblutzucht: Derby-Triumph mit »Pik König«
(1992)

Turf-Vergnügen auf dem Hippodrom (1994)

Treffsicher auf dem Rücken wendiger Polopferde: das Idee-Team

Mit Charme und Melone: Rennbahnbesuch anno 1972

Siegt auch im Sulky: Albert Darboven bei einem Gäste-Trabrennen

Zwei Briten von echtem Schrot und Korn: Hugh Dawny und sein Vater

Albert Darboven bei der Jagd im Schleswig-Holsteinischen

Fast unschlagbares Poloteam: »Harry's Boys«. Benannt nach dem britischen General Harry Dasnel-Payne

Polo in Mittelamerika: Windsor-Team in El Salvador. Atti Darboven, Marquis of Waterford, Lord Patrik Beresford, Paul Withers (v. l.)

Polo-Stratege Hugh Dawny (o.), mit dem Albert Darboven die Kommunisten in Ungarn narrte

Idylle an der Elbe Auen: Vollbluttraining im Flussbett bei Ebbe

So viel zur Bekanntschaft von Anna-Maria und Wilhelm Wulff. Der, wie gesagt, einen guten Ruf besaß, gleichermaßen als Literat, Philosoph und Astrologe. Angeblich stellte er diese astrologischen Berechnungen nach Originalunterlagen Wallensteins an. Unter dem Strich, so wurde gesagt, verfügte Wulff über hellseherische Fähigkeiten. Wie auch immer, in den 20er-Jahren erhielt Wulff den Auftrag, die Packungen für Idee Kaffee »auszupendeln«; nach seinen Vorgaben wurden diese dann grafisch gestaltet.

Ich mache keinen Hehl daraus, dass sich meine Gläubigkeit auf diesem Gebiet in Grenzen hält. Pendeln und ähnliche Aktivitäten sind mir eher suspekt. Auch wenn ich früher einmal ins Grübeln kam, denn Wulff hatte eine astrologische Berechnung in Bezug auf meine Person aufgestellt – ausschließlich aufgrund meiner Geburtsdaten. Erst sehr viel später erhielt ich diese Seiten zum Lesen, und ich war verblüfft. Ehrlich gesagt, er hat meinen Charakter nicht schlecht getroffen. Auch ein Teil seiner Prognosen erfüllte sich. Wie die eine Scheidung, die er prognostizierte. »Ines gewinnt!«, hatte Wulff außerdem in Anspielung auf mein späteres Werben um sie gemutmaßt. Ganz falsch war das bekanntlich nicht, auch wenn ich mit dem Verlauf der Dinge heute alles in allem mehr als zufrieden bin.

Auf jeden Fall gaben mir die Prophezeiungen des Wilhelm Wulff schon zu denken. Letztlich aber entschied ich mich, nicht daran zu glauben. Jeder Mensch ist mit einer ganz individuellen charakterlichen Anlage geboren, die er im Laufe der Zeit durch Einflüsse des Umgangs oder der Umwelt variiert. Das ist sein Schicksal; mit rein technischen Berechnungen von Uhrzeiten oder Daten kommt man nicht weiter. Außerdem besagt meine Lebenseinstellung, dass jeder dieses Grundschicksal zwar in der eigenen Brust hat, ansonsten jedoch seines eigenen Glückes Schmied ist. Jeder hat das Zeug, aus seiner Existenz eine Menge zu machen. Das Gegenteil, ein historischer Determinismus marxistischer Prägung also, führt zu Lethargie, Faulheit, Gleichmacherei. Dabei ist es doch der individuelle Geist, der die Facetten des Lebens erst so reizvoll macht.

Für den Astrologen Wilhelm Wulff zumindest hatte das Schicksal noch etliche Tücken parat. Nach einer Hausdurchsuchung im Dritten Reich, bei der den Nazis ihrer Rassentheorie widersprechende Manuskripte in die Hände fielen, wurde Wulff in ein Konzentrationslager gepfercht. Dort konnte er seinen Kopf aus der Schlinge ziehen, indem er den Nazigrößen astrologische Visionen aufzeigte. Die Luft für diese NS-Bonzen wurde von Woche zu Woche dünner, so dass Wulff immer neue Berechnungen präsentieren musste. Das machte er so geschickt, dass die verblendeten Nazis gar nicht mehr ohne seine Weissagungen auskommen konnten. Eines Tages halfen auch die kühnsten Prognosen nicht länger. Derweil Hamburg von den Engländern umstellt wurde, setzten sich die Naziführer nach Norden ab. Einige wurden hinterher in einem Gefangenenlager bei Flensburg entlarvt. Mit Zyankali bereiteten sie ihrem Leben ein Ende.

Wulff konnte es seiner Cleverness anrechnen, überlebt zu haben. Irgendwie aber war er ausgelaugt und zusehends verzweifelt. Letztlich hatten wir keinen Kontakt mehr; Wilhelm Wulff starb Ende der 70er-Jahre im Stillen. Pläne, die Nazigeschichte auf der Basis der Handabdruck-Analysen der NS-»Fürsten« zu schreiben, stießen bei der englischen Besatzungsmacht auf Desinteresse. »Geschichte schreibt nur der Sieger«, hieß es aus dem britischen Hauptquartier.

Und ich schreibe nun die große Kehrtwende zurück zu unserem Rissener Haus und dem alten Schlüsselbart als Weltesche. Überall in den Zimmern habe ich solche winzigen Erinnerungsstücke an die Bockhorst-Villa untergebracht. Somit sind Arthur und Anna-Maria nicht nur in meiner Erinnerung allgegenwärtig. Und vor dem Gebäude pflanzte ich Rhododendren und Bäume vom alten Grundstück ein. Dazu zählt ein Ginkgo, dem ja bekanntlich wundersame Fähigkeiten nachgesagt werden, rechts neben dem Hauseingang. Ich habe überhaupt nichts dagegen einzuwenden, glaube aber nicht daran.

Obwohl ich diese wundersamen Fähigkeiten in meinem Bastelkeller schon gebrauchen könnte. Hier sitze ich in meiner Freizeit und werkele vor mich hin. Tüftele an neuen Patenten wie einem innovativen Dosierapparat für die gerösteten Bohnen in Bäckereifachgeschäften oder an einer von uns entwickelten Technik für Kaffeeautomaten. Erste Ideen setze ich bei mir im Keller um, die weitere Vervollkommnung wird dann im Technikraum unserer Firma angepackt. »Das wäre ja ein Paradies für Daniel Düsentrieb!«, stellte ein Besucher einmal anerkennend fest. Tatsächlich sind dort schon mehrere Patente zur Reife gelangt, die uns heute beflügeln. Zum Beispiel im Bereich der Kaffeeautomaten fürs Büro, auf die ich später noch zu sprechen komme – wenn unser Unternehmen im Mittelpunkt steht. Noch sind wir daheim in Rissen, im Keller, um genau zu sein. Damit die diversen Räume mit Leben erfüllt werden, haben wir sie mit Bildern ausgestattet. Dazu zählen Motive meiner Frau aus Sachsen-Anhalt und Bayern, aber auch alte Stücke aus dem Bockhorst oder aus dem Pferdebereich.

Einen Windfang mit Bleiglas habe ich von innen zumauern lassen. Um Energie zu sparen, einem weiteren Hobby von mir, aber auch aus Sicherheitsgründen. Eine Person wie ich mit den mir eigenen sozialen Denkstrukturen, politisch liberal denkend, gehört zwar nicht unbedingt zu den gefährdeten Persönlichkeiten, dennoch übe ich stets ein wenig Vorsicht. Etwa durch die Nähe meines Chauffeurs, der auch in Verteidigung und Abwehr körperlicher Attacken ausgebildet ist, und durch spezielle Schutzmaßnahmen rund um mein Haus. Aber auch durch ein wachsames Auge. Grundsätzlich fühle ich mich als absolut freier Bürger in einer großzügigen Stadt, nehme aktiv am öffentlichen Leben teil und mache aus meiner Meinung zu staatspolitischen Themen kein Geheimnis. Dennoch mahnen gewisse Vorfälle zur Vorsicht.

Bei der RAF-Terroristin Gudrun Ensslin soll ein Dossier mit meinem Namen gefunden worden sein. Angeblich stand ich auf der Liste der Baader-Meinhof-Bande. Allerdings nicht aus politischen, sondern aus rein wirtschaftlichen Motiven. Mehr Sorgen machte uns ein Vorfall im Jahre 1970, als es merkwürdige Hinweise auf ein mögliches Kidnapping meines Sohnes Arthur gab. Dieser war damals sechs Jahre alt und spielte mit Vorliebe auf dem Gelände des schon verkauften, aber noch genutzten Bockhorst-Geländes. Es war einfach herrlich für Kinder, dort Verstecken oder Wildwest zu spielen. Eines Tages befand ich mich gerade auf der Fahrt zu unserem neuen Grundstück und der Baustelle in Rissen. Ich lud Arthur eigentlich nur deshalb ins Auto ein, weil er mir sozusagen zufällig über den Weg lief. Nach unserer Rückkehr berichteten meine Angestellten von einem dubiosen Vorfall. Kaum sei ich fort gewesen, sei ein recht schäbiges Auto in die Einfahrt gefahren. Zwei unbekannte Männer hätten gesagt, sie sollten den kleinen Arthur zu einer Reitjagd abholen. Leider hatten sie sich das Autokennzeichen nicht gemerkt, so dass die sofort herbeigerufene Polizei kaum Indizien hatte. Nicht nur ich wurde kurz darauf bleich im Gesicht, als wir dann überall auf dem Grundstück abgehobene oder entfernte Sieldeckel entdeckten. Einen genauen Reim konnte sich niemand darauf machen, dennoch reichten diese Fakten aus, um ein ungutes Gefühl zu haben.

Auch an anderer Stelle gab es große Fragezeichen. So kam im Rahmen der Gerichtsverhandlungen gegen die Reemtsma-Entführer heraus, dass ursprünglich ich das Opfer dieses Verbrechens werden sollte. »Eigentlich wollten wir den Darboven abholen«, soll einer der Täter im Rahmen der internen Ermittlungen gesagt haben. Dazu muss man wissen, dass Jan-Philipp Reemtsma und ich direkte Nachbarn sind und dass während der Entführung damals schlechte Sicht herrschte. So etwas mahnt zur Vorsicht, verängstigt mich aber in keiner Weise. Abgesehen davon wurden ausreichend Vorkehrungen getroffen, über die ich aus verständlichen Gründen jedoch Stillschweigen übe. Ich fühle mich insgesamt frei!

Auch wenn mein Fahrer, Herr Bergmann, manchmal mäßigend auf mich einwirken muss. So wollte ich kürzlich einen Gast vom Hauptbahnhof abholen und in Anbetracht einer kläglichen Parkplatzsituation allein durch die Wandelhalle auf den Bahnsteig eilen, als er vorschlug, doch besser mitzukommen. Ich akzeptierte. Lieber eine Spur vorsichtiger sein, als mit einem blauen Auge in die Firma zu fahren. Als ich im vergangenen Jahr mit eben einem solchen »Veilchen« durch Hamburg lief, kannte wenigstens jeder die Ursache. Beim Polo flog ein Bambusball etwas zu hoch. Solche Blessuren sind mit dem Sport verbunden, das ist kein Problem für mich. Trotz meiner ja nun auch schon leicht fortgeschrittenen Jahre fühle ich mich körperlich topfit. Zudem achte ich auf mein Gewicht. Eisbein mit Sauerkraut und Knödel esse ich nicht jeden Tag. Obwohl ich Deftiges wie Grünkohl mit Kassler und Kochwurst sehr wohl zu meinen Lieblingsspeisen zähle. Es muss keineswegs immer Kaviar sein. Nichts gegen eine fangfrische Languste mit einem Glas eisgekühlten Schampus, aber deftige Kost wie bei Muttern ist mir doch am allerliebsten. Mit Vorliebe, wenn Edda am Wochenende das Mittagessen zubereitet. Sie ist eine exquisite Köchin. Bei mir wird weniger filigran vorgegangen. Oft haue ich mir nach Feierabend ein paar Eier in die Pfanne, sehr gern mit etwas Schnittlauch und, eine Spezialität für den wahren Gourmet, einem Schuss Maggi. Der verleiht dem Ganzen einen unverwechselbaren Geschmack, an dem ich mich genüsslich erfreuen kann.

Wie gesagt: aus Freude am Leben. In Kombination mit einem anderen Wahlspruch, Dienst ist Dienst und Schnaps ist Schnaps, ergibt sich so einer der Fäden meines Lebens. Eigentlich habe ich nicht einen dicken roten Faden, sondern ein Bündel dünnerer Fädchen, das jedes für sich eine andere Nuance ergibt. So kann ich ohne Arbeit nicht leben – selbst nachts, in den Ferien, zu Weihnachten oder Ostern denke ich an unsere Firma. Immer erwäge ich neue Geschäftsstrategien, bin in Gedanken auf der Suche nach einer weiteren Nische, strebe nach Optimierungen im Unternehmensablauf. Andererseits kann ich mit Arbeit allein auch nicht leben. Hobbys und Leidenschaften sind die Würze des Daseins, und ich gehe diesen Beschäftigungen extensiv nach. Egal ob Polo oder Turf, ob Basteln oder Kunst, ob Literatur oder Geschichte, überall bin ich mit Begeisterung dabei. Zum Hochseeangeln auf St. Maarten in der Karibik werde ich noch kommen. Erst einmal gilt es die Geschichte von J. J. Darboven aufzuarbeiten.

Tagungslokale und andere Wirtschaften –
Damenwahl im »Café Keese«

&

Um es noch einmal kurz zusammenzufassen: Wegen des Streits mit Onkel Nicolaus, der ja letztlich mit dem legendären Friedensschluss auf dem Lokus vivendi im Oberlandesgericht beigelegt wurde, zog ich mich nach meinen Lehrjahren in London und Mittelamerika Anfang der 60er-Jahre aus dem Zentralbereich der Firma J. J. Darboven zurück und leitete die Geschicke der Importfirma Ludwig Giesselmann im Freihafen. Während Nicolaus mit seinem Prokuristen Albert Denecke also im Herzen des Betriebes in der Wendenstraße das Ruder führte, arbeitete ich mit drei Kollegen am Puls des Kaffeemarktes. Ich war in meinem Element und hatte eine Menge Spaß am Job. Es war sozusagen die Gründerzeit. Ich war stolzer Fahrer eines VW-Käfers als Dienstwagen und war mir auch für einfache Tätigkeiten keineswegs zu schade. Das habe ich bis zum heutigen Tage beibehalten. Ganz im Gegenteil, es bereitete mir enormes Vergnügen, morgens die Eier von der hauseigenen Farm auf dem Bockhorst-Gelände zu unserem Laden mitzunehmen. »Kaffee Darboven« hieß dieser, hatte am Glockengießerwall in direkter Nähe zur Kunsthalle einen guten Standort und machte gute Umsätze. Ältere Hamburger werden sich noch an ein Geschäft erinnern, in dem es neben frisch geröstetem Kaffee eben auch Hühnereier und Kolonialwaren gab. Insoweit waren wir dem Trend schon damals voraus.

Im Gegensatz zur Neuzeit waren die Hamburger Kaffeekaufleute damals eine Zunft mit großer Reputation und starkem Einfluss innerhalb der Handelskammer. Die offizielle Kaffeebörse war in New York ansässig, das Gros der Geschäfte aber wurde in der Hamburger Speicherstadt getätigt. In diesem Bewusstsein waren wir eine verschworene Gemeinschaft, die Wert auf ein gepflegtes Äußeres wie feine Anzüge mit modischen Krawatten, aber auch auf einen gesunden Korpsgeist legte. Arthur Darboven war Mitglied Nr. 1 und Gründer des Deutschen Kaffeerösterverbandes, so dass unsere Firma ein gewichtiges Wörtchen mitzureden hatte.

Mit wohligem Kribbeln denke ich an diese Tage des Bohnenbooms zurück. Als sich Röster, Importeure, Makler, Quartiersleute und Handelsagenten im Tagungsraum und auf den Gängen der so genannten »Kaffeebörse« am Sandtorkai trafen und über Preise, Trends und Marktchancen philosophierten. Schade, dass niemals ein richtiger Film über dieses individuelle, stolze und bei aller Bekanntschaft streng marktwirtschaftlich orientierte Volk gedreht wurde. Heute kann man sich die damalige Szene kaum vorstellen. Wir waren eine eingeschworene Truppe, und wir bewegten eine ganze Menge in der Kaffeewelt. Heute ist der persönliche Faktor im Prinzip baden gegangen, High Tech und Computer haben das Heft in die Hand genommen.

Inoffizielle Börse war die Kneipe »Rieper« im Freihafen; das Gebäude ist heute längst abgerissen. Meist saßen wir dort an gescheuerten Holztischen und frönten dem Grundsatz: Mens sana in corpore sano – ein gesunder Geist in einem gesunden Körper. Favorisierte Speisen waren »kurz Übergebratenes« (eine Portion Hack mit einem Spiegelei) oder »ausgehöhlte Rundstücke« (Brötchen, gefüllt mit Störfisch und Petersilie). Dazu genehmigten wir uns zischend gern ein »kurz Durchgeschossenes« – einen Viertelliter Bier im Halbliterglas. Dabei wurde der Hahn einmal kräftig aufgedreht und sofort wieder geschlossen. Zum Nachtisch gab's dann eine kleine Runde Skat, bisweilen auch Klaverjas.

Logisch, dass dabei Nachrichten aus dem eigenen Lager eine enorme Rolle spielten. Wer mit wem, wann und wie oft war Thema hitziger Diskussionen. Nicht immer stammten die Informationen aus allererster Hand, aber wen störte es, wenn die Anekdote rund war. Verbürgt ist in jedem Fall die Beobachtungsgabe einer Gruppe Maler, die auf hohen Leitern die Flure und Fassaden eines Speicherstadt-Kontorhauses witscherte. Durch schräg gestellte Lüftungsschlitze im Chefzimmer erhielt sie optischen Zugang zu einem inniglichen Tête-à-Tête des Direktors mit seiner Chefsekretärin. Trotz des fortgeschrittenen Alters des Bosses muss er in Casanova-Manier aufgetreten und mit sizilianischer Leidenschaft vorgegangen sein. Die Maler genossen das amouröse Schauspiel, schwiegen dennoch diskret. Auf einen kleinen Spaß indes wollten sie nicht verzichten. Sie legten ein paar Mark zusammen und schickten dem Direktor ein Telegramm zu seiner Silberhochzeit, die unmittelbar danach auf dem Programm stand. Inhalt: »Herzliche Grüße und weiterhin viel Liebe. Die Maler.« Das sei ein Druckfehler, erklärte der Jubilar schlagfertig seiner Frau: »Die haben bloß das ›k‹ vergessen.«

Clock 15.30 war dann Schluss mit lustig, dann saßen wir alle auf Habtachtstellung in unseren Kontoren und warteten gespannt auf die ersten Kaffeenotierungen aus New York. Bis 18.30 Uhr war Hektik angesagt, dann kehrte allmählich der Feierabend ein. Mit anderen Worten, es war eine Art Stoßgeschäft, bei dem es auf den richtigen Riecher, auf Kontakte und ein Gespür für den Markt ankam. Letztlich saßen wir alle in einem Boot, wir liebten den Kaffee.

Wenn ich das Arbeitsklima und die zwischenmenschlichen Beziehungen jetzt Revue passieren lasse, fühle ich mich komplett in diese

Ära zurückversetzt – es war eine famose Zeit. Wirtschaftswunder, Ehrgeiz und sprühende Vitalität schufen den Humus für erlebnisreiche Jahre. Im Freihafen tobte das Wirtschaftsleben, Einsatz und Freude standen in idealer Eintracht. Mir gefiel diese Symbiose auch wegen des Lernprozesses sehr. Da ich mit damals Mitte zwanzig zu den Jüngeren zählte, sperrte ich meine Ohren sehr weit auf, wenn die Älteren ihre Erfahrungsschätze preisgaben. Viele fühlten sich uns Youngstern gegenüber in der Geberpflicht und versorgten uns recht freimütig mit Tricks und Hintergrundinfos. Angenehm an diesem Fortbildungskursus der anderen Art war der Ort. Die Lektionen fanden nicht in einem nüchternen Lehrraum, sondern in Tagungslokalen statt, bei denen der Schwerpunkt auf »Lokal« lag.

Bisweilen ging es auch raus aufs Wasser. Wenn Hapag Lloyd oder Hamburg Süd ihre neuen Frachter in Dienst stellten, wurde an Bord ausgesprochen feucht und fröhlich getagt. Ich erinnere mich noch an die Taufe der Cap San Diego anno 1962, die heute als Museumsschiff in der Nähe der Landungsbrücken liegt. Damals begannen rationelle Ladung, Fracht und Transport. Die Schiffe blieben nicht mehr lange im Hafen, sondern wurden in Windeseile gelöscht und wieder beladen. Für die Verbraucher und die Kaffeepreise war das gut, ein Teil der maritimen Romantik ging jedoch verloren. Ich nutzte den regelmäßigen Dienst zwischen Hamburg und Brasilien, indem ich die ersten Polopferde an die Elbe holen ließ. Das war damals nicht so kompliziert wie heute.

Im Sinne eines offenen und ehrlichen Buches will ich allerdings auch nicht verschweigen, dass wir nicht nur bei Bratkartoffeln und rasch gezischtem Gerstensaft in hanseatischen Wirtschaften beisammensaßen. Nicht selten kam einer der älteren Herren zu fortgeschrittener, manchmal auch hochprozentiger Stunde auf die Schnapsidee, das Tagungslokal in Richtung Große Freiheit und

Reeperbahn zu verlegen. Im Laufe der Zeit kannten wir dort fast jede Spelunke. Beim Knobeln, dem Würfelspiel Maxen, Zündhölzer-Tests und anderen Ratespielchen ging es um die nächste Runde – aber nicht nur. Bisweilen stand auch ein etwas kostspieligerer Drink auf dem Spiel. Im »Café Lausen« oder im »Café Keese«, den traditionellen Tanzschuppen auf St. Pauli damals. Leider gab es dort auch anno dazumal schon das Prinzip der Damenwahl. Für die Herrschaften dort gehörte es nicht zum guten Ton, den Ladys einen Korb zu geben. Da ich jedoch, wie erwähnt, zu den jüngeren Gentlemen der Riege zählte und in der Regel recht ordentlich gekleidet war, konzentrierte sich das weibliche Tanzbegehren nicht selten auf meine Person. Wenn die fordernde Runkelrübe aber dann doch zu furchterregend war, täuschte ich eine kurzfristige Gehbehinderung oder Probleme mit der Bandscheibe vor. So grau konnte die Nacht dann doch nicht sein. Wurde die holde Deern dann doch zu aufdringlich, nahte oft die Rettung in Form der Bardame Jutta. »Ihr Orthopäde ist am Telefon, Herr Darboven!« oder »Haben Sie die Tabletten heute schon genommen?« oder so ähnlich hießen dann die verbalen Rettungsanker.

Des Öfteren sprang auch mein Onkel Nicolaus für mich in die Bresche. Außerhalb des Büros verstand ich mich phantastisch mit ihm, er war ein Lebemann der Kategorie Weltklasse. Allzeit charmant, stets einen lockeren Spruch auf den Lippen, ein Ass niveauvoller Konversation mit fürstlichen Manieren, zählte mein Verwandter zu jener Sorte Paradiesvögel, die rar geworden ist im Gleichschritt des modernen Alltags. Auf diesem Parkett hätte er einen Orden verdient, auch wegen seiner phänomenalen Kondition mit ja nicht mehr ganz so taufrischem Alter. Nicht selten ging es bis vier Uhr früh rund. Und was half am Ende, um noch ein Weilchen länger über die Runden zu kommen? Ein starker Kaffee natürlich, geröstet von der Firma J. J. Darboven.

Nach dem Friedensschluss mit Onkel Nicolaus zog ich Ende 1961 aus dem Giesselmann-Kontor im Freihafen in die Unternehmenszentrale in der Wendenstraße.

Mit großartigem Komfort war dieser Wechsel wahrlich nicht verbunden. Wer mein Büro heutzutage kennt und weiß, dass ich mich mit wenigen Quadratmetern begnüge, kann in etwa erahnen, wie es vor gut vier Jahrzehnten aussah. Nicolaus, Vetter Herbert, Prokurist Albert Denecke und ich saßen gemeinsam in einem wirklich nicht zu großen Raum. Arthurs gediegenes Büro, in dem ich als kleiner Junge mit offenem Mund gesessen hatte, war aufgelöst worden. Zwar hatte jeder auf altem Parkett einen eigenen Schreibtisch stehen, doch das allgemeine Palaver war für die Konzentration recht störend. 1962 bezog ich ein Zimmer neben dem Probenraum im Einkaufsbereich. Meine erste Sekretärin damals, die ich allerdings mit den anderen teilen musste, hieß – in Anspielung auf unseren Kaffeekonkurrenten eigentlich ganz amüsant – Melitta Ludwig. Nach ihrer Hochzeit mit unserem technischen Betriebsleiter änderte sich ihr Name in Melitta Otten. Die erste eigene Chefsekretärin, Frau Hempel, war fünf Jahre bei mir, danach folgte mit Frau Brinkmann eine wahre Seele, die 28 Jahre bei uns blieb. Nach ihrem Ruhestand scheine ich nun mit Carin Thiele erneut in den Glückstopf gegriffen zu haben. Als Schaltstelle des ganzen Unternehmens kann diese Position gar nicht qualitativ hochwertig genug besetzt sein.

Zur Aufteilung der Firma hatte ich ja schon etwas geschrieben. 1962 sah es folgendermaßen aus: 35 Prozent gehörten Onkel Nicolaus, ebenso viel Albert Denecke. 10 Prozent waren im Besitz von Cousin Herbert, dem der Bereich Technik unterstellt war. Ich hatte 20 Prozent inne und, was für mich von weit größerer Bedeutung war, die Verantwortung für die Sparten Gastronomie, Handel und Einkauf. Hier sah ich die Zukunft der Firma. Entsprechend froh war ich, ungebremst loslegen zu können. Und tatsächlich kam die Sache gut in Schwung. 1963 freuten wir uns über etwa 55 Millionen Mark Jahresumsatz. Insgesamt arbeiteten rund 300 Angestellte für uns; davon 80 bis 90 in der Zentrale in der Wendenstraße sowie rund hundert Propagandistinnen, die sich um die »Tante-Emma-Läden« kümmerten. Mein Traum war es, an möglichst vielen Ecken Idee Kaffee feilbieten zu können.

Ganz zufrieden soll man als mittelständischer Unternehmer nie sein, aber es boomte ganz kräftig in jenen Jahren. Idee Kaffee verbuchte zweistellige Zuwachsraten, aber auch in der Gastronomie war röstfrischer Darboven-Kaffee in vieler Munde. Diese Entwicklung verlief nicht zu meinem persönlichen Schaden. Erstmals in meinem Leben verdiente ich mehr, als ich ausgeben konnte. Allein aus Zeitgründen. Meinen privaten Lebensstil veränderte ich deswegen keinesfalls. Denn so hausbacken es klingen mag, so zutreffend ist die Erkenntnis unserer Eltern: ohne Fleiß kein Preis. Ich saß morgens um 6.30 Uhr als Erster am Schreibtisch und ging selten vor 18 Uhr heim. Zuzüglich der Arbeit am Sonnabend kam ich bequem auf 50 bis 60 Wochenstunden, die Gedankenlast zu Hause nicht mitgerechnet.

Dem grauen Dienst-VW der ersten 60er-Jahre folgte 1965 übrigens ein Mercedes 230, und um auf den Fahrten von und zum Betrieb arbeiten zu können, engagierte ich im Jahr darauf erstmals einen Chauffeur. Nicht einen, Entschuldigung, sondern Heini Scheel, von dem bereits ausführlich die anerkennende Rede war. 1967 folgte mit dem Mercedes 300 die erste kleine Limousine, natürlich gebraucht. Und seit den 90er-Jahren nehme ich, wie mitgeteilt, in einem bayerischen Fabrikat Platz.

In der Wohnung der Mafia-Braut – nicht nur der Kaffeemarkt bebt

&

Mit diesem Kaffeeboom blühte auch die Darbohne auf. Und wer sich bisher nicht die Bohne um die Darbohne kümmerte, wird sich noch die Augen reiben: Die Kreativabteilung unseres Hauses ist auf dem besten Wege, unsere Comic-Figur aus den 20er-Jahren zu ganz neuem Leben zu erwecken. Für Eingeweihte ist diese kesse Mokkaprinzessin ohnehin längst ein Begriff mit Kult-Attitüde, aber auch andere Verbraucher sollen die originelle Comic-Figur kennen lernen. Um 1920 herum wurde sie von einer Zeichnerin namens Bub erschaffen, seitdem hat sie die Firma J. J. Darboven durch die Jahrzehnte begleitet. Mal mehr, mal weniger. Als personifizierte Kaffeebohne war sie schon im ersten Drittel des vergangenen Jahrhunderts auf redlichem Kurs. Stets dem Bösen auf der Spur, im Gefecht für eine in jeder Beziehung saubere Umwelt.

Diese lange Zeit ist an der Darbohne nicht spurlos vorbeigegangen. Aber anders als vermutet. Nach meinem Geschmack ist die kleine Prinzessin eher jünger geworden. Oder um mit der Szene zu sprechen: Unser Maskottchen hat sich dem Zeitgeist angepasst – unter Beibehaltung seiner ureigenen Note, versteht sich. Äußerlich wie innerlich. Mal reiste die Kleine durch ferne Länder und bestand dabei die wildesten Abenteuer, mal düste sie in Raumschiff-Manier durchs All, dann wieder verdiente sie sich als kecke Kämpferin wider Rauschgift und Umweltdreck einen Orden.

190

Der Comic-Spezialist Martin Held peppte die gesamte Darstellung Mitte der 60er-Jahre noch einmal auf. Im Laufe der Zeit machte Darbohne Karriere. Es gab sie im Tausch gegen Sammelpunkte oder Gutscheine, in Papier- oder Plastikform. Diese Plastikfigur war liebevoll in eine durchsichtige Tüte eingepackt, auf der in weißer Schrift prangte:

»Kaffee ist eingefangener Sonnenschein,
Darböhnchen schmecken besonders fein!
Drum wähle auch Du Dir selbst zum Lohne
beim Kaffee-Einkauf die Marke ›Darbohne‹.«

Speziell die Älteren werden sich wahrscheinlich noch gut und gern an die kleine Puppe mit dem feschen Haarschopf erinnern. Nach der Wiedervereinigung meldeten sich etliche ältere Bürger bei uns, die noch Darbohne-Liebhaberstücke von früher in ihrem Besitz hatten. Zum Beispiel die herrlich bunten Comic-Hefte. Zuletzt wurde es dann ein wenig ruhig um die rastlose Darbohne, doch wird sich dies schon bald ändern. Wie just angedeutet, soll sie als Sympathieträgerin ganz groß rauskommen.

Einzelheiten können Neugierige in nächster Zeit den Medien entnehmen – oder jetzt schon mal einen Augenblick ins Internet wagen. Unter www.darboven.com ist das intelligente Kunststück in allerlei Facetten zu bestaunen. Für Junioren wurde eine Malecke eingerichtet, Fans können Grüße loswerden. Der Hit aber ist ein virtueller Frisiersalon, in dem Darbohnes wechselnde Haarpracht präsentiert wird. Von 1920 bis 2002. Zurzeit sind es fünf schwarze Büschel, die gen Himmel ragen. Weitere Markenzeichen sind die großen, wachen Augen, die gelben Handschuhe, der Bauch in Form einer Kaffeebohne, die rote Hose und die schwarzweißen Schuhe. Da macht Surfen wirklich besonders Freude.

Früher gab es schon Figuren, Spardosen, Schlüsselanhänger, jetzt sind Kuscheltiere und Pins hinzugekommen. Die Reaktion ist groß, die Junioren lieben die Darbohne, und die Erwachsenen auch. Konsequenterweise sind wir dabei, Darbohnes Auftritte noch auszubauen. Mehr aber soll an dieser Stelle nicht verraten werden. Eines ist klar: Wenn es nach mir geht, wird die Darbohne in den kommenden Jahren so richtig abheben.

Auf jeden Fall war Darbohne auch anfangs der 60er-Jahre enorm in Fahrt, als wir den Umsatz auf 55 Millionen Mark gesteigert hatten. Manchmal wundere ich mich noch heute, mit welchem unerschütterlichen Optimismus ich damals auf der unternehmerischen Überholspur brauste. Trotz heftiger Duelle auf dem Wirtschaftswundermarkt hegte ich nicht den geringsten, auch nicht den allergeringsten Zweifel an der Blüte unseres Betriebes. Geleitet wurde ich dabei von einer Vision, die prägnant zusammenzufassen ist: Erweiterung des Verkaufs, mit Elan hinein in Handel und Gastronomie, Angriff auf die Supermarktketten wie Metro und Ratio. Mit dem Charme der kleinen »Tante-Emma-Läden« allein, mit duftendem Kaffeeverkauf quasi grammweise, konnten wir uns auf Dauer nicht halten. Klaglos legten wir diese romantische Ära ad acta und stellten uns siegessicher den knallharten Verhandlungen. Nur mit Hanseatentum und Konzentration auf Tradition und Qualität war die Position nicht zu halten. Nur über große Volumen und radikal kalkulierte Preise lief das Geschäft. Ich machte mir da keinerlei Illusionen, für die ältere Verkäufergeneration aber war der Stimmungswechsel vielfach zu brutal. Leitende Mitarbeiter, aber auch mein Onkel Nicolaus zweifelten an den Werten der Kaufmannswelt, das war nicht mehr ihr Ding. Ohne es zu wollen, hatte dieser Tatbestand Auswirkungen auf die tägliche Firmenpolitik. Je rauer der Markt wurde, desto mehr Freiheit und Handlungsspielraum wurde mir von meinen Partnern eingeräumt.

Mir kam das gelegen, mit Hand und Herz legten wir los. Malochten Schulter an Schulter bis in die Nacht hinein, diskutierten uns die Köpfe heiß auf der Suche nach der einzigen Lösung, feilten an neuen Konzepten, liebten die Marktwirtschaft. Aber nur im sozialen Rahmen, so wie sie Ludwig Erhard predigte. Auch ich war fasziniert vom Credo dieses charismatischen Zigarrenqualmers, wie er der Bundesrepublik Deutschland mit Verstand und Mut den Weg nach vorne wies.

Und mir persönlich war klar: Freiheit und Handelsspielraum in der eigenen Firma sind die eine Sache, mehr Verantwortung ist die andere. Immerhin hatte mir Arthur ein Unternehmen mit langjährigen und guten Mitarbeitern anvertraut; da durfte nur mit Kalkül, sehr viel Verstand und noch mehr Bewusstsein für das Wohl der Belegschaft Gas gegeben werden. Und ich kann sagen, dass ich in der Vergangenheit zwar äußerlich manchmal als der fröhliche, positive Atti über die Rennbahnen, Poloplätze oder auch über das Partyparkett flanierte, es innerlich aber ganz anders aussah. Manche Entscheidung verlangte härtestes Ringen mit mir selbst, kostete Schweiß, Mut und auch mal Zittern, kostete aber auch, frank und frei gesagt, manche schlaflose Nacht. Ich weiß nicht, ob es an der Verantwortung oder an permanenter Unruhe liegt, aber selten finde ich jene erquickende Nachtruhe, nach der ich eigentlich lechze. In der Regel liege ich stundenlang wach, spaziere durch die Wohnung, denke nach und wälze Pläne. Viel, wirklich sehr viel habe ich ausprobiert, um Abhilfe zu schaffen, unter dem Strich vergebens. Es nervt auf Dauer schon, alle 90 Minuten auf die Uhr zu blicken, wenn alle Welt schläft. Noch unruhiger reagiert mein Körper auf Vollmond. Als Kind bin ich dann nachts durch die Wohnung gelaufen und habe mich manchmal schlimm gestoßen. Heute spüre ich eine kribbelige Unruhe, blicke aus dem Fenster – alles klar.

So weit, so schlecht. Auf jeden Fall brachte auch die Pionierzeit Mitte der 60er-Jahre nicht nur rauschartige Erfolgs- und Glücksgefühle, sondern auch Phasen tiefen Nachdenkens. Dabei drehte es sich immer um Maßnahmen am Rande. Am grundsätzlichen Weg hatte ich nicht die geringsten Zweifel. Dieser musste im Einklang mit den Thesen Ludwig Erhards verlaufen. Wachstum ja, knüppelharter Markt so wie im England des 19. Jahrhunderts nein.

So klar dieses Prinzip war, so schwer fiel bisweilen die Umsetzung. Gerade wir als mittelständischer Betrieb hatten beim »Catch as catch can« der Branchengiganten schweres Spiel. Bei der Kalkulation des Rohkaffees lag die Marge manchmal bei Bruchteilen eines Pfennigs pro Kilogramm Ware, und nicht selten wurde die gestandene, stolze Firma J. J. Darboven ganz schön zwischen Daumen und Zeigefinger genommen. Andererseits waren wir nicht so schwerfällig wie andere, verfügten nicht über einen bürokratischen Wasserkopf und konnten viel flexibler auf Nischen und Marktlücken reagieren. Hinzu kam ein Pluspunkt, der damals wie heute eine enorme Rolle spielt: Darboven hat das Vertrauen und die Sympathie der Verbraucher. Damals wie heute. Auf diesem Feld also hatten wir es leichter als mancher Konkurrent mit einem internationalen Megakonzern im Rücken. Es ist erstaunlich, welch große Rolle Tradition spielt. Wenn Oma und Mutter mit Vorliebe Idee Kaffee kauften, dann greift Frau oder Mann auch heute gern zu. Von diesem Ruf konnten wir in harten Zeiten zehren, direkt kaufen können wir uns davon natürlich nichts.

Im harten Alltag zählte nur die Mark. Basta. Ergo wurde mit handfesten Bandagen gefightet. Wobei sich meiner Beobachtung gemäß hier im Endeffekt wiederum auch Stil und Fairness bewährten. Man konnte mit Tricks und Finten vorne sein, man konnte auch leimen, aber meist eben nur einmal. Folglich denke ich trotz stürmischer Brise gern an diese Verkaufsgespräche zurück. Zum

194

Beispiel mit Herrn Haferkamp, dem Prokuristen der Tengelmann-Gruppe. Nach emsigem Ringen in Mülheim an der Ruhr gaben wir uns die Hand. Weit mehr als 100 000 Pakete Kaffee gingen via Tengelmann an den Kunden. Das war schon eine Hausnummer, die beruhigend wirkte. Später folgten ebenfalls knallharte, aber insgesamt außerordentlich angenehme Gespräche mit dem Boss der Kaufhof-Kette, Herrn Rösch. Rekord war ein Riesendeal, eine Partie mit 500 000 Dosen à 500 Gramm Idee Kaffee. In einem Jahr machten wir allein mit diesem Größtkunden 18 Millionen Mark Umsatz. Da gingen im Hamburger Kontor die Tassen hoch. Die Kaffeetassen, meine ich. Schampus im Lokal oder daheim schätze ich außerordentlich, im Büro weniger. Dienst ist Dienst und Schnaps ist Schnaps. Auch hier bin ich stets den bewährten Leitmotiven treu geblieben.

Alles in allem hatten wir uns bis Anfang der 70er-Jahre extrem gut im Markt bewährt. Statt kleiner oder gar geschluckt zu werden, hatten wir im Schatten der Riesen anständig verkauft und sogar noch an Marktanteil gewonnen. Zeit zum Luftholen hatten wir nicht viel gehabt, nun aber durften wir einen Moment innehalten, Kraft tanken und Pläne schmieden. Hinzu kam eine personelle Zäsur, die das Ruder in die Hände weniger Kapitäne legte. Unser Prokurist und Teilhaber Albert Denecke starb 1969, und auch Onkel Nicolaus und Cousin Herbert wurden nicht jünger. Da zudem der raue Wind die alte Kaffee-Nostalgie längst vertrieben hatte, blieb mir immer mehr Kommandogewalt auf der Brücke. So wie es auf dem Papier auch vereinbart war. Bei der Einigung zu Beginn der 60er-Jahre war abgesprochen worden, dass ich eines Tages die Firmenmehrheit übernehmen sollte. Schritt für Schritt kam ich diesem Ziel näher, bevor es zu Beginn der 80er-Jahre so weit war.

Die Darbohne hatte uns also Glück gebracht, die Zeit der gnadenlosen Gefechte war erst einmal passé. Wer überlebt hatte, konnte sich ausschütteln, sammeln und zu neuen Taten schreiten. Für J. J. Darboven hieß das: Konzentration auf die eigenen Kräfte, Stabilisierung des Umfeldes, gezielte Verstärkungen. Außerdem war ich ja nun der Macher. So wie es von Arthur Darboven geplant gewesen war. Angeboten hatte ich das meinen Partnern dennoch nicht ausdrücklich, angepeilt aber hatte ich es schon. Ausruhen entsprach noch nie meiner Mentalität, jetzt aber wäre es auch gar nicht möglich gewesen. Mit voller Verantwortung stand ich inmitten der Brandung. Mehr denn je galt es, mit Schmackes in die Hände zu spucken.

Schritt eins war der Firmenumzug 1972 von der Wendenstraße in den Pinkertweg. Dieses Areal in Moorfleet ist zwar weiter entfernt von der Innenstadt, nach dem Sturz der Speicherstadt in verhältnismäßige Bedeutungslosigkeit aber war das auch nicht mehr so wichtig. Zudem haben sich die Bankgeschäfte gewandelt, die so genannte »Kaffeebörse« am Sandtorkai ist nur noch Museum, die Kneipen der Kaffeeleute von damals sind längst Neonbars oder Schickimicki-Bistros gewichen. Mit anderen Worten: Immer weniger Gründe sprachen für die Wendenstraße, wo wir ohnehin längst aus allen Nähten platzten.

Umso mehr sprach für den Pinkertweg. Die Autobahnen vor der Tür, die Grundstückspreise bezahlbar, konnten wir mit Raum im Rücken durchstarten. Wer uns heute besucht, wird verstehen, warum mein Herz jeden Morgen bei der Anfahrt jubiliert. Denn schon von weitem sind die Symbole unseres kerngesunden Privatunternehmens zu sehen. Der braune Speicher mit dem großen, von mir ausgetüftelten Bohnenlogo und dem Leitspruch »Aus Freude am Leben«, vor allem das grüne, 40 Meter hohe Kaffeesilo. Da findet man das Firmentor von der Schnellstraße zwischen City und Bergedorf auch ohne Kompass. Damals fand man es sogar noch mit geschlossenen Augen, wenn man die Nase auf Empfang stellte.

Dieser herrliche, nicht kopierbare Duft frisch gerösteter Bohnen animierte mich manchmal dazu, das Autofenster sogar im Winter einen Schlitz herunterzudrehen. Ich schnüffelte dann immer ein bisschen – und freute mich auf den Tag. Aber auch diese Tage sind vorbei. Denn dieser sensationelle Duft entsteht nur bei Röstung mit Wärme. Heute werden die Bohnen nach einem neuartigen, schonenderen Verfahren kalt geröstet. Das riecht zwar nicht mehr so angenehm, schmeckt aber besser. Insgesamt ist das für mich gesünder – weil ich das Autofenster im Winter geschlossen halten kann.

Vom Umzug 1972 profitierten alle Bereiche unserer Firma. Außer der Kasse, die anfangs natürlich enorm angeschlagen war. Das Ganze hatte wirklich so richtig viel Geld gekostet. Wo wir hinzogen, war praktisch vorher nur Wiese gewesen. Alles musste neu errichtet werden: Produktionsstätten, Lager, aber auch Bürokomplexe. Planung und Umsetzung verlangten unser aller Energie – und mein Geld. Mein privates Geld, sonst wäre das alles nicht aufgegangen. Im Interesse des Unternehmens und seiner Zukunft jedoch, deren Zeichen auf Wachstum standen, mussten wir und ich an unsere Grenzen gehen. Also nahm ich die Sache in die Hand, auch das ganz persönliche Pölsterchen, und investierte alles, was ich hatte. Im Wesentlichen also Arthurs liquide Erbschaft und den Bockhorst-Erlös. Eigentlich wollte ich den Kaufpreis nicht nennen, doch habe ich es mir anders überlegt. Wer A sagt, muss auch B sagen: alte hanseatische Volksweisheit. Und wer eine Biografie publizieren lässt, darf kein lauwarmes Wasser in der Druckerpatrone haben. Butter bei die Fische, heißt es so schön. Also: Für das Bockhorst-Areal wechselten rund 14 Millionen Mark den Besitzer. Deswegen sprach ich auch von einem Angebot, das man nicht ablehnen konnte. Zusammen mit meinem restlichen Vermögen, die Kosten für Grund und neues Haus am Elbufer abgezogen, schoss ich gut 15 Millionen Mark in das Unternehmen Zukunft J. J. Darboven. Einen Reinfall konnte ich mir nicht erlauben, weder wirtschaftlich noch moralisch.

Andererseits war nun frisches Kapital vorhanden. Für den Umzug, aber auch für ganz gezielte Zukäufe, die ich im Auge hatte. Denn nur so, das war mir klar, würden wir die Herausforderungen der kommenden Dekaden bis zur Jahrtausendwende meistern können. Teilweise erstreckten sich die Firmenkäufe auf einen längeren Zeitraum, bis alles unter Dach und Fach war. Inklusive Bankbeteiligung, juristischer Fallstricke, besonders allerdings inklusive pragmatischer Lösungen für den betroffenen Mitarbeiterstab. Niemals haben wir eine Firma gekauft und dann ruck, zuck platt gemacht. Immer handelte es sich bei den Zukäufen um Erweiterungen, die dem Gesamtunternehmen zusätzliche Kraft verleihen sollten. Strategische Ehen bringen beide weiter, so die Erkenntnis. In Grundzügen übrigens vermittelt seinerzeit von Arthur Darboven höchstpersönlich in den Aberhunderten von Stunden, die der junge Atti mit offenen Ohren an der Seite des Mentors verbrachte.

Erster Partner war die bayerische Traditionsfirma Burkhof Kaffee, deren Übernahme per 1. August 1974 mit rund vier Millionen Mark zu Buche schlug. Burkhof war wie wir, nur etwas kleiner und im Süden angesiedelt. 2002 feierte das Stammhaus 75. Geburtstag. Als Burkhof Kaffee, nicht als Darboven II. Denn es war von Anfang an mein Ehrgeiz, Burkhof als autarke Firma zu erhalten. Das Motto: nicht Kulturvernichtung, sondern Kulturbewahrung. Sinn und Segen kann es nur bringen, wenn die typisch bajuwarische Atmosphäre und Philosophie beibehalten wird – unter dem Dach der Darboven-Holding.

Der erste Coup war geglückt. Daheim in Hamburg holte ich tief Luft, wahrlich sehr tief Luft. Denn in der Tat lag eine ereignisreiche Zeit hinter mir, beruflich wie privat. Die Übernahme

198

der Firmenverantwortung, weitere wirtschaftliche Stabilisierung, Aktionen in Richtung Handelsriesen wie Tengelmann, Kaufhof & Co., Umzug in den Pinkertweg, Verkauf des Bockhorst-Areals, Planung der neuen Heimat direkt am Elbufer, Hochzeit mit Edda. Man pflegt in solchen Zeiten ja nicht unbedingt in historischen, den eigenen Lebensrahmen betreffenden Dimensionen zu denken. Rückblickend jedoch muss ich zu mir selbst sagen, dass es sich um die entscheidenden Jahre in der Vita des Albert Darboven handelte. Von Ehrgeiz, Wagemut und Liebe zum Kaffeegeschäft beseelt, hatte ich das Glück in die eigenen Hände genommen. Das Gute daran, ich befand mich auf dem besten Wege zum Erfolg. Privat wie beruflich.

J. J. Darboven blühte und gedieh. 1978/79 machten wir mit rund 450 Mitarbeitern etwa 200 Millionen Mark Umsatz. Binnen 16 Jahren war das fast eine Vervierfachung. Was mich besonders freute: Wir hatten die Art unserer Unternehmung, den Charakter der Firma auf niveauvolle Weise bewahrt. Das Private war die Basis für den Siegeszug. Man kann es drehen und wenden, wie man will: aus Freude am Leben. Das machte Sinn!

Mit dieser Erkenntnis ist das Wagnis eines weiteren Meilensteins besser zu verstehen. In den Jahren 1978 und 1979 verlagerten wir die gesamte Produktion nach West-Berlin; der von der Bundesregierung geförderten Steuervorteile wegen. Die Produktionsstätte betrieben wir übrigens gemeinsam mit unserem Konkurrenten Dallmayr aus München. Das war außergewöhnlich und sorgte in der Gilde für Diskussionen. Zwei Wettbewerber in gleicher Atmosphäre, Bohne an Bohne sozusagen! Dabei war dieser Schachzug mit außergewöhnlicher Cleverness eingefädelt worden, wenn ich das einmal so sagen darf. Weil beide Unternehmen nicht zu den Riesen im Geschäft zählten, sich aber auf diese Weise kostengünstig in die Lage versetzten, den anderen effektiv Paroli zu bieten. Die einen von Hamburg aus, die anderen aus München. Das verstehe ich unter Flexibilität und Effektivität, die große Firmen gar nicht bieten können. Nicht immer gewinnt der zahlenmäßig Stärkere die Schlacht, oft bringt eine pfiffige, unkonventionelle Maßnahme die überraschende Lösung. Für beide Firmen rechnete sich die ungewöhnliche Kooperation, nicht nur aufgrund der fiskalischen Vorteile. Diese fanden nach dem Tag der Deutschen Einheit ohnehin ihr Ende, so dass die Produktion 1994 wieder komplett zurück nach Hamburg verlagert wurde. Unter Federführung unserer technischen Betriebsleiterin, Frau Melendez.

In Allianz mit den Banken machte ich J. J. Darboven so auf stabilem Fundament fit für die kommenden Jahrzehnte. Fraglos hätte ich alles bequemer und für mich ganz persönlich gewiss auch profitabler haben können. Wenn, ja wenn ich einem der immer massiver agierenden Aufkäufer namhafter Weltkonzerne nachgegeben hätte. Diese köderten mit Schwindel erregenden Summen, stets blockte ich ab. Denn was wäre geschehen, vom Geld einmal abgesehen? J. J. Darboven hätte seine Seele verloren. Und ich hätte das Testament meines Adoptivvaters verspielt. Trotz fetter Millionenbatzen auf dem Familienkonto. Doch zu diesem Bereich, den Übernahmeofferten der Haie und dem Prinzip der Unternehmensunabhängigkeit, folgt später mehr.

Erst einmal ging es mit den gezielten Zukäufen weiter. Nicht durch Zufall genau an meinem 50. Geburtstag, am 15. April 1986, wurde der Abschluss eines bemerkenswerten Geschäftes begangen. J. J. Darboven erwarb die renommierte Kaffeefirma Eilles in München. Wer im Anschluss an die Vertragsunterzeichnung eine Jubelorgie mit spritzendem Champagner und koketten Tanzmäusen erwartet, sollte dieses Buch nun wirklich aus der Hand legen. Weil er dann noch immer rein gar nichts von meinen Grundsätzen mitbekommen hat. Nein, es war natürlich ganz anders. Draußen vor der Tür des ehrwürdigen Eilles-Hauses am Residenzplatz holte ich einmal ganz, ganz tief Luft. Danach ging es mit Edda und Heini Scheel, meinem Chauffeur, zum Rundgang durch das Deutsche Museum. Das hatte mehr Stil, fand ich, als jede noch so tolle Feier der Welt. Und es passte viel besser zu uns.

Auch aus heutiger Sicht betrachtet, war Eilles ein echter Glücksgriff. Die Firma, mit großem Grundstück an der Zamdorfer Straße in der bayerischen Landeshauptstadt, verfügte über einen vortrefflichen Ruf und über fünf Ladenlokale in bester Gegend. Wer den Süden Deutschlands kennt, weiß, Eilles ist eine Bastion in Bayern. Durchaus immer noch profitierend vom Nimbus als Königlich-Bayerischer Hoflieferant mit Prädikat von König Ludwig II.

Da man zwar tagelang, aber nicht spät abends durch das Deutsche Museum streifen kann, begingen wir den Tag des Eilles-Vertragsabschlusses, der ja auch mein 50. Geburtstag war, ebenfalls anders, als man erwarten würde. Eingeladen zu einer großen Gala im Hotel des ehemaligen CSU-Generalsekretärs Tandler in Altötting, genoss ich internationales Flair mit bajuwarischer Note. Als Präsent erhielt ich ein Buch mit Widmung des damaligen Ministerpräsidenten Franz-Josef Strauß. Meine Tischdame in dieser wundersamen Nacht war Prinzessin Margaret aus Großbritannien. Wir stießen mit Gin an, parlierten sehr angeregt und genossen die Zeit. Zwischendurch prostete ich immer wieder Edda zu. Wir nickten dann wissend – in Anbetracht unseres kleinen Geheimnisses, das dieser 15. April 1986 beschert hatte.

Viele Jahre vor dem für J. J. Darboven so wichtigen Eilles-Deal verliefen auch die Verhandlungen mit der Mövenpick-Firmengruppe immer vielversprechender. Weil wir auf das offizielle Geplänkel verzichteten und die Gespräche auf Chefebene führten. Mövenpick-Gründer und -Macher Ueli Prager auf der einen, ich auf der anderen Seite. Dabei war es durchaus hilfreich, dass wir uns Mitte der 60er-Jahre schon einmal persönlich kennen gelernt hatten. Anlass war ein so genannter Bügeltrunk auf Einladung des Norddeutschen und Flottbeker Reitervereins, dem Gastgeber des Deutschen Spring- und Dressurderbys. Wir waren uns dann auch erstaunlich rasch einig. J. J. Darboven wurde deutscher Lizenznehmer für den erstklassig beleumundeten Mövenpick-Kaffee in der Gastronomie sowie im Lebensmittelhandel. Welch ein märchenhafter Aufstieg für uns. Denn abgesehen von den Verdienstmöglichkeiten, stärkte dieser Deal unsere Bedeutung im Handel ganz erheblich.

Ich hatte nun beisammen, was ich mir jahrelang gewünscht hatte. Ein starkes Bündnis dreier erlesener Kaffeesorten: Idee, Eilles, Mövenpick. Drei Marken, ein Haus. Wir konnten nun ganz anders auftreten. Dabei war zuvor schon das Signal für J. J. Darboven auf Grün gestellt worden, nun aber konnten wir Vollgas geben. Im ganzen Unternehmen spürte ich eine ungeheuerliche Motivation, der frische Wind tat uns gut. Ich genoss es, den Elan unserer Mitarbeiter zu beobachten. J. J. Darboven war immer schon etwas Gutes in der Kaffeewelt, nun war alles noch eine Idee besser.

Das waren die beiden dicken Fische, die das Fundament für weitere Umsatzsteigerungen legten. Bekanntlich jedoch sind auch die kleinen Fische bisweilen außerordentlich bekömmlich. Und auch in dieser Hinsicht wurden meine diplomatischen und kaufmännischen Bemühungen belohnt. Wir zogen einige feine Partnerschaften an Bord, die unsere Kaffee-Armada zusätzlich stabilisierten. Das ist ein Gefühl wie am Ende eines komplizierten Puzzles, wenn alles aufgeht und sich in der Totalen ein faszinierendes Bild der Ordnung und inneren Logik ergibt. Was in mancher schlaflosen Nacht mit Blick auf den dunklen, aber stetig und so majestätisch dahinfließenden Elbstrom angedacht worden war, war nun Realität geworden. Wie noch oft in den folgenden Jahren verspürte ich in diesen Momenten ein tiefes Glücksgefühl, das mit keinem Geld der Welt zu bezahlen ist. Alles macht Sinn. Ganz besonders dann, wenn nicht nur einer, sondern viele davon profitieren. Bis heute haben unsere Mitarbeiter einen stabilen, sicheren Arbeitsplatz, der bei großem Einsatz auch Erfüllung bringen kann. Außerdem, ganz ehrlich: Es machte Spaß!

Allein, wenn ich an die herrlichen Zeiten in Salzburg denke. Hier machten wir den Kauf der Qualitätsfirma Stempfer klar, die in der österreichischen Gastronomie einen hervorragenden Ruf hat. Ebenso wie der kleine Röster Warca, der im Elsass sowohl im Handel als auch in der Gastronomie erfolgreich präsent ist. Später kam noch die Firma Brosio in Straßburg dazu. Hinzu kam eine Spezialität mit besonderem Zungenschlag: Storm Coff in Paris. Dieser wird heute in sehr guten Restaurants, Hotels und Cafés an der Seine gereicht, und nur Eingeweihte wissen, dass letztlich Hamburg dahinter steht. Auch die Zeiten im Elsass und in Paris möchte ich nicht missen; immer wieder suche und finde ich triftige Gründe für eine ausgedehnte Dienstreise. Das ist dann tatsächlich Savoir-vivre in Vollendung, ich liebe die ganz besondere Note in unserem Nachbarland.

Nicht ganz so glücklich verlief die Liaison mit der italienischen Marke Segafredo, die 1965 eingeführt wurde. Bevor ich näher darauf eingehe, will ich anlässlich des Stichworts »Österreich« noch ein Erlebnis erzählen, das in recht eindrucksvoller Weise die Tücken des Lebens offenbart. Es ereignete sich 1965. Wir wollten für Idee Kaffee eine kleine Niederlassung in Österreich eröffnen, hatten in Hamburg mit Gerhard Commichau einen geeigneten Mann gefunden und suchten für ihn nun eine Wohnung in Salzburg. Mit einem Appartement in der Gabelsberger Straße schienen wir rasch auf der richtigen Spur zu sein, und so machten wir uns auf den Weg. Dort angekommen, klingelten wir an der entsprechenden Tür im ersten Stockwerk, woraufhin sich mehrere Riegel lösten und diverse

Schlüssel gedreht wurden. Und es erschien eine verängstigte Frau, deren äußere Erscheinung bei uns außerordentliche Verblüffung auslöste. Die Lady, geprägt von exotischem Esprit, trug eine riesige Sonnenbrille, einen in Salzburg nicht eben üblichen Acapulco-Hut, Shorts und absolut außergewöhnliche Schuhe. Sie zog uns in die Wohnung hinein, verriegelte die Tür nach allen Regeln der Kunst und flüsterte: »Ich bin in Gefahr!« Sie stellte sich als Virginia Hill vor. Sie sei eine Mafia-Braut der Top-Kategorie, die sich nach 1945 aus den USA nach Europa abgeseilt und damit gewisse Herrschaften vor unangenehmen Aussagen bewahrt habe. Für diesen Akt der Konspiration habe sie ein fürstliches Schweigegeld kassiert, doch sei ihr der Boden nun so heiß geworden, dass sie anonym eine andere Wohnung am Rande Salzburgs beziehen wolle. Auch sei sie mittlerweile mit einem Einheimischen verheiratet, einem Skilehrer mit dem Namen Hauser.

Der Wohnungs-Deal ging problemlos über die Bühne, und ich verlor die Mafia-Braut aus den Augen, hörte aber manchmal von ihr. Denn der Skilehrer Hauser arbeitete für Idee Kaffee Österreich im Verkauf. Die weiteren Botschaften klangen weniger positiv. »Virginia Hill ist unbekannt verzogen«, hieß es zuerst. »Sie ist tot aufgefunden worden«, informierte man uns wenig später. Den präzisen Hintergrund kenne ich nicht. Freunde aus Österreich berichteten später, sie habe wegen ihres großen Wissens letztlich doch auf der Abschussliste der Mafia gestanden und sei nur deswegen nicht hingerichtet worden, weil sie früher die Braut eines der Bosse gewesen sei. Man habe ihr diskret eine Giftpille gereicht. Ob dies der Wahrheit entspricht, weiß ich nicht. Komisch aber war die Geschichte schon. Zumal sie noch weitergeht.

Denn Skilehrer und Kaffeeverkäufer Hauser, dessen Sohn übrigens lange Zeit für die US-Armee in Vietnam kämpfte, hatte irgendwann bei uns gekündigt und mit seiner neuen Gattin ein

Café in Salzburg eröffnet. Das Ende war weniger schön. Eines regnerischen Tages fand man Hauser – am Treppengeländer des Cafés aufgehängt. Angeblich soll er die Mafia erpresst haben. Wegen der geheimen Unterlagen seiner verstorbenen Frau.

Damit jedoch war der »Fall Virginia Hill« für mich immer noch nicht endgültig ad acta gelegt. Etliche Zeit später, während einer Amerikareise, ging ich mit Freunden in eine Bar in Palm Beach, in der eine Dixieland-Band spielte. Der tonangebende Musiker war dermaßen rasant in Schwung, dass ich ihn auf einen Gin an unseren Tisch bat. Er folgte dieser Einladung sehr gern, wir kamen ins Gespräch, und irgendwann landeten wir beim Thema Mafia und Al Capone. »Ich hatte da auch mal so ein Erlebnis«, erzählte ich, »seinerzeit in Salzburg.« Der Musiker lauschte mit großen Augen, und als ich den Namen Virginia Hill erwähnte, sprang er auf und sagte ganz begeistert: »Was, du kennst Vicky, das gibt's doch gar nicht!« Womit erstens bewiesen wäre, wie klein die Welt ist, und zweitens, dass man selbst bei der Wohnungssuche im lauschigen Salzburg vor Überraschungen nicht sicher ist.

Im Vergleich dazu waren die Geschäfte in Sachen Segafredo harmlos. Ich ahnte damals diesen Trend zu Espresso, Cappuccino und Co. auch in deutschen Landen. Dieser Riecher erwies sich zusehends als richtig, das Bündnis nicht unbedingt. Langer Rede kurzer Sinn: Die Italiener wollten den Vertrag partout nicht verlängern. Ciao, Segafredo! 1988 war das. Quasi einen Atemzug später meldeten wir das Produkt Alfredo an: italienische Bohnennote für den deutschen Tisch. Wir arbeiten ertragreich mit diesem Namen, unserer Eigenmarke, und dehnten die Aktivitäten auch nach Polen und Tschechien aus. Das sind genau jene Nischen und Lücken, von denen ich zuvor erzählt habe. Marktsegmente und Regionen, für die mancher Multi viel zu behäbig ist.

Was nicht heißt, dass jedes Projekt ein Selbstgänger ist, mit stehenden Ovationen beklatscht wird und unsere Schatzschatulle ordentlich füllt. »Wo gehobelt wird, fallen Späne«, sagen die Tischler. Ich formuliere es eine Idee feiner: »Nicht jede Bohne birgt am Ende den perfekten Geschmack.«

Ein weiteres Beispiel ist das Bistro »Alfredo«, das wir in der Hamburger Speicherstadt mit viel Aufwand errichtet und verpachtet haben. 2001 wurde die Eröffnung gefeiert, und ich habe entschieden, dass es die letzte Festivität dieser Art war. Die Gastronomie ist doch wieder etwas ganz anderes als der Kaffeehandel, da kann man nicht mal eben so nebenbei erfolgreich abkassieren. Weil wir eben schon bei den Handwerkern waren, passt eine weitere Volksweisheit perfekt ins Bild: Schuster, bleib bei deinen Leisten. Wir wollen uns nicht verzetteln, sondern auf das konzentrieren, was wir gelernt haben und wovon wir eine Menge verstehen.

Alles in allem kann ich jedoch sehr zufrieden sein über die Arbeit. Jetzt, im März 2004, verkaufen wir uns als Nummer sechs auf dem hiesigen Kaffeemarkt mit einem Anteil von rund vier Prozent bemerkenswert stark. Vor uns liegen Kraft Foods (Jacobs), Tchibo, Melitta, Aldi (allerdings nur als Verkäufer, nicht als Röster) sowie Dallmayr. Wichtiger für uns: Als Zulieferer für die mittlere und sehr gute Gastronomie sind wir Marktführer. Mit anderen Worten: Wo man gut trinkt und speist, ist Darboven-Kaffee zu Hause. So wird unsere Röstung in Berlin und in München in der Kempinski-Gruppe gereicht. In Hamburg haben wir traditionell Heimspiel; in Bayern ist unser Burkhof Kaffee Marktführer. An anderer Stelle stellen wir uns dem Wettbewerb mit hanseatischem Selbstbewusstsein. Zum Beispiel im Fall des »Adlon« in Berlin, hier will natürlich jeder in die Kanne, allein schon aus Prestigegründen. Dabei spielen Preis und Service die entscheidende Rolle, welche Firma letztlich den Zuschlag bekommt. Nicht selten fällt beim Thema Werbekostenzuschuss das letzte Wort. Geschenkt gibt's eben nichts. Allerorten wird mit harten Bandagen gekämpft, das ist ganz normal.

Der Umsatz der Gruppe J. J. Darboven liegt bei gut 280 Millionen Euro, in den nächsten Jahren wollen wir die 300-Millionen-Marke packen. Wenn ich daran denke, wie wir nach dem Krieg angefangen haben, kann einem beinahe schwindlig werden. Wir sind nicht zu groß, um schwerfällig zu agieren, wir sind aber groß genug, um im Handel wie in der Gastronomie ein entscheidendes Wort mitsprechen zu können.

Eine Idee fairer – und ein Hauch persönlicher Philosophie

&

So sparsam ich in mancherlei Beziehung mit mir selbst sein kann, so großzügig bin ich in der Auswahl meiner Hobbys, Pferderennen und Polo, sowie in Sachen Urlaub. Nicht jeder versteht, dass ich mich über nutzlos verbrauchtes Papier extrem ärgern kann, mir aber gleichzeitig mit dem Gestüt Idee eine aufwändige Vollblutzucht leiste. Für andere wiederum mag es schwer nachvollziehbar sein, wenn ich aus Protest gegen zu hohe Strompreise daheim wochenlang im Dunkeln sitze, gleichzeitig aber durchaus schon mal den Schampus perlen lasse – besonders in früheren Tagen. An dieser Stelle muss ich freimütig erklären, dass ich auch gar nicht unbedingt erpicht darauf bin, von jedem verstanden zu werden. Es ist ja hinreichend bekannt, dass jedermanns Liebling recht leicht auch jedermanns Trottel sein kann. Ich bin ich und lebe nach meiner Fasson. Und solange ich keinem Mitmenschen auf die Füße trete, führe ich ein Leben nach meinem Gusto. Einige meinen, ich hätte »einen Igel in der Tasche«, wie man in Hamburg zu sagen pflegt. Ich fasse das keineswegs als Beleidigung, sondern durchaus als Kompliment auf. Ich habe den Wert eines Pfennigs beziehungsweise eines Cents keineswegs verlernt und kann den Euro tatsächlich ein paar Mal umdrehen – wenn mir danach ist. Auf der anderen Seite kenne ich den Wert guter Ware genau, kann ausgesprochen großzügig und spendabel sein – wenn mir danach ist. Mit einem Satz formuliert: Es kommt immer darauf an, ein Gesetz für meine jeweilige Einstellung gibt es nicht. Und ich würde auch gar nicht wollen, dass ein solches Gesetz existiert.

Viel mehr bedeutet mir die Tradition. Ich fühle mich als Hanseat, ich handele als Hanseat. Und lasse mich von Leitlinien in die Pflicht nehmen, denen die Familie Darboven seit vielen Jahrzehnten verbunden ist. Dabei spielt das Allgemeinwohl eine dominierende Rolle, insbesondere das Engagement für Schwächere, auch für Kinder. Im Ersten Weltkrieg haben Arthur und Anna-Maria Darboven ein Heim für Mütter und Säuglinge unterstützt, das in Iserbrook beheimatet war. Hamburgs Senat gab seinerzeit offiziell grünes Licht für eine entsprechende Darboven-Stiftung.

Getreu bewährter Familiengrundsätze, denen sich auch meine Frau Edda und ich mit vollem Herzen verschrieben haben, kann diese Hilfe finanzieller, durchaus jedoch auch praktischer Natur sein. Den Fall des vom sowjetischen Geheimdienst gejagten Arztes quasi unter Arthurs Fittichen in der Ära nach dem Zweiten Weltkrieg habe ich schon erwähnt, weil ich diesen Mann persönlich kannte. Einen weiteren Fall kenne ich nur aus den Erzählungen meiner Adoptiveltern. Dabei hat Arthur, der auch Meister vom Stuhl der Loge Alte Treue war, diese Loge gemeinsam mit einem jüdischen Rechtsanwalt aus Bremen, Dr. Peppler, wiederbelebt. Vor den Nazis versteckt wurde der Sozialist Oskar Brauer, der Bruder des Hamburger Bürgermeisters Max Brauer. Und der Diplomat Schlange-Schöningen, nach 1948 erster Botschafter der jungen Bundesrepublik Deutschland in London. Als damals die irre Auflage der Nazis jeglichen Kontakt mit jüdischen Kreditinstituten wie der Hamburger Bank M. M. Warburg untersagte, schrieb Arthur einen kurzen, aber prägnanten Brief an die Behörden. Der Tenor: »Ich sehe das nicht ein, ich mache das auch nicht mit. Solange die Reichsbank Emissionen der Warburg-Bank veröffentlicht, werde ich eine so gute, jahrzehntelange Verbindung wie mit Warburg keinesfalls beenden.« Das war schon mehr als mutig!

Da Arthur Darboven, nach den wirren Rassentheorien der NSDAP ein Arier erster Güte, in Hamburg über einen bekannten und guten Namen verfügte, akzeptierte man knurrend die Sonderrolle. Wohlgemerkt Sonderrolle, nicht Opposition. Weil Arthur Darboven Kaufmann war und seine politische Einstellung, nämlich Unverständnis und Verachtung gegenüber den Nazis, für diese unseligen Jahre wohlweislich für sich behielt.

Ende 1944, das katastrophale Ende stand unmittelbar bevor, verlangte die NSDAP von Arthur tatsächlich, zwei Lipizzaner »für den Endsieg« bereitzustellen. Die knappe Antwort, schriftlich fixiert: »Frauen und Pferde verleiht man nicht.« Was letztlich dabei herauskam, weiß ich nicht. Sicher ist nur, dass sich die guten Kontakte zu den Engländern nach Kriegsende nicht zu unserem Schaden auswirkten. Eigentlich wollten die englischen Befreier die Villa am Bockhorst besetzen und dort eine Filiale ihres Seenot-Service errichten, doch ließen sie nach Informationen über Arthurs politische Haltung und sein Engagement unter anderem für den jüdischen Rechtsanwalt von diesen Plänen ab. Stattdessen tranken die Herren gemeinsam einige Tässchen Tee (und hoffentlich auch Kaffee ...) und amüsierten sich anschließend beim Taubenschießen im Park. Man verstand sich, man sprach eine Sprache. So und so.

Meine schrecklichen Kindheitserlebnisse im Krieg zum Beispiel sowie Arthurs und Anna-Marias Schilderungen über den Irrsinn des Krieges haben mich in besonderem Maße geprägt. Später habe ich nicht nur während meiner Jahre in Mittelamerika, sondern auch auf Reisen nach Afrika und Asien beobachten können, welche brutalen Konsequenzen Ungerechtigkeit, Diktatur und Armut haben. Entsprechend aktiv bin ich auf sozialem Sektor, halte mich hier aber mit näheren Angaben lieber zurück. In Hamburg ist aber bekannt, dass ich mich für die Speicherstadt und deren Beleuchtung, für das Ballett, für exotische Tiere in ihrer angestammten Heimat, aber beispielsweise auch für die Militärakademie einsetze. Gutes tun – und darüber reden, dieses Motto gilt nicht für den privaten, dann schon eher für den geschäftlichen Sektor. Hier mache ich aus meinen Aktivitäten keinen Hehl, darf es im Interesse des Unternehmens auch gar nicht. So habe ich 1998 den »Förderpreis für junge Unternehmerinnen« ins Leben gerufen. Jahr für Jahr werden Frauen geehrt, die mit unkonventionellen und marktfähigen Konzepten wirtschaftliche Akzente setzen. Und da Reden und Ehren gut sind, praktische Unterstützung jedoch effektiver ist, werden für die Siegerin 75 000 Euro ausgelobt; auf den Plätzen geht es mit 7500 und 5000 Euro weiter. Diese Initiative entspricht dem Charakter unserer Firma, und mir selbst bereitet es ungemein viel Freude, die Auswahl der Jury zu verfolgen.

Was ich dabei an Pioniergeist und Wagemut erlebe, macht Hoffnung. Denn manchmal kann man sich hier zu Lande nur wundern über bürokratische Fallstricke, über einen immer dichteren Paragraphendschungel und über eine Politik, die recht frei ist von Anregungen, sich selbstständig zu machen. Ich bin im Grundsatz ein wertkonservativer Mensch, setze auf Achtung vor dem anderen, auf Tradition und auf seit Jahrtausenden bewährte Tugenden. Durch viele Beziehungen in alle Welt und einen internationalen Geist in meiner Familie bin ich aber ebenso ein liberaler Mensch. Ich hasse Engstirnigkeit und piefige Angsthasenmentalität, kann wenig mit rein defensivem Sicherheitsdenken anfangen und bekämpfe jede Form von Ausländerfeindlichkeit. Manche tumbe, kleinkarierte Denkstruktur auch einiger Politiker in unserem Land, gleich welcher Couleur übrigens, gibt mir arg zu denken. Insgesamt jedoch überwiegen der Optimismus und der Glaube an die Tatkraft der jüngeren Generation. Auch da passt der »Förderpreis für junge Unternehmerinnen« prima zu meinen Vorstellungen vom aktiven Dienst für die Allgemeinheit.

Dabei will ich nicht meiner Person, sondern meiner Stadt ein Denkmal setzen. Was mir in einem weiteren Fall ganz besondere Freude gemacht hat. Hintergrund sind meine Lehrjahre im Freihafen, meine intensive Beziehung zur Hamburger Speicherstadt und meine Liebe zur Tradition des Kaffees. Ich fahre jeden Morgen an den Landungsbrücken und der Speicherstadt vorbei in Richtung Firma. Ich genieße dann den Anblick der ehrwürdigen, monumentalen Speicher, erinnere mich an die schönen Zeiten des Handels und Wandels dort, schwelge in Erinnerungen, spüre den Geist der Hanse, sehe darin aber auch den Nährboden für zukunftsorientierte Entscheidungen. Eine traf ich eines Morgens auf der Fahrt, am Baumwall. Beim Passieren der Brooksbrücke, die den Citybereich mit dem Freihafen verbindet, fiel mir die miese Bausubstanz auf. Und ich erinnerte mich, dass an der Brückeneinfahrt einst Skulpturen standen, um Hamburg den Weg zu weisen. Der Krieg mit seinen Bomben, aber auch der Zahn der Zeit haben der Brücke ihren ehemaligen Charme geraubt. Gut, dass dieser durch alte Bilder dokumentiert wird. Mit Hilfe unserer Firma gelang es, neue Skulpturen zu schaffen und der Brooksbrücke wieder ein ganz besonderes Merkmal mit optischer Anziehungskraft zu verschaffen. Im Zuge veränderter Zeiten jedoch wechselte ich eine Statue aus. Statt Germania wacht nun Europa über der Passage in die Speicherstadt. Gemeinsam mit Hammonia ist Hamburg nun um ein Wahrzeichen reicher.

Allein das Anbringen der beiden Skulpturen war schon ein Ereignis für sich, da die riesigen Bronzefiguren millimetergenau auf den Brückenpfeilern platziert werden mussten. Ich habe diese Aktion zur Chefsache erklärt und die Montage persönlich dirigiert. Es muss ein Bild für die Götter gewesen sein. Während ein Kran mit Hammonia und Europa rangierte, stand ich im Anzug auf einer riesigen Leiter und wies die Richtung. Das dauerte zwar eine Weile, am Ende aber passte alles haargenau. Maßarbeit! Drei Stunden später nahm Ole von Beust, Hamburgs Erster Bürgermeister, die Einweihung vor; es war ein fröhlicher Festakt. Das spürte offensichtlich auch ein kleiner Junge von etwa acht Jahren. Unmittelbar nach der Einweihung trat er ganz mutig auf mich zu, etwa in der Manier: »Jetzt will ich den Kaffeeonkel auch mal kennen lernen.« Er zupfte an meinem Ärmel und zog mich beiseite. Das hätte ich sein können, früher, dachte ich. Er wohne mit seinen Eltern direkt gegenüber der Brücke und könne die Skulpturen aus dem Fenster sehen, erzählte mir der Junior ganz aufgeregt. Und er würde sich jetzt jeden Morgen freuen, wenn er die neue Brücke sehe. Ich bedankte mich sehr herzlich, und er rannte glücklich davon. Mission erfüllt! Beim Fußweg zum Empfang im »Kesselhaus« der Speicherstadt mit den Honoratioren der Stadt dachte ich über dieses kleine Erlebnis nach. Und war ganz beglückt, dass dieser Junge Augenzeuge der Einweihung war. Als Zeitzeuge kann er nun später von dem Tag berichten, an dem der Bürgermeister, der Kaffeeonkel und so viele andere kamen, um zwei Tücher abzuheben. Auch ich freue mich jeden Morgen bei der Vorbeifahrt über die beiden Skulpturen und eine insgesamt sehr gelungene Initiative, deren Drehbuch die junge Agentur-Chefin Friederike Beyer intelligent und pointiert geschrieben hat. Klar, dass ich dann auch an den Kleinen dachte, der da plötzlich an meinem Ärmel zog.

Ein weiteres Mosaiksteinchen ist das Eintreten des Hauses J. J. Darboven für die Idee eines fairen, humanen Kaffeehandels. Bekanntlich ist es kein Geheimnis, dass die Plantagenbesitzer in der Dritten Welt nicht unbedingt einen Preis für soziales Wirtschaften ernten würden. Vielfach werden die Menschen ausgenutzt, nur damit uns der Kaffee schmeckt. Wie aber, so habe ich immer schon laut gefragt, kann man die geröstete Bohne wirklich genießen, wenn dafür andernorts Menschen ausgebeutet werden. Zwar nicht die Lösung an sich, aber zumindest ein Signal für mehr Gerechtigkeit ist die Initiative »Transfair«. Damit wird der faire Kaffeehandel in aller Welt gefördert – auch um den Preis eines höheren Preises des Endprodukts in unseren Supermarktregalen. Zum Glück wird dieses soziale Denken nicht von oben verordnet, wie es allzu oft der Fall ist, sondern jeder Verbraucher kann ganz persönlich entscheiden, ob ihm »Transfair« rund 50 Cent pro Pfund mehr wert ist, bitte schön.

Mit diesem Geld kann in der Summe eine Menge bewirkt werden. Zum Beispiel wird jenen kleinen Kaffeebauern in Ländern wie El Salvador, Guatemala oder Nicaragua unter die Arme gegriffen, die ihr Brot gewissermaßen mit einem kleinen Schrebergarten verdienen. Diese Kleinstunternehmer gerieten durch den Preisverfall für Rohkaffee auf den Weltmärkten in den vergangenen Jahrzehnten in immer ärgere Bedrängnis und können ihre Familien kaum noch ernähren. Oft bringt der Anbau von Kokain viel mehr Geld, doch dann beginnt jene verhängnisvolle Spirale, an deren Ende nicht selten Elend und Tod stehen. Um diese kleinen Bauern zu fördern, hat ein Kreis großer Röster höhere Bohnenpreise akzeptiert, als auf dem freien Markt erzielbar gewesen wären. Ich möchte gar nicht zu viel aus dem Nähkästchen plaudern, aber ich war der Erste in Deutschland, der sich für »Transfair« stark machte. Das trug mir von manchem Konkurrenten Kritik oder gar das Testat eines Rebellen ein, doch heute machen alle mit. Ganz selbstverständlich, und so soll es sein. Die Lösung aller Probleme ist damit natürlich nicht gefunden, aber eine Aktion wurde gestartet, der viele andere folgen sollten.

Wenn ich im Nachhinein sehe, wie ich ein klein wenig dazu beitragen konnte, die eine oder andere Sache anzuschieben, bin ich zufrieden. Das gilt auch für jene Aktivitäten im privaten und sozialen Bereich, die ich eben erwähnte. Meiner Meinung nach muss so etwas nicht unbedingt im Rahmen der Kirche passieren. Ich glaube an Gott und bin ein überzeugter Christ, zähle aber nicht zu den Kirchgängern. Ausnahmen bestätigen die Regel. Am Heiligen Abend besuche ich sehr gern das traditionelle Bachkonzert in der Petrikirche in der Hamburger Innenstadt. Mein Kirchenaustritt liegt etwa zehn Jahre zurück, die Gespräche mit den Vertretern der evangelischen Kirche verliefen nicht sehr gedeihlich. Jetzt kann ich viel gezielter helfen, kontrolliere den Einsatz meines Geldes und habe direkten Einfluss auf dessen Verwendung.

Aber, wie gesagt, mit dem Christentum oder Gott an sich hat das nichts zu tun. Mich fasziniert die Bibel, und die Zehn Gebote sind heute aktueller denn je. Das bestätigt sich im praktischen Leben immer wieder, aber auch in intensiven Gesprächen, die ich mit Geistlichen führe. Religiöse Toleranz und Verständnis für andere Glaubensrichtungen sind mir wichtig. Durch meine zahlreichen langen Reisen in alle Welt und die Kontakte in unterschiedlichen Ländern habe ich viele Menschen kennen gelernt. Wer dem Islam angehört oder Buddhist ist, huldigt oft ähnlichen Idealen wie wir Christen. Vielleicht bringt es diese positive Lebenseinstellung mit sich, dass ich auch den Tod nicht fürchte. Letztlich kommt es, wie es kommt, und ich fühle mich, Gott sei Dank, gesund und fit genug, um den kommenden Jahren mit Freude entgegenzusehen.

Angst habe ich nur vor einem Ende ohne Bewusstsein, vor Krebs und Schlaganfall, vor hilflosem Herumliegen. Mit großer Betroffenheit denke ich daran, wie es mit meinem Freund Horst-Herbert Alsen zu Ende ging. Zwei lange Jahre hat er auf seinen Tod gewartet und konnte schließlich nichts mehr artikulieren. Dieses Bild des Jammers und stillen Leidens wird auf ewig in meiner Seele eingebrannt sein. Wie dieser einst so lebenslustige und positive Mensch nun mit flehenden Augen blickte, das war zum Weinen. So möchte ich es mir für mich nicht wünschen. Ich habe als Mann gelebt, und ich möchte als Mann sterben. »Blätter fallen vom Baum, liegen da, keiner kümmert sich drum.« Diesen Wunsch, mit aufrechtem Herzen von dieser Welt zu scheiden, hat mir meine Mutter in mein Konfirmationsblatt schreiben lassen: »Sei männlich und sei stark.« Und sie hat ebenso ihre Werte hinzufügen können, Glaube, Liebe, Hoffnung, die auch für mich von großer Wichtigkeit sind. Auch davon habe ich eine große Portion abbekommen.

Vielleicht liegt es daran oder am bisher doch so erfolgreichen und glücklichen Verlauf meines Lebens, dass ich in stillen Stunden gern durch unseren Garten gehe, auf die Elbe sehe und über den Gang der Zeit nachdenke. Dabei kommen mir manchmal Sinnsprüche in den Kopf, die ich in einem kleinen Notizbuch festhalte. Ein Beispiel: »Geduld ist ein Talisman fürs Leben.« Ich sinniere dann auch über die drei Pfeiler meiner Existenz: Familie, Sport und Kaffee. Ich habe erfahren dürfen, dass man ruhig einmal vom Wege abkommen darf, solange man das Wesentliche, das übergeordnete Ziel, nicht aus den Augen verliert.

Um dies zu erfahren, sollte man durchaus extrem leben. Wer nicht alles gesehen und fast alles erlebt hat, hat kein umfassendes Urteilsvermögen, vieles bleibt dann graue Theorie. Ich kann von mir, mit meinen bei Erscheinen dieser Biografie fast 68 Jahren, mit Fug und Recht behaupten, wirklich alles einmal mitgemacht zu haben. Mit einer Ausnahme: Von Drogen habe ich die Finger gelassen. Auch weil ich in Mittel- und Südamerika erlebt habe, wie starke Menschen an diesen Drogen elendig zugrunde gegangen sind und schließlich bar jeder Selbstachtung starben. Der Körper, die Sucht, war stärker als der Wille. Nein, damit wollte ich nichts, aber auch gar nichts zu tun haben. Sonst ist mir wenig fremd, ich kann mitreden. Und ich weiß, dass jeder Tag intensiv gelebt werden will, dass man sich nicht allzu oft verzetteln sollte. Man muss eine Sache auch mal aus einem anderem Blickwinkel betrachten, wenn es sein muss, sich auch um 180 Grad drehen. So gesehen fällt es leicht, auch für den Obdachlosen oder einen anderen Gestrauchelten Verständnis aufzubringen. Den Prinzipien der Liberalität und der Toleranz gemäß.

Nicht jeder hat die intellektuellen Fähigkeiten und die gesundheitliche Basis, um im Leben erfolgreich Gas zu geben. Und vor allem hat nicht jeder einen Onkel, der so unbeirrt seinen Weg beschreitet und sein Schicksal selbst in die Hand nimmt. Denn ohne die Möglichkeiten, die mir das Haus J. J. Darboven geboten hat, wäre natürlich alles ganz anders gekommen. Man möge mich bitte nicht für anmaßend halten, doch bin ich fest davon überzeugt, dass ich auch sonst meinen Weg gemacht hätte – aber eben einen ganz anderen. Wer weiß, vielleicht wäre ich Architekt geworden, so wie mein leiblicher Urgroßvater. Oder Arzt, so wie mein leiblicher Vater. Oder Erfinder, wie es mein Wunsch als Junge war.

Ich durfte von vielen Menschen in meinem Umfeld lernen. Von der Intelligenz, aber auch der Wärme und Gutmütigkeit meiner beiden Mütter, von erfahrenen Mitarbeitern in der Firma – und von meinen drei besten Freunden. Die leider bereits verstorben sind, weil sie 20 oder auch mehr Jahre älter waren. Wenn ich nur an Manfred Bentheim, Horst-Herbert Alsen oder den weisen Georgi Javor denke, jenen ungarischen Oberlandstallmeister, der so intensiv hinter die Kulissen des Lebens geblickt hatte und dennoch (oder gerade deswegen) so positiv eingestellt war. Diese drei waren für den jungen Atti ideale Vorbilder. Ich habe mich bemüht, von jedem das Beste herauszupicken.

Im Gegenzug muss ich Fehler ja nicht unbedingt wiederholen. Wenn ich an Horst-Herbert Alsens extensiven Lebenswandel denke, der einem Raubbau an den eigenen Kräften gleichkam. Mein Ziel ist es, möglichst lange so fit zu bleiben wie derzeit. Ich treibe viel Sport, spiele Polo mit jugendlicher Leidenschaft, und verzichte meist auf das Mittagessen: Ein Apfel und eine Banane, das war's dann. Morgens freue ich mich über einen Joghurt mit etwas Honig oder Sanddorn, abends, um 18.30 Uhr, wird dann richtig warm gegessen, wobei der Menüplan der Phantasie meiner Frau entspricht. Sie kann wunderbar kochen. Sie versteht es, auf schmackhafte Weise gesund zu kochen. So ist es mir gelungen, mein Gewicht konstant zu halten. Es hat aber noch ganz andere Gründe, dass meine Ehefrau nicht nur die Liebe meines Lebens, sondern auch mein bester Freund ist.

Weitere Merkmale meines gesunden Lebenswandels sind Saunabesuche, viele Stunden an der frischen Luft auf dem Gestüt und der Rennbahn und, auf keinen Fall zu vergessen, das tägliche Glas Champagner am frühen Abend an Eddas Seite. Danach schauen wir uns die Nachrichten an, wobei ich sonst sehr selten fernsehe. Spielfilme, Shows und Western sind nicht so sehr meine Sache; wenn überhaupt, dann schätze ich Dokumentarfilme über Wunder der Natur oder Beiträge mit historischem Bezug. Da ich aber meist sehr früh zu Bett gehe, stellt sich die Frage nach Fernsehflimmern bis in die Puppen ohnehin nicht. Der frühe Vogel pickt den Wurm, und als »early bird« bin ich in aller Herrgottsfrühe aus den Federn, getrieben von Freude auf den neuen Tag und von Tatkraft beseelt. Zur Entspannung zählen, gewissermaßen als tägliches Muss, Saunabesuche mit anschließender Lektüre des Hamburger Abendblatts. Höchstens zweimal die Woche sind wir abends draußen auf Tour, bei öffentlichen Einladungen oder zum Essen mit Freunden. An den anderen Abenden schätze ich das traute Heim, die Ruhe mit meiner Frau und den Frieden mit mir selbst. Früher war das ganz anders, da war ich ständig auf der Piste. In dieser Beziehung habe ich mich ausgetobt, so dass ich heute nicht mehr das Gefühl habe, etwas zu vermissen. Denn wer viel gesehen und eine Menge mitgemacht hat, kann die Muße doppelt genießen.

Aber Müßiggang ist aller Laster Anfang und Muße ohne Disziplin für mich undenkbar. So steige ich zum Beispiel jeden Morgen auf die Waage, stets pendelt sich der Zeiger zwischen 73 und 74 Kilogramm ein. Tatsächlich habe ich es geschafft, mein Gewicht seit 1972 zu halten. Das ist in erster Linie, na klar, eine Frage des Wohlfühlens und der Gesundheit. Abgesehen davon wären ständige Kilowechsel mir auch viel zu teuer. Im Gegensatz zu meinen Schuhen, die ich in gewöhnlichen Kaufhäusern erwerbe, lasse ich mir meine Anzüge nach Maß schneidern. Seit mehr als 30 Jahren bei Norton & Sons in der Saville Row in London.

Und weil mich alle immer auf meine Kopfbedeckung ansprechen, mit der ich zur Rennbahn gehe, möchte ich hier endlich einmal klarstellen: Ich hänge außerordentlich an diesem alten Stück. Ein brauner britischer Offiziershut, der von den Soldaten aber zivil getragen wird. Ich habe ihn vor einem Vierteljahrhundert in England gekauft und trage ihn eigentlich nur auf der Derbybahn in Hamburg-Horn. Früher trug ich einen Bowler, nun ist es eben dieser Offiziershut. Mir gefällt das. Als ich ihn während des Derby-Meetings einmal nicht auf dem Kopf hatte, stand diese »weltbewegende« Neuigkeit sofort in der Zeitung.

Das aber nur am Rande, zurück zum gesunden Leben. Dazu zählen auch Spaziergange im Garten, hinunter an die Elbe. In trautem Zwiegespräch mit meiner vierbeinigen Freundin Emma, einem »mixtum compositum« auf der Basis eines Jack-Russell-Terriers. Freunde haben ihn mir 2001 aus Irland mit nach Hamburg gebracht. Unser treuer Schäferhund Tarzan war gerade erst gestorben, im stolzen Alter von 17 Jahren. Davor war Alois alias Loisi über 14 Jahre unser stetiger, lieber Begleiter.

Beim Spaziergang mit Loisi, Tarzan oder jetzt auch Emma kommen mir die besten Ideen. Nicht nur unternehmerischer oder kaufmännischer, sondern bisweilen auch technischer Art. Ich kann es dann gar nicht mehr abwarten, zu Hause meinen Bastelkeller oder die Tüftelstube in der Firma aufzusuchen und von Theorie auf Praxis umzuschalten.

Ich breite diese privaten Details hier gern aus. Letztlich habe ich nichts zu verbergen, im Gegenteil. Wer mich kennt, kann bestätigen, dass ich weit entfernt vom Naturell eines Oberlehrers bin. Dennoch denke ich manchmal, dass es gerade den Jüngeren nicht schaden könnte, sich über gewisse Erfahrungswerte der älteren Generation Gedanken zu machen und bewährte Lebensregeln nicht flugs zu ignorieren, sondern kritisch zu überprüfen. Meines Erachtens können Toleranz ausländischen oder anders eingestellten Mitmenschen gegenüber, ein liberaler Geist in Politik wie Wirtschaft, aber auch Tugenden wie Anstand, Treue und Fairness die Schlüssel zu einem besseren Zusammenleben sein.

Meiner Mentalität entspricht es mehr, mich diskret zurückzuhalten. Das Virus der Selbstdarstellung keimt in mir nicht. Ich habe die Medien nie gezielt gesucht, bin aber auch nie vor ihnen weggelaufen. Ich stelle mich der Gesellschaft und dem öffentlichen Leben und ziehe mich nicht hinter hohe Zäune zurück. Ich akzeptiere die Pflicht der Medien für Berichterstattung und Reportagen, ich toleriere sogar Auswüchse in den Klatschspalten, wenn es nicht zu weit in die Intimsphäre geht. Das passt allerdings ins schrille Bild marktschreierischer Zeiten, in denen so genannte Prominente ihr Sexualleben öffentlich zur Schau stellen und damit gutes Geld verdienen. Oder die Mediensuche nach den »größten Deutschen aller Zeiten«, bei denen ein cleveres Kerlchen namens Küblböck oder so weit vorne rangiert und Denker wie Dichter mit Weltgeltung hinter sich lässt. Diese Tendenzen registriere ich mehr mit

Belustigung und Humor als mit Frust oder Verdruss. Diese Trends kommen und gehen, am Ende bleibt nichts von ihnen bestehen. Schwamm drüber ...

Ich selbst stand während meiner wilden Zeiten des Öfteren im Fokus der Gesellschaftsreporter. Oft war mir sehr recht, dass sie bei unseren Feiern auf St. Pauli oder im Reitstall nicht Mäuschen spielen konnten. Hier war Diskretion stets erste Darboven-Pflicht. Andererseits hatte ich nie Probleme mit dieser Zunft. Es gibt viele Profis darunter, die ihren Job erstklassig erledigen. Chapeau! Letztlich wird das Volk mit dem gefüttert, wonach es verlangt. Ich persönlich habe die Berichterstattung über mich nie verfolgt. Es hat mich weder glücklich gestimmt noch belastet, ich habe auch keinen Wert darauf gelegt, es war und ist mir schlicht egal. Wenn ich irgend kann, laufe ich vor öffentlichen Auftritten davon. Wie oft wurde ich schon zu Talkshows oder anderen Fernsehrunden eingeladen, so etwas meide ich mit großem Erfolg. Als guter Kaffeeverkäufer jedoch weiß ich ganz genau, welche immense Bedeutung und Einflussnahme die Presse heutzutage hat. Und eben hier gehört gutes Klappern zum Handwerk, das haben schon meine Vorfahren gewusst.

Also habe ich mich eines Tages auch von unseren PR- und Marketingstrategen überreden und sogar überzeugen lassen, im Werbefernsehen aufzutreten. Lange Zeit war mir das ein Graus, und ich war heilfroh, dass mein Onkel diese Rolle so vorzüglich spielte. Wenn ich an seine legendären Auftritte mitsamt Bowler denke, wie er den hanseatischen Kaffeekaufmann perfekt symbolisierte, befällt mich allergrößtes Vergnügen. Diese Art von Werbung steht einem mittelständischen Familienbetrieb mit Bodenhaftung und privatem Charakter bestens zu Gesicht. So optimal, dass ich mich eines Tages gar nicht mehr wehren konnte, persönlich vor die Kamera zu treten. Ich habe akzeptiert, dass wir unsere Produkte auf diese Weise besser verkaufen können. Das hatte ich schon eingesehen, als ich dem Druck meines Konterfeis auf unseren Verpackungen zustimmte. Alles andere wäre ein falsches Signal gewesen, nach innen wie außen. Nach außen, weil der Boss meiner Einstellung nach nun einmal mit Haut und Haaren für seine Sache einzustehen hat, nach innen, weil die Mitarbeiter durch solchen wirklich hundertprozentigen Einsatz ebenso zu Höchstleistungen motiviert werden können. Wenn jeder alles gibt, kommt am Ende auch etwas Außerordentliches heraus. Da konnte ich mich nicht zu Hause auf dem Sofa verstecken. Außerdem, ich bekenne es erstmals, war ich seinerzeit der Anstifter, dass mein Onkel diese personifizierte Werbung bestritt.

Und im Endeffekt spiele ich in diesen Spots ja keine Rolle, sondern stelle das ganz normale Geschäftsleben dar. Das ist doch keine Nummer, die ich da öffentlichkeitswirksam abziehe, das ist Realität. Ich bin tatsächlich ein Kaffeeverkäufer mit Herz und Seele, dafür stehe ich seit Jahrzehnten ein, ich bin der Unternehmer – und Kaffee ist meine Welt. Wir drehen diese kleinen Filmchen nicht auf Hawaii oder in einer Wüstenoase, sondern in Hamburg. Auch in der Firma oder auf meinem Privatgrundstück. Das ist nicht die Bohne aufgesetzt, da ist alles echt, wie bei unserem Kaffee. Ja ehrlich, ich kann richtig in Fahrt kommen, wenn ich über diesen Grundsatz philosophiere. Wenn der Namensträger selbst in die Bütt geht, wächst naturgemäß das Vertrauen des Verbrauchers in das Produkt. So einfach ist das. Heute habe ich sogar viel Spaß bei der Angelegenheit und bin zeitweise ins Lager der Drehbuchautoren gewechselt. Auch ein Teil der aktuellen TV-Werbung stammt aus meiner eigenen Kreativkiste. Wie gut, dass uns die Verkaufszahlen Recht geben.

Als CIA-Agent im Visier der Stasi – Hello, I'm Siegfried!

&

Verkaufszahlen? Das ist typisch: Da hatte ich mir als Stichwort eben den »Schnaps« und nicht den »Dienst« notiert, schon lande ich über Umwege doch wieder bei der Firma. Das ist wohl so, wenn man Hobby, Familie und Beruf so intensiv verquickt, wie dies in facettenreicher Kombination bei mir der Fall ist.

Von daher bin ich eigentlich nie richtig reif für die Insel, wie es bei anderen Unternehmern der Fall sein mag. Was nicht bedeutet, dass ich die Insel nicht zu schätzen weiß. England ohnehin, kein Wunder bei meinem leicht anglophilen Touch. Unabhängig davon habe ich seit Jahrzehnten intensiven Bezug zu der einen oder anderen kleinen Insel.

In dem ersten Fall sogar mit geheimdienstlichem Hintergrund. Zumindest nach der Phantasie der wahnsinnigen Machthaber der ehemaligen DDR. Denn zu meiner Betroffenheit führte die Stasi eine recht umfangreiche Akte mit meinem Namen. Informant der ostdeutschen Spitzel war ein so genannter IM Siegfried, zu meinem noch größeren Entsetzen offensichtlich eine Person aus meinem direkten Umfeld. Weil er Details wusste, die Außenstehende gar nicht kennen konnten. Ich meine heute zu wissen, um welchen charakterlosen Denunzianten es sich handelt, doch ist es unter meiner Würde, ihn auf dieses Thema anzusprechen. Er wird schon ahnen, dass ich ihn als IM Siegfried entlarvt habe. Und sollte er diese Biografie lesen und an dieser Stelle über ebendiese Zeilen stolpern, möge er vor Scham in den Erdboden versinken. Dabei kann ich nur über ihn lachen, weil er so kleinkariert und dumm war, völlig falsche Schlüsse zu ziehen. Die folgende Story ist von so hanebüchenem Schwachsinn, dass sie ein beredtes Licht auf das Niveau der Stasi und ihrer Spitzel wirft.

Hintergrund der nach DDR-Wahn angeblichen Geheimdienstaktionen war der Kauf einer kleinen Seychellen-Insel anno 1969 gemeinsam mit zwei Hamburger Freunden. Jeder von uns legte für das 45 Hektar und drei, vier Häuser umfassende Eiland 100 000 Mark auf den Tisch des Inselhändlers Vlady. Uns erschien das kein übermäßiger Preis zu sein für ein derart exklusives Urlaubsdomizil auf diesem paradiesischen Fleckchen Erde. Nur hatten wir damals keine Ahnung von der strategischen Position der Seychellen für die große Weltpolitik. Wenn auch nur die Hälfte der Spekulationen zutrifft, ist es eine Geschichte mit irrsinnigem Hintergrund.

US-Kriegsminister Wilson, seinerzeit mit der Befreiung der amerikanischen Geiseln in Teheran befasst, hatte die Seychellen als möglichen Rückzugsort für das geheime Aufklärungs- und Befreiungskommando vorgesehen. Die Inselgruppe im Indischen Ozean galt zu Recht als uneinnehmbar, besonders für iranische Truppen. Vor oder nach einem Einsatz im Iran hätte man die Insel also hervorragend nutzen können. Zum Beispiel zur Stationierung eines Flugzeugträgers. Ein Problem für die US-Militärs war allerdings die Unberechenbarkeit des Seychellen-Machthabers René Albert. Dieser, ein Bursche durchaus eigenwilligen Kalibers, der sogar mit dem nordkoreanischen Militär paktierte, übernahm nach der territorialen Unabhängigkeit der Seychellen 1975 die Regierung. Und zwar gewaltsam aus den Händen Jimmy Manchams, des früheren Gouverneurs der einstigen Kronkolonie. Dieser wiederum suchte Unterstützung bei höchst dubiosen Partnern wie zum Beispiel den afrikanischen Despoten Idi Amin und Mobuto oder dem internationalen Waffenhändler Kashoggi. Verständlicherweise weckte diese Art der Politik besonders in England und in den Vereinigten Staaten Argwohn höchster Potenz. Und als sich dann drei an sich harmlose Hamburger Jungs in der Region einkauften, wähnten die grandiosen Politexperten der Stasi in Ost-Berlin Verwicklungen und Strippenzieher erster Güte. Ihr Verdacht: Wir seien Agenten im Auftrag des Pentagons und der CIA. Herzlichen Glückwunsch! Wir drei waren happy, als wir die Insel schließlich zum Einkaufspreis wieder losschlugen. Den nächsten Urlaub habe ich dann lieber in der Karibik gemacht.

Mit den Machthabern der ehemaligen DDR hatte ich sonst nichts zu tun, politisch war das nun wirklich nicht meine Welt. Auch wenn ich stets an die Wiedervereinigung Deutschlands geglaubt habe, allerdings nicht in dem Tempo, mit dem sich letztlich alles vollzog. Ein Grund mehr übrigens, warum ich Helmut Kohl für einen der ganz großen Politiker des letzten Jahrhunderts halte. Was man von seinem Nachfolger, wie ich finde, nicht unbedingt sagen kann. Nun denn. Auf jeden Fall gab es eigentlich nur zwei Mal direkte Kontakte zu einem der SED-Fürsten.

Erstmalig zu einer Zeit, als Willy Stoph noch für eine Staatsfirma im Bereich Bergbau/Handel tätig war. Es ging um die Ausstattung der ostdeutschen HO-Läden mit Bohnenkaffee made in Hamburg. Ohne massive Geldzuwendungen auf irgendwelchen Nebenkanälen lief da aber gar nichts; so nahmen wir lieber Abstand von Geschäften solcher Art. Womit bewiesen war, dass die DDR-Bonzen schon damals moralisch von sehr zweifelhafter Qualität waren. Von wegen Idealismus, von wegen Politik für Menschen.

Das zweite Treffen mit Willy Stoph, in der Zwischenzeit zum DDR-Staatsratsvorsitzenden aufgestiegen, war indirekter – und amüsanter. Die harten Mauerzeiten waren schon in vollem Gange, und Anlass war eine Einladung zum dortigen Galoppderby in Hoppegarten, dem Preis der DDR. Gemeinsam mit meinen Freunden Manfred Prinz zu Bentheim und Horst-Herbert Alsen, Letzterer standesgemäß mit Bowler behütet, reisten wir zu diesem Wettstreit der Vollblüter in den Osten Berlins. Die stumpfen Blicke der Parteibonzen auf der Ehrentribüne werde ich mein Lebtag nicht vergessen; umso inniger und lebendiger war der Kontakt zum Turfvolk auf dem Sattelplatz. Auf jeden Fall kam einer von uns dreien auf die Schnapsidee, 150 akkurat umgetauschte Ostmark auf einen Außenseiter zu setzen, der tatsächlich siegte. Wir gewannen ordentlich DDR-Geld und investierten einen Teil davon an der Cognacbar. Das klarte die etwas trübe Stimmung zusehends auf. Das sind Geschichten, die das Leben schreibt.

Wie auch jene, die mich auf die Trauminsel St. Maarten in der Karibik führte. Ausgangspunkt war eine Anfrage der Gräfin von Batthyani, einer mir durch die Jagd und durch den Turf verbundenen Freundin. Ob ich nicht Interesse hätte, ihre Farm in Uruguay zu kaufen? Sie züchtete dort Rinder und baute Getreide an. Mit meinem Faible für diese Region im Allgemeinen und für den Polosport im Besonderen sei das doch prädestiniert für mich. Neugierig machte ich mich auf den Weg – und gönnte mir einen kurzen Abstecher nach St. Maarten, einem ganz besonders idyllischen Eiland mit Niederländisch als Amtssprache.

Vor Edda und mir, direkt am Meer, lag ein Traum von Haus mit kleinen Türmchen, ein weißer Palazzo vom Allerfeinsten. Eine Augenweide in italienisch-maurischem Stil. Besitzerin war eine Frau mit Riesenbrille, die meine Neugierde weckte. Der Rest ist rasch erzählt: Bye-bye Hazienda, willkommen im Ferienhaus, in dem wir uns möglichst zweimal im Jahr aufhalten. Haushälterin ist eine Frau von Format, eine Persönlichkeit namens Joan O'Brian, eine Perle der Karibik. Sie kocht wie eine Göttin; und da Zuneigung bekanntlich durch den Magen geht, bin ich gern als Patenonkel ihrer Enkelin in Amt und Würden.

Wer nun allerdings ein fideles Gesellschaftsleben von uns erwartet, den muss ich enttäuschen. Mit Rotary ist nichts, mit Smoking-Empfängen meist auch nicht, ich weile dort in privater Mission. Dort erwacht der zweite Atti in mir. Vor allem dann, wenn's raus aufs Meer zum Hochseefischen geht. Meistens nehme ich einen Fischerjungen mit an Bord und lerne so die besten Tricks. Als spezieller Köder dient ein präparierter Fisch, der vor Ort von Japanern und Koreanern verkauft wird. Gefischt wird weit draußen in 150 Meter Tiefe, quasi auf dem Grund. Mit einem Boot, das mit einer kleinen Kabine ausgestattet ist und über zwei Motoren mit je 150 PS verfügt, die stabil genug sind, um allen möglichen Turbulenzen zu widerstehen. Was auch notwendig ist, weil wir nicht eben mal kurz rausfahren, sondern meist den ganzen Tag über auf hoher See sind.

Von wegen ausschlafen also. Um 7 Uhr schrillt der Wecker, um Punkt 8 Uhr ruft meine Sekretärin aus Hamburg an, dann wird zehn Minuten gearbeitet. Um 10 Uhr wird abgelegt, und vor 20 Uhr bin ich selten zurück. Ein paar Mal reichte das Benzin am Ende nicht. Die letzten drei bis vier Kilometer mussten wir den Antrieb übernehmen – mit voller Kraft voraus, schwimmend, das Boot vor uns herschiebend. Einmal beobachtete meine Frau das leere Boot von der Terrasse unseres Hauses aus. Vermutlich dachte sie im ersten Moment, das Abendessen allein verbringen zu müssen – und nicht nur das. Schließlich entdeckte sie aber die beiden wackeren Schwimmer und schmiss den Grill an. Fast immer sind es exotische maritime Leckerbissen, die wir mit an Land bringen und in unserer Tiefkühltruhe unterbringen. Einmal war sogar eine kleine Haiart dabei. Die Haut habe ich gerben lassen und als Oberteil für meine Lederschuhe verwendet. Wer genau hinsieht, wird also nun wissen, was da ein wenig schuppig glänzt. Damit wird eine Reparatur beim Schuster so schnell gewiss nicht nötig. Aus einem anderen Stück gegerbter Haihaut habe ich mir selbst ein sehr individuelles Brillenetui gefertigt. Im Bastelkeller zu Hause war das ein Kinderspiel. Ich habe kleine Löcher gebohrt und beide Klappen mit Fischgarn verbunden. Ich vermute mal, dass es ein solches Brillenetui nur einmal auf der Welt gibt. Zumal es sich um eine schöne Erinnerung handelt, an der ich mich jeden Tag erfreuen kann.

Raubritter der Marktwirtschaft –
feindliche Übernahmeversuche

&

Manchen Tag sitze ich dann in meinem Kontor am Pinkertweg, wiege dieses Etui in meinen Händen, erinnere mich an aufregende und entspannende Angelstunden vor St. Maarten und wäge die Unternehmenspolitik ab. Wie ich schon an einigen Stellen andeutete, gab es nicht selten Momente, in denen Stärke und Unbeugsamkeit gefragt waren.

Unter anderem und in ganz besonderem Maße Ende der 70er- und Anfang der 80er-Jahre, als wir auf dem Einkaufszettel einiger Konkurrenten standen, die mit prall gefüllter Kriegskasse auszogen, um sich im immer härter werdenden internationalen Verdrängungswettbewerb gestärkt zu positionieren. Zu diesen »Raubrittern« der Marktwirtschaft gehörten die Firmen Douve-Egberts, Kaffeeriese in Holland, Mercure aus Bern sowie Jacobs und Nestlé.

Auch für mich war es ein spannendes Kapitel, wie solche nicht unbedingt freundlichen Übernahmeversuche realiter aussehen. Da wir eine Firma in Privatbesitz sind und keine Aktien auf dem freien Markt verkaufen, kommt eine feindliche Übernahme im klassischen Sinn nicht in Frage. Das funktioniert anders.

Eines Mittags fand ich eine Telefonnotiz vor. In unserer Zentrale hatte sich ein Mann aus der Nestlé-Marketingabteilung gemeldet. Ob man nicht mal so allgemein reden könne. Über den Markt an sich, über gewisse Konstruktionen, die beide Seiten weiterbringen könnten. Wie es so schön heißt. Immerhin verfügte unsere Firma mit ihren Flaggschiffen Idee Kaffee, Mövenpick und Eilles über einen erstklassigen Ruf. Da Reden und Zuhören bekanntlich nichts kosten und stolze Ignoranz auch als Eigentor enden kann, saß ich wenig später im Büro der Deutschlandzentrale von Nestlé Herrn Rüschen, einem Vorstandsmitglied, gegenüber.

Ich war gut vorbereitet, hatte ich doch immer auf diesen Moment gewartet. Er musste einfach irgendwann kommen. Überall in der Kaffeewelt schluckten die Großen die Kleinen. Der Markt wurde immer enger, der Wettbewerb immer härter. Nun war ich die Zielscheibe, so war halt das Geschäft. Und immer noch ist es besser, als gesuchter Gesprächspartner am Verhandlungstisch zu sitzen als in Form eines Bittstellers, der allein nicht mehr kann. Es hatte sich doch bezahlt gemacht, dass wir den hanseatischen, den finanziell soliden Weg gegangen waren. Eben nicht zu viel riskiert und am Ende alles verloren hatten. Nun saß ich mit blütenweißer Weste am Nestlé-Tisch. Und irgendwie fühlte ich mich frei, sehr frei sogar.

Doch so gut ich auch vorbereitet war, so betroffen war ich von dem Angebot. Man offerierte mir weit mehr als 200 Millionen Mark. Das war vor 25 Jahren eine Unmenge Geld. Grübelnd fuhr ich zurück nach Hause. Beziehungsweise in die Firma, aber das ist nach meinem Empfinden oft identisch. Es gab im Leben auch Angebote, die man nicht ablehnen konnte, das hatte ich im Fall des Bockhorst-Grundstücks festgestellt. Durfte ich eine so große Geldsumme überhaupt ablehnen? Waren meine Mitarbeiter nicht im Schoße eines Mega-Konzerns langfristig auf der sichereren Seite? Gedanken über Gedanken schossen mir durch den Kopf, als ich im Fond saß und mich von Heini Scheel zurück nach Hamburg chauffieren ließ.

Andererseits, so sagte mein Herz zu meinem Verstand: Was soll ich mit so viel Geld machen? Soll ich in einem goldenen Bett schlafen? Damit kann ich längst noch nicht durchschlafen. Soll ich nur noch von Platintellern speisen, wo mir Fischbrötchen vom Pappteller wie auf der Rennbahn doch so gut schmecken? Soll ich von morgens bis abends Schampus schlürfen, wo ich Kaffee doch viel lieber mag? Soll ich mir eine Mega-Yacht zulegen, wo ich mit der Boston Whaler doch so viel Spaß habe? Nein, antwortete mein Herz dem Verstand. Nein, nein und nochmals nein! Und wieder wägte ich ab. Geld, ausreichend für ein paar Leben in Saus und Braus, auf der einen Seite. Mein Erbe, meine moralische Verpflichtung Arthur gegenüber, mein Herzblut, das Vertrauen meinen mehr als 500 Mitarbeitern gegenüber auf der anderen Seite. Abgesehen davon hatte ich doch nichts anderes gelernt. Sollte ich fortan Däumchen drehen und Gold zählen? Das konnte nicht der Sinn meines Lebens sein. Sollte ich jetzt zurück in den Pinkertweg fahren, die Darboven-Flagge kappen und den Menschen zurufen: »Ihr firmiert ab jetzt unter Nestlé!«? Oder Jacobs? Oder was auch immer? »Nein, nein und abermals nein«, sagte ich laut und entschlossen in die Stille des Autos hinein und schlug heftig auf den leeren Sitz neben mir. Die Entscheidung war gefallen.

Natürlich überlegte ich mir alles noch einmal in Ruhe. Sprach mit Edda, zog Freunde und führende Mitarbeiter zu Rate, ging an der Elbe spazieren, führte mit Arthur Zwiegespräche. Letztlich aber, das war mir klar, musste ich die Verantwortung ganz allein tragen. Wenig später diktierte ich den wohl bedeutendsten Brief meines Lebens. Höflich, aber bestimmt bat ich darum, die Verhandlungen einzustellen.

Das königliche Gefühl der Freiheit – meine unternehmerischen Perspektiven

&

Ich habe diesen Entschluss nie bereut, ganz im Gegenteil. Und es gab noch weitere Übernahmeversuche, teilweise noch massivere und noch lukrativere. Das Nestlé-Angebot war auf dem Kaffeemarkt bekannt, daher darf ich darüber sprechen. In anderen Fällen schweigt der ehrbare Kaufmann. Ich darf aber so viel verraten: Immer wieder kamen und kommen Offerten. Mal direkt, mal indirekt, zumeist über Unternehmensberater. Man soll niemals nie sagen, doch steht die Entscheidung fest – zumindest so lange, wie ich das Sagen habe. J. J. Darboven bleibt so, wie die Firma immer war – hanseatisch, frei und unabhängig. Zumal sich in unserer Zunft herumgesprochen hat, dass da im Norden Deutschlands ein paar ganz sture Dickschädel ein verdammt erfolgreiches Unternehmen führen. Und ehrlich gesagt, für mich ist das ein echtes Kompliment!

Kommt es auf dem Weltmarkt oder in der Wirtschaft hier zu Lande nicht zu außerordentlichen Einbrüchen, stehen wir in der Tat stabil da. Insgesamt arbeiten derzeit rund tausend Mitarbeiter für die Firmengruppe, davon 350 in Hamburg. Der kaufmännische Führungsstab umfasst 50 Personen. Die Familien-AG steht auf zwei Pfeilern, 25 Prozent besitzen Herbert Darboven und dessen Nachfolger Arndt und Behrendt, 75 Prozent gehören mir. Als geschäftsführende Gesellschafter stehen mein Sohn Arthur und ich an der Front und in der Verantwortung. Die J. J. Darboven Holding besteht aus drei Vorstandsmitgliedern, Herrn Luc de Vries, meinem Sohn und mir. Ich nehme für mich in Anspruch, die Zügel in der Hand zu haben, ich handele aber alles andere als nach Gutsherrenart. Auch fühle ich mich keineswegs als Herrscher aller Reußen. Wir sind ein starkes Team, in dem Professionalität und Sachverstand das Sagen haben. Zu diesem Team zählen fünf Unternehmenseinheiten mit mehreren Geschäftsführern: J. J. Darboven in Hamburg, Burkhof in München, Eilles in Nürnberg, der Office Coffee Service, Darboven international, deren Beteiligungen geparkt sind.

Ein ganz starker Firmenpfeiler neben den Aktivitäten im Lebensmittelhandel und in der Gastronomie ist eben dieser Office Coffee Service, den ich 1992 gegründet habe. Das Prinzip ist denkbar einfach. Wir organisieren den kompletten Kaffeeservice in der Firma; die Belegschaft kann sich um die eigentliche Arbeit kümmern. Niemand geht mal eben schnell um die Ecke, um Kaffee zu kaufen, keiner brüht das Mehl in einer kleinen Kaffeeküche hinterm Vorhang auf, alle Nachbestellungen sind organisiert. Für eine Gebühr von 65 bis 72 Euro monatlich übernehmen wir das gesamte Paket. Wo sonst alle rumgepütschert und insgesamt viel Zeit vertrödelt haben, läuft jetzt ein professioneller Service. Zum Paket gehören natürlich Darboven-Kaffee und Filtertüten plus Milch, Zucker und Kekse. Die Maschine selbst kostet nichts, sie ist ebenso wie der Service zwei bis drei Mal im Monat in der Preispauschale enthalten. Ist ein Paket verbraucht, reicht ein kurzer Anruf, dann bringt unser Team ein neues. Das rechnet sich für Büros zwischen 12 und 60 Mitarbeitern.

Aufgebaut wurde dieser Bereich von einem Top-Mann, der von der Konkurrenz kam. Mehr als hundert Mitarbeiter, mehrheitlich hoch motivierte Frauen übrigens, sind für den Office Coffee Service im Einsatz. Der Vertrieb läuft ausschließlich über Fixgehalt und Provision. Keine Leistung, kein Geld. Es ist ein sehr einfaches Prinzip, das gut läuft. Fast alle Mitstreiter verbuchen durchaus stattliche Einkünfte. Mehr als 13 000 unserer Maschinen stehen bundesweit in den Büros, und zwölf Jahre nach dem Markteinstieg können wir nicht ganz ohne Stolz feststellen, dass wir eine Art Marktführer in diesem Segment sind.

Bei so einem Marsch nach vorne verleiht uns das Leistungsprinzip Flügel. Denn in einem mittelständischen Betrieb muss natürlich auch der Einsatz stimmen, sonst können wir sofort nach Hause gehen. Das weiß auch jeder, der bei uns anfängt. Auf der anderen Seite garantieren wir einen sicheren Job in einem interessanten und vor allem menschlichen Umfeld. Sonst würden die Kollegen ja wohl kaum ihr halbes Leben oder länger bei uns bleiben.

Mit dieser Einstellung, Leistung und Menschlichkeit zu verbinden, sind wir nach der Wiedervereinigung auch in den ostdeutschen Markt gegangen. »Mit Herz und Sympathie« lautete unsere Devise, und so sind wir aufgetreten – mit Verständnis, nicht als arrogante Besserwessis. Entsprechend war das Ergebnis auf die Anzeigen, die wir zwischen Rostock und Gera geschaltet hatten. Einzige Bedingungen für künftige Mitarbeiter: Spaß, Leistungsbereitschaft, Führerschein. Mehr als 2000 Bewerbungen gingen ein, damit hatten wir nicht einmal ansatzweise gerechnet. 50 von ihnen wählten wir schließlich aus und trainierten sie zwei Wochen lang in Hamburg, dann wurden sie fest eingestellt. Was so simpel klingt, trägt außergewöhnliche Früchte – für beide Seiten. Alle 50 Frauen und Männer sind geblieben und arbeiten mit Begeisterung und großem Erfolg. Im Gegenzug haben wir keinen einzigen Wessi in die neuen Bundesländer geschickt.

Das hatte ich mir während der Wendetage geschworen. Hatte ich dieses politische Wunder Jahre zuvor noch für absolut unmöglich gehalten, waren erste allgemeine Auflösungserscheinungen meines Erachtens schon vor 1989 zu spüren gewesen. Meine Vermutung, damals im Freundeskreis geäußert: »Ich wette, dass der Weg der DDR-Bürger über Budapest in die Freiheit führt.« Und als die Botschaften in Ungarn und in Prag ihre Grenzen öffneten und in Ostdeutschland der Kommunismus wie ein Kartenturm zusammenfiel, saß ich stundenlang gebannt vor dem Fernseher. Eine Befreiung in Frieden, was kann es Gewaltigeres geben. Wohl erst in Jahrzehnten werden die Deutschen begreifen, von welcher historisch einmaligen Dimension die Geschehnisse um den 9. November herum geprägt waren. In den Tagen danach reiste ich, gespannt wie ein Flitzebogen, nach Berlin. Wir mussten noch Pässe vorzeigen, aber jedem war klar, dass auch hier bald Schluss mit der bürokratischen und menschenverachtenden Manier sein würde. Im Westen und Osten der wiedervereinigten Stadt atmete ich begeistert die urplötzlich ganz andere Berliner Luft ein.

Und, ganz offen gesagt, mir wird übel, wenn ich heute die gegenseitigen Vorbehalte höre. Die hohen Prozentzahlen für den SED-Nachfolger PDS sind mir ebenso ein Rätsel wie der angebliche Wunsch einiger Egoisten, die Mauer wieder zu errichten. In unserem Unternehmen hat dieses grauenhafte Wessi-Ossi-Denken nie eine Chance gehabt, dazu habe ich viel zu viel Respekt vor der Würde und den Erfolgen unserer Landsleute. Diese Erfolge kann ich sogar schwarz auf weiß nachlesen. Unsere Niederlassungen in Rostock, Leipzig, Dresden, Gera und Magdeburg schreiben exzellente Zahlen. Wieder einmal hat sich dabei bewiesen, welche enorme Rolle das Image für ein Produkt spielt. Obwohl in der DDR vier Jahrzehnte nichts los sein durfte in Sachen Darboven-Kaffee, hat unser Kaffee dort einen sagenhaft guten Ruf. Seit Generationen, das konnte auch eine Diktatur offensichtlich nicht ausradieren. Dabei sind es keinesfalls nur die älteren Menschen in den neuen Bundesländern, die Idee Kaffee oder unsere anderen Sorten kaufen. Auch bei den jungen Leuten sind unsere Bohnen in vieler Munde. Da wurde während der DDR-Zeit also fast eine Generation übersprungen, und trotzdem schätzen sie den Kaffee mit dem Slogan »Aus Freude am Leben«.

Ich darf in diesem Zusammenhang noch einmal an das geänderte Logo erinnern. Das eine, mit der Weltesche im Mittelpunkt, entwickelt von meiner Mutter 1903/04, war mir persönlich zu weit weg vom Kaffee, so dass ich Mitte der 80er-Jahre die liegende Bohne in Form eines großen D einführte. Dass trotz dieser Korrektur auch in den neuen Bundesländern der Zuspruch groß ist, bestätigt die Entscheidung von damals. Was mir wiederum Freude am Leben bereitet, und an der Arbeit ebenso. Das ist für mich aber fast identisch. Was kann es Schöneres geben, als das Hobby zum Beruf zu machen?

So freue ich mich schon morgens während der Anfahrt auf meinen Rundgang durch den Betrieb. Kurz nach halb neun Uhr geht's von meinem Kontor im ersten Stock des Verwaltungsgebäudes aus los, die Mitarbeiter kennen das schon. Erste Station ist immer der Mahlraum, in dem gigantische Apparaturen die Bohnen zu Mehl verarbeiten. Wie alles bei uns basiert auch diese Abteilung auf High Tech, so dass wir auch in dieser Beziehung fit sind für die Zukunft. Chef im Mahlraum ist Günther Markmann, auch schon schlappe 36 Jahre an Bord. Gleich zum Start meines Rundgangs gibt es eine kleine Vitaminspritze, weil Günther Markmann für mich immer frische Äpfel aus seinem Garten mitbringt. Außerdem spielen wir beide immer zusammen Lotto, schon so lange, wie ich denken kann. Einmal war sogar ein Volltreffer dabei: 15 000 Mark! Vor Günthers Rentenzeit können wir gar nicht mehr ins Minus kommen, das beruhigt.

Auch die anderen Mitarbeiter kenne ich seit Jahren, fast alle mit

Namen. Ganz klar, dass sich da über kurz oder lang ein gutes Verhältnis aufbaut. Ein paar fachliche Anmerkungen hier, ein privater Schnack dort, das ist mein Leben, hier kenne ich mich aus. Mancher Besucher wundert sich über das angenehme Betriebsklima und die Sauberkeit selbst in den Verpackungs- und Lagerhallen. Auf beides lege ich größten Wert. Denn wenn es im Inneren nicht stimmt, wie soll es dann außen klappen? Außerdem glaube ich ganz fest an den Grundsatz: Wer zu Hause alles im Lot hat, kann auch außerhalb der eigenen vier Wände glaubhaft Optimismus verbreiten.

Mein Weg durch die Firma führt mich natürlich auch in das Probenzimmer. Hier ist es für mich Pflicht wie Kür, ein paar frisch aufgebrühte Bohnenmischungen zu kosten. Das habe ich früher als junger Mann gelernt, das habe ich selbstverständlich heute noch drauf. Gemeinsam mit meinen Kollegen wird dann entschieden, welche Sorte geordert wird oder von welchem Produkt wir lieber die Hände lassen. Die frisch geernteten Bohnen kommen meist in kleinen Päckchen per Post- oder Luftexpress von unseren Agenten. Schmeckt die Bohne, wird geordert. Zeit für viel Bürokratie bleibt da nicht. Nur der Kurzentschlossene erwirbt gute Partien zum guten Tarif. Habe ich Zeit und warten bei meiner Sekretärin Carin Thiele nicht schon die ersten Besucher des Tages, schaue ich immer auch in der Teeabteilung, beim Marketingchef und in der Entwicklungsabteilung vorbei. Das ist die Bastel- und Tüftelstube, von der ich vorhin erzählte. Hier könnte ich stundenlang werkeln. Leider geht das nur selten, daher muss ich den Job unseren Profis überlassen. Aber die wissen ja sehr genau, was die Zukunft verlangt.

An den Wänden und in den Zimmern hängen Plakate, Packungsmotive und Anzeigen aus den letzten Jahrzehnten. O tempora, o mores! Erstaunlich, wie sich die Gewohnheiten verändert haben, verblüffend, wie sich die Verhaltensweisen der Verbraucher dem jeweiligen Zeitgeist angepasst haben. Geblieben ist die Bedeutung des Kaffees – weniger als Nahrungs- denn als Genussmittel. Wer einen guten Schluck Bohnenkaffee trinkt, hat den Genuss auf seiner Seite. Er kann für einen Moment entspannen, fühlt dabei die anregende Wirkung und gilt im Urteil der anderen als Mensch mit besonderer Note. So gesehen sind wir damals wie heute Markenartikler. Der Verbraucher hat Vertrauen in unsere Marke und verbindet den Namen Idee oder Darboven mit Lebensqualität.

Und wenn es keine Qualität mehr gibt und auch keinen Genuss, ist die Freiheit bald im Eimer. Ich stelle die These auf, dass in guten Tagen eine liebevoll zubereitete Tasse Kaffee sehr viel besser schmeckt als das identische Produkt an einem hektischen, ärgerlichen Tag, einfach nur so nebenbei runtergekippt. Womit bewiesen wäre, dass Genuss, Lebensqualität und die Güte der Marke eine Einheit bilden. Auf diese Erkenntnis baut unsere Firma. Wir widerstehen dem Einheitsbrei, wir fechten für den individuellen Geschmack. Ein Komponist verewigt seine Gefühle auf Notenpapier, und wir stecken einen Hauch Philosophie mit in jede Kaffeepackung. Vielleicht gibt es anderen Kaffee irgendwo billiger, aber nicht die gleiche, starke Qualität! Ich glaube fest daran: Hat der Mensch Muße zum wirklichen Kaffeegenuss, geht es ihm gut.

238

»Pik König« – Triumph und Tragödie auf vier Beinen

&

Dieses Credo gilt natürlich nicht nur für das Bohnengetränk, sondern für jede Form von Genuss. Nichtstun ist aller Laster Anfang, das mag sein. Muße jedoch ist die Krönung der Schaffenskraft, weil man nach erledigten Pflichten viel mehr Sinn für Hobbys und Leidenschaften hat. Es ist das Schönste für mich, nach einem ausgefüllten und erfüllten Arbeitstag auf meinem Gestüt Idee vorbeizuschauen. Ich marschiere dann gern allein über die Koppeln und genieße die Idylle inmitten der Natur. Die Fohlen tollen über die Wiesen, hüpfen wild vor Lebensfreude und suchen dann wieder sanft den Kontakt zur Mutterstute. Hier tanke ich auf und erfreue mich himmlischer Ruhe.

Auch mein Freund Horst-Herbert Alsen schätzte diese Idylle, als wir 1967 gemeinsam das Vollblutgestüt Falkenstein in Hamburg-Sülldorf gründeten. Wir bewunderten unsere erste Zuchtstute »Spin-Drive«; wenn die stolze Pferdedame in den ewigen Jagdgründen wüsste, dass ihr Urenkel »Spontano« später sogar ein hoch dotiertes Gruppenrennen gewinnen sollte. Ein Jahr später setzten wir doppelt auf Sieg. Wir teilten die Stuten auf, Horst-Herbert behielt das bestehende Gestüt, und ich rief das Gestüt Idee ins Leben. Mit den Stallfarben Braun und Orange, was sonst. Beide Gestüte waren in Sülldorf untergebracht, aber jeder war sein eigener Herr. Das war eine ideale Voraussetzung, um beste Freunde zu bleiben.

So geschah es dann auch. Und zwar in derart rasanter Manier, dass »Horst-Herbert« sogar zum Seriensieger avancierte. Natürlich nicht mein Freund, sondern der Galopper, den ich meinem Kumpel zu Ehren nach ihm benannt hatte. »Horst-Herbert« gewann den Preis des Hotels »Atlantic« im Rahmen des Hamburger Derby-Meetings für mich – das war mein Premierenerfolg als Vollblutzüchter – und holte sich anschließend den Siegeslorbeer im Fürstenberg-Rennen zu Baden-Baden. Die Sache machte Spaß, und ich begann immer mehr Feuer zu fangen. Diese prickelnde Atmosphäre auf der Rennbahn, diese wilden, rassigen Kreaturen im fairen Wettstreit Kopf an Kopf und das Stelldichein der buntesten Typen auf einem Hippodrom übten damals wie heute eine enorme Faszination auf mich aus. Insbesondere die großen Turftreffen in Hamburg und in Iffezheim ziehen mich in ihren Bann.

Mit dem Vierbeiner »Horst-Herbert« ist übrigens noch eine amüsante Episode verbunden. Eigentlich wollte ich dieses Rennpferd nämlich »Hochwürden« nennen, doch gab es bei der Registrierungskommission im katholischen Köln seinerzeit erhebliche Bedenken gegen diese Namensgebung. Die Befürchtung der Bürokraten: Nachher würde »Hochwürden« als Deckhengst in der Zucht aktiv werden und womöglich prominente Nachkommen zeugen. Nein, das war nicht akzeptabel. Da der Fohlenname und der Name der Mutterstute stets mit dem gleichen Anfangsbuchstaben beginnen müssen, wählte ich eben »Horst-Herbert«. Der gleichnamige Freund, Horst-Herbert Alsen, bedankte sich daraufhin mit ähnlicher Geste. Er taufte einen Galopper »St. Albert«. Dieser schaffte gleich bei seinem ersten Rennen ein kleines Wunder: Zum Entsetzen der Zocker durchbrach »St. Albert« unmittelbar vor dem Start die Box, raste einmal um die ganze Bahn, ließ sich widerstandslos ans Halfter nehmen und erneut in die Box führen – um dann trotz der Ehrenrunde zuvor leicht und locker zu siegen. Danke, »St. Albert«, dieser Kampfgeist hat deinem Paten Albert D. schon imponiert.

Auch sonst gab und gebe ich mir stets Mühe mit den Pferdenamen. Ich wähle gern Bezeichnungen mit symbolischer Bedeutung. Zum Beispiel den Hengst »Pistolero«, der mich an meine wilden Jahre in El Salvador erinnerte, als wir uns selbst wie Pistoleros fühlten und mit dem Colt manchmal einen Hauch zu leichtsinnig hantierten. Ähnlich war die Situation bei der Stute »Pistolera«; und heute habe ich die zweijährige Turflady »Pistola« im Gestüt. Eindeutig ist wohl auch die Bedeutung meines Stars »Moccaprince«, der das Schweizer Derby gewann. Und »Kifti«, benannt nach einem arabischen Märchenerzähler aus dem 13. Jahrhundert, siegte in den orange-braunen Farben des Gestüts Idee bei einem Riesenrennen in Meran, für das ich sage und schreibe 350000 Mark Siegbörse erhielt. Als kleines Dankeschön sponserte ich daraufhin das traditionelle Grünkohlessen des Hamburger Rennclubs, zu dem im Winter auf der Derbybahn die Turffamilie zusammenzukommen pflegt. Es war mir ein Vergnügen!

Doch zurück in die 80er-Jahre. Nach zwei erfolgreichen Jahrzehnten in Sülldorf mit großen Erfolgen, aber auch Momenten enormen Frusts, musste ich zwangsläufig ganz eigene Wege gehen. Horst-Herbert Alsen, der Zweibeiner, hatte erhebliche Probleme mit dem Finanzamt und zog es vor, zwei Jahre im Ausland zu verbringen. Bevor jedoch der Fiskus seine Hand auf alles legte, zog ich lieber Leine und mietete mich im Gestüt Kerbella des Traberzüchters Hannes Gutschow ein. Dieses prächtige Areal unweit der Elbe-Auen, im Schatten eines Leuchtturms gelegen, ist ein Paradies, gut und gern 40 Hektar groß. Ich bezog dort also mit meinem Gestüt Idee Quartier – und habe das bis heute beibehalten. Dort stehen meine Polopferde – einstmals ein Dutzend, heute nur noch zwei – und meine Galopperabteilung. Jetzt, im Frühjahr 2004, sind es vier Stuten, je drei Fohlen und Jährlinge, vier Zweijährige sowie acht aktive Rennpferde, die bei verschiedenen Trainern in Deutschland untergebracht sind.

Ich hatte immer eine recht glückliche Hand bei der Vollblutzucht, die, offen gesagt, alles andere als ein preiswertes Vergnügen ist, doch die Krönung aller Bemühungen bescherte mir 1992 ein Glücksgefühl der Extraklasse. Verantwortlich für diesen Kick war mein damals dreijähriger brauner Hengst »Pik König«. Er stammte aus namhafter Zucht. Mutter war die talentierte Stute »Pikante«, selbst Tochter des Derbysiegers »Surumu« aus dem Besitz meines früheren Kaffeekollegen Walther Johann Jacobs in Bremen. Vater war »Königsstuhl«, der das Blaue Band des Jahrgangsbesten dominiert hatte.

»Pik König« auf jeden Fall schien nur die allerbesten Anlagen geerbt zu haben. Er war ein braves, treues Tier mit Stamina und Charakter, entwickelte im entscheidenden Moment Feuer und zeigte den Rivalen der Rennbahn oft nur die Hufe. »Pik König« sicherte sich im Frühjahr 1992 in Iffezheim das Rivo-Rennen und im Juni in Bremen das Consul-Bayeff-Rennen, den letzten bedeutenden Test vor dem Deutschen Derby selbst. Am Tag des Rennens aller Rennen dann, das jedes Pferd nur ein Mal in seinem Leben bestreiten darf, hatte ich ein gutes Gefühl, obwohl es mit »Platini« und »Colon« klare Favoriten für dieses BMW 123. Deutsche Derby gab. Da ich manchmal aus Spaß ein bisschen wette, aber alles andere als ein Zocker bin, ließ ich das Bare im Portemonnaie. Es war ein grandioses Rennen. »Pik König«, der von Trainer Andreas Wöhler in Bremen auf den Punkt vorbereitet worden war und von Jockey Billy Newnes mit Grandezza gesteuert wurde, lag im Schlussbogen noch im Hintertreffen, wich auf der langen Zielgeraden weit nach außen aus – und schaltete den fünften Gang ein. Ich werde niemals den Jubel der 50 000 Zuschauer auf den Tribünen und an den Rails vergessen. »Pik König« wurde immer schneller, überholte die Konkurrenz im Rush und siegte souverän! Im alles entscheidenden Moment gellte ein einziger Schrei über das Horner Hippodrom. Zum ersten Mal in der langen Geschichte dieses größten deutschen Rennens hatte ein in Hamburg gezogenes und in Hamburger Besitz stehendes Pferd gesiegt.

Ich war stolz wie Bolle, ließ es mir aber natürlich nicht anmerken. Obwohl ich schwer bewegt war, mein Herz wie wild hüpfte und meine Sinne Samba tanzten, blieb ich äußerlich ruhig, hanseatisch eben. Sollte ich wie Rumpelstilzchen über das Geläuf hopsen? Nein. Ich wahrte also Contenance, ergriff ganz ruhig »Pik Königs« Halfter und führte den Hengst zur Ehrenparade vor die Tribünen. Alles, was recht ist, es war schon ein einmaliges Erlebnis an diesem ersten Julisonntag 1992, die stehenden Ovationen der sonst angeblich so steifen Hanseaten zu erleben. Derart beseelt, stach mich selbst dann doch der Hafer. Ich lüpfte meinen braunen Offiziershut und winkte den Turffreunden damit zu. Für meine Verhältnisse war dies ein Gefühlsausbruch sizilianischer Dimension. Als mich später Fernsehmann Addi Furler aus Spaß fragte, warum ich meinen Hut geschwenkt hätte, entgegnete ich: »Aus Freude, nicht um Geld zu sammeln.« Zuvor war ich allein in die Stallungen gegangen, hatte mich beim Personal und den Pflegern bedankt und »Pik König« einige Streicheleinheiten verpasst. Ich werde sein zufriedenes Wiehern nicht vergessen. Abends saßen alle Beteiligten noch im VIP-Zelt bei einem Glas Wein zusammen. Wer jedoch an eine Feier bis in die Puppen denkt, der irrt. Punkt halb zwölf abends lag ich im Bett und träumte von einem der schönsten Tage meines Lebens.

Da ein paar Wochen später einer der bittersten folgte, war es vielleicht auch ganz gut so, dass ich mit beiden Beinen auf dem Erdboden geblieben war. Immer noch fällt es mir ungemein schwer, das folgende Drama sachlich zu schildern, zu schwer war der Schlag. Aber was muss, das muss, wie man an Alster und Elbe sagt.

Schon im Rennen nach dem Derby, dem Aral-Pokal, zeigte sich »Pik König« nervös und leicht gereizt; der englische Gast »Snurge« lief ihm glatt davon. Das Unglück ereignete sich dann beim Großen Preis von Baden im September. Mich selbst hatte es schon zwei Tage vor dem Start erwischt: Am Rande eines Poloturniers in Berlin hatte ich mir eine Salmonellenvergiftung eingefangen und lag in einem Krankenhaus in Baden-Baden am Tropf. Der Chefarzt indes spürte mein Turffieber und ließ mich zum Großen Preis auf die Bahn nach Iffezheim. Dort saß ich mit wackeligen Beinen und zittrigen Händen im Ehrengastbereich und sah das Desaster mit eigenen Augen. Im Schlussbogen kam »Pik König« aus dem Tritt und musste 200 Meter vor der Zielmarkierung angehalten werden. In der Klinik wurde eine Beckenfissur diagnostiziert und, schlimmer noch, eine schwere Schädigung der inneren Organe durch falschen Abfluss des Adrenalins. Acht Tage später musste mein geliebtes Pferd, der stolze Derbysieger »Pik König«, eingeschläfert werden. Man möge mir bitte Details über mein Gefühlsleben im Herbst 1992 ersparen. Ich bitte um Verständnis, aber hier fehlen mir die Worte.

Ich will nur so viel sagen: Ich hatte jahrelang auf diesen grandiosen Derby-Triumph hingearbeitet. Und kaum war das Wunder vollbracht, war alles vorbei. Trotz des wirtschaftlichen Schadens, der bei einem Derbysieger allein wegen der Zucht immer im siebenstelligen Bereich liegt, kam es mir ausschließlich auf das Pferd als solches an. Ich hätte alles Geld nur zu gern im Abfluss versenkt, um meinen »Pik König« wieder auf die Koppel zu locken. Das war unmöglich, und ich konzentrierte mich auf meine alte Losung, möglichst immer positiv zu denken. Heute erinnere ich mich kaum noch an das Ende, sondern mehr an den bravourösen

Auftritt im Blauen Band. Bei der traditionellen Derby-Rede im Jahr darauf würdigte ich die Leistung »Pik Königs«, sparte aber sonst nicht an Kritik. Das war ich meinem Derby-Triumphator und mir selbst schuldig. In offenen Worten prangerte ich die Probleme Doping, Peitschenmissbrauch, Ausbildung und Vermarktung des Rennsports an. Das gefiel nicht jedem; da die Kritik jedoch berechtigt war, erntete ich am Ende dennoch Beifall. Besonders für meine Anregung, im Hochsommer ein europäisches Riesenrennen auszutragen – quasi ein Derby der Derbys mit den Siegern unter anderem aus Frankreich, England, Irland, Italien und Deutschland. Abwechselnd ausgetragen in einem der genannten Länder. Hoffentlich wird das heiße Eisen Doping noch einmal angepackt.

Ich selbst ließ mir später noch eine besondere Würdigung für »Pik König« einfallen. Anlässlich des 100. Idee-Hansa-Preises, dieses von meiner Firma seit Jahren gesponserten Gruppenrennens am ersten Sonntag der Hamburger Derbywoche, ließ ich vom Künstler Koblicek eine Bronzeskulptur anfertigen und dieser vor dem Kaisertor der Haupttribüne einen ehrenvollen Platz zuweisen. In Anwesenheit des damaligen Hamburger Bürgermeisters Henning Voscherau wurde das Denkmal dann eingeweiht. Das ist eine würdige Erinnerung an ein großes deutsches Rennpferd mit Kämpferherz und Charakter.

Ganz anders ist mein Verhältnis zu jenen viel kleineren Vierbeinern, auf deren Rücken ich persönlich zu sitzen pflege. Der clevere Leser ahnt, dass dies die Biege zu meinem zweiten Steckenpferd ist, dem Polo. Auch hier gab mein Freund Horst-Herbert die Initialzündung, ebenso wie Manfred Prinz von Bentheim. Beide waren diesem begnadeten Sport verfallen und schafften es, diesen Bazillus auf mich zu übertragen. Sehr rasch spürte ich, welches Vergnügen das Match mit Schläger und Bambuskugel macht – und welche Adrenalinausstöße damit verbunden sein können. Im Jahre 1964 entschloss ich mich, dem Polosport intensiv nachzugehen, und importierte geeignete Pferde aus Ungarn. Die richtigen Polopferde aus Mittel- und Südamerika habe ich erst in späteren Jahren angeschafft.

Und so mühte ich mich voller Leidenschaft, registrierte jedoch schnell, dass es beim Polo genauso ist wie beim Erlernen einer Sprache. Die wahre Dimension und Schönheit begreift man erst, wenn man auch die Grammatik beherrscht. Folglich bat ich einen Lehrmeister um Nachhilfe, und zwar den besten, der zu haben war: Hugh Dawny, Offizier der Britischen Rheinarmee und passionierter Polospieler. Sein Vater hatte das Empire in Indien repräsentiert, dort den einmaligen Sport der Maharadschas kennen gelernt und Feuer gefangen. Über Vater und Sohn Dawny habe ich ja zuvor anlässlich unseres bemerkenswerten Poloturniers bei Budapest schon eine Menge berichtet. Damals, als wir mit List und Tücke quasi ein Loch in den Eisernen Vorhang schnitten und ein kleines Fanal für die Freiheit setzten. Aber das steht an anderer Stelle.

Zurück zu meinen Polo-Lehrjahren. Während eines Turniers in Düsseldorf, genauer bei einem Glas Scotch abends in einem Partykeller, brachten wir die Absprache unter Dach und Fach. Auf dem Areal des Familiensitzes am Bockhorst hatte ich einen eigenen Poloplatz errichten lassen (dort, wo einst die Hühnerfarm untergebracht war …), und an den Wochenenden kam Hugh Dawny zu Besuch, um mich in die hohe Schule des Polos einzuführen. Wir waren beide in unserem Element und feilten schon morgens beim Frühstück an der Taktik des Tages – immer den Salz- und Pfefferstreuer oder das Marmeladenglas symbolisch hin und her schiebend. Es ging gut voran. 1966 gründete ich die erste richtige Polomannschaft Deutschlands, als Reminiszenz an meine Mittelamerika-Zeit »La Ina« genannt. Nach und nach stellten wir weitere Teams auf: »Atti's Boys«, »Hamburg«, aber auch »Harry's

Boys«. Letztere Namensgebung sollte ein Stück Solidarität und Erinnerung an den passionierten Polospieler und General der Rheinarmee sein, Harry Dasnel-Payne. Diesen Offizier und Gentleman hatte man beim Schmuggeln von Portwein erwischt. Es handelte sich dabei nicht um ein Fläschchen im Handgepäck, sondern um eine halbe Lkw-Ladung. Harry, Schluckspecht und Lebemann, musste die Konsequenzen tragen und die Armee verlassen. So war es auch als ein Akt der Freundschaft zu verstehen, dass wir mit General Dasnel-Paynes Namen auf der Brust spielten. Das beflügelte sozusagen hochprozentig.

Ich verstand es im Laufe der Zeit immer besser, mit der gedrechselten Bambuskugel umzugehen. In Hochzeiten standen zwölf Polopferde in meinen Stallungen, gecoacht wurden sie von Martin Melendez, meinem treuen Mitarbeiter. Auch ihn hatte ich ja schon erwähnt.

Allerdings hatte der Kitzel dieser Freizeitbeschäftigung auch ihren Preis. Ich hatte eine Schocklähmung, etliche blaue Augen und andere Blessuren, die oft mit Hilfe von Nadel und Faden angegangen werden mussten. Aber ein Indianer kennt keinen Schmerz, und ein Hanseat erst recht nicht. Bisher habe ich nach solchen Lappalien immer noch weitergespielt. Auch in der Firma hat sich die Belegschaft längst an einen Chef gewöhnt, der, als Kontrast zu seinem Nadelstreifenanzug, ein formidables Veilchen trägt.

Unter dem Strich überwiegt die Faszination einer Sportsparte, bei der Reisen in exotische Länder dazugehören. Von illustren Persönlichkeiten in den verschiedenen Mannschaften ganz zu schweigen. So spielte ich mehrfach mit und gegen Prinz Charles, wie auch zuvor schon gegen seinen Vater, den Duke of Edinburgh. Bei Duellen in anderen Ländern stand ich bisweilen auch im »Windsor«-Team, zum Beispiel an der Seite meiner späteren Freunde Paul Withers, Lord Patrik Beresford oder dem Marquis of Waterford.

Letzteren besuchten wir ja auch anlässlich unserer Hochzeitsreise. So entstanden Freundschaften, die ein ganzes Leben halten.

Es ereigneten sich aber auch Episoden, die man nie vergisst. Wie jene Reise, die mich nicht nur nach Hawaii und Singapur, sondern überall nach Asien führte. Einmal spielte ich an der Seite der Söhne des Sultans von Pahang gegen das englische Team. Dabei ereignete sich das kleine Wunder, dass unser zusammengewürfeltes Team tatsächlich gegen die hoch favorisierten Engländer gewann. Die waren wahrlich not amused, sondern ganz schön grantig. In ihrer Lieblingssportart düpiert zu werden, und dann noch unter Mithilfe eines German. Shocking! Der Sultan war umso zufriedener und lud uns im Februar 1973 zu einem Dinner in seinen Palast ein. Der rote Teppich lag bereit, kein Witz. Zuerst ließ der Kronprinz in seinem Bungalow Tee servieren; alles war enorm vornehm. Es folgte das Treffen mit Seiner Königlichen Hoheit, dem Sultan von Pahang. Er war ein Herr mit Charisma, wenn auch mit eher durchschnittlichem Aussehen. Die Schläfen wirkten recht licht, um nicht zu sagen, dass Hoheit eine Glatze hatte. Was ihn keineswegs an einem opulenten Lebensstil hinderte. Der Sultan war in vierter Ehe mit einer jungen Indonesierin verheiratet und stand den Verlockungen bezaubernder Weiblichkeit offenkundig höchst aufgeschlossen gegenüber. Auf Knien hockten wir auf einer kostbaren Decke und genossen den Service der Dienerschaft, die sich übrigens ausschließlich in gebückter Haltung bewegte.

Und während wir da so saßen und über den Ruhm seines Poloteams parlierten, kam unser Gastgeber plötzlich auf Hamburg zu sprechen. Er berichtete uns von einem faszinierenden Erlebnis, das ihm unvergesslich geblieben sei. Bei einem Besuch im »Tanzcafé Mehrer« an der Großen Freiheit hatte der Sultan gerade an einem Tisch Platz genommen, als kurz darauf das Telefon klingelte und eine Dame nach ihm verlangte. »Woher wusste man, dass ich in diesem Moment genau dort war?«, fragte uns Seine Königliche Hoheit mit großen Augen. Wir konnten uns kaum beherrschen vor Lachen, äußerten uns aber gleichwohl in höchstem Maße verblüfft. Insgeheim natürlich sehr wohl wissend, dass die Tischtelefone eben genau dafür da waren, um diskret, aber unkompliziert und zügig anzubandeln. Und wer weiß, welchem Gewerbe die Lady nachging, die den Sultan damals anbimmelte. Wie auch immer, wir ließen ihm seine Überraschung, nahmen einige schöne Geschenke an und wurden auf das Herzlichste verabschiedet. Ich war ja eine Menge gewohnt, aber so viel Würde und Luxus hatte ich noch nie gesehen.

Auf jeden Fall gab dieses Erlebnis Auftrieb für zusätzliche internationale Polokontakte. Ich arbeitete weiter an festen Mannschaften mit festen Teams und ermöglichte so Turniere und Meisterschaften. Zweimal zählte ich selbst zur Mannschaft des Deutschen Meisters und wurde als Spieler des Jahres im Hamburger Rathaus geehrt. Später gewannen wir auch Sponsoren und sorgten dafür, dass wir nicht nur unter uns spielten. Zuschauer gehören heute fest dazu, manches Turnier wird geradezu von Volksfestcharakter geprägt. Dabei stört es auch nicht, wenn am Spielfeldrand Champagner geschlürft wird. Denn zwischen den Spielvierteln, den Chukkas, muss jeder Besucher ran. Das ist die Höflichkeit der Könige und betrifft auch jene Gäste, die mit Pfennigabsätzen oder Kalbslederschühchen gekommen sind. Weil es beim Polo ungeschriebenes Gesetz ist, dass alle Besucher in den Pausen auf den Rasen gehen und kleine Löcher und andere Stolpersteine glatt treten. Davor drückt sich auch Queen Elizabeth nicht, selbst wenn Charles im Sattel sitzt.

Aus Freude am Leben!

&

Ansonsten halte ich wenig davon, wenn alle das Gleiche machen müssen. Künstliche Gleichmacherei und jede Form des Sozialismus sind in meinen Augen das Ende der Individualität. Entsprechend bin ich ein heftiger Verfechter der Einführung von leistungsorientierten Eliteschulen. Von den Sozialdemokraten als Teufelszeug gebrandmarkt, ist dies ein probater, der menschlichen Existenz verwandter Weg zur Entwicklung eigener Talente. Andernfalls verkümmern diese Talente. Die Konsequenz ist ein Verlust an Lebensqualität in der gesamten Gesellschaft. Leben und leben lassen! Was so einfach klingt, ist doch eine hohe Stufe der Weisheit. Oder: Aus Freude am Leben. Dieser Slogan, einst von mir auf dem Rücken eines Polopferdes erdacht, fasst viele Gedankenströmungen und Erfahrungsschätze zusammen.

Natürlich bezieht sich diese Aussage nicht nur auf unsere Produkte oder auf unsere Kundschaft, sie ist auch mein ganz persönliches Credo. Ich bin meines eigenen Glückes Schmied, ich habe mein Leben in die Hand genommen und für meine Verhältnisse das Beste daraus gemacht. Im Alleingang geht so etwas natürlich nicht, sondern nur in Allianz mit Partnern. Zum Beispiel Gott, Gesundheit, Glück, aber auch Familie und Mitarbeiter. Ohne kompetente, treue und charakterstarke Weggefährten wären die letzten mehr als 40 Jahre nicht so gut verlaufen. Ich denke oft an diese Begleiter meines Lebens; einige sind leider schon verstorben, viele sind in Rente oder Pension. Alle haben sie dazu beigetragen, ein kreatives und engagiertes Team zu formen, das die Basis für unseren heute so stabilen Konzern legte. Gemeinsam haben wir meinen Nachfolgern ein Fundament bereitet, auf dem sich solide weiterarbeiten lässt. Als Zwischenbilanz meines Lebens kann ich von großer Zufriedenheit und Erfüllung sprechen. Ich hoffe, noch viele Jahre gesund und zufrieden leben zu können. Viel ändern werde ich dabei nicht – wenn ich diesen Wunsch frei habe.

So habe ich vor, bis auf weiteres für J. J. Darboven zu arbeiten. Ehrlich, ich will nie ganz aufhören, und ich kann das auch gar nicht. Ich liebe den Kaffee, ich liebe den Handel, ich liebe die Hansestadt Hamburg. Und ich habe Deutschland im Herzen, aber ich denke als Europäer. Weil das unsere Zukunft ist. Die Zukunft unserer Firma trägt den Namen meines Vaters Arthur Darboven. Ich habe das Gefühl, dass ich so ähnlich ticke wie er, dass auch er Leidenschaft für das Geschäft hatte und ein Herz für die Mitarbeiter. Ich kann mir vorstellen, wie es meinem Adoptivvater damals in der Nachfolgerfrage gegangen ist. Umso beruhigender spüre ich die Sicherheit, mit meinem Sohn den richtigen Mann am Ruder zu wissen. Er hat das Zeug, unser Unternehmen durch die kommenden Jahrzehnte zu führen – unabhängig und frei! Ich bin sicher, dass er das schafft. Und ich freue mich, dass er mich an seiner Seite akzeptiert. Nicht als Oberlehrer – das war wie gesagt noch nie meine Mentalität –, sondern als erfahrenen Partner und Freund.

Eigentlich, und so Gott es will, steht auch schon die sechste Generation bereit. Damit meine ich meine geliebten Enkelkinder Anna (8) und Johann (10). Man soll die Entwicklung ja nicht vorausnehmen, aber Anna spielt gern Klavier und lässt ein großes musikalisches Talent erkennen. Und vielleicht tritt Johann später einmal in meine Kaffeestiefel, wer weiß. Jedenfalls haben wir alle ein exzellentes Verhältnis. Die Enkel kommen zum Reiten auf mein Gestüt, aber auch sonst treffen wir uns oft zum Kakaotrinken und Klönen. Meistens natürlich gemeinsam mit meinem Sohn Arthur und seiner Ehefrau Carolina, einer Guatemaltekin. Ich schätze meine Schwiegertochter sehr, die eine liebenswürdige, charmante Frau und eine hervorragende Mutter ist. Da die Familie in Hamburg-Othmarschen wohnt, ist es nur ein kurzer Weg zu uns. Ich genieße diese Nähe sehr.

Aber zurück zu meiner Rolle als Partner und Freund meines Sohnes Arthur. In dieser Funktion werde ich immer zur Verfügung stehen. Es geht auch gar nicht anders. In praktisch jeder Minute denke ich an meine Firma, da kann ich doch nicht plötzlich auf die Bremse treten. Leute, das ist mein Lebenswerk! Da kann ich doch nicht als Privatier daheim sitzen und Halma spielen. Ich brauche die Fahrt durch den Freihafen, vorbei an Speicherstadt und »meiner« Brücke, ich brauche den Duft des Kaufmannstums, ich brauche den Geschmack bei uns in der Probierstube, ich brauche den täglichen Marsch durch den Betrieb – wie Lebenselixier. Das ist eine Frage des Prinzips, finde ich. Ein Herz kann man nicht abschalten! Auf die erwähnte Bremse kann ich nur zeitlich treten und mich in dieser Beziehung ein wenig zurückziehen. Um mehr zu erleben, mehr zu erfahren. Wahrscheinlich werden meine Frau Edda und ich nicht mehr so oft nach St. Maarten fliegen, weil wir dann mehr Raum für andere Reisen haben, es gibt noch so viel zu erkunden. Mich zieht es in ferne Länder, ich möchte Regionen wie Jordanien, China und die Pyramiden entdecken. Ich lechze nach Kulturreisen in bisher von mir nicht gesehene Teile Afrikas und Amerikas, mich zieht es aber auch nach Mecklenburg-Vorpommern, diesem so reizvollen und eigenwilligen Teil Deutschlands. Außerdem warten hoffentlich noch viele Galoppderbys auf mich. Dann werde ich – wie immer – meinen braunen Offiziershut aufsetzen, meinen Feldstecher greifen und mich auf den Weg zum Hippodrom machen.

Manchmal zieht es mich auch auf den Nienstedtener Friedhof. Dann gehe ich durch die ruhigen Alleen dort und trete an Arthurs und Anna-Marias Grab. Und ich will das jetzt ohne Pathos sagen, aber irgendwie spüre ich dann so eine Art Zwiegespräch zwischen Arthur und mir. Dabei bestärkt mich das gute Gefühl, dass ich sein Erbe umgesetzt und seinen Vorstellungen und Idealen entsprochen habe. Dieses Erbe stand zwar als Testament auf dem Papier, aber richtig erworben habe ich es mit meinen Händen. Hoffentlich ist es viel zu früh, um Rechenschaft abzulegen, aber ein gutes Gewissen macht mich frei. Das ist mit keinem Gold der Welt aufzuwiegen.

Meine Güte, wie im Sausewind sind sie verflogen, die Jahre. Vorbeigezogen, mit Aufs und Abs, wie der Elbstrom vor meinem Haus. Und neben zahlreichen prägenden Erlebnissen, guten wie weniger schönen, leuchtet das Schlüsselerlebnis meines Lebens vor meinem inneren Auge, als wäre es gestern gewesen. Als dieser gütige ältere Herr plötzlich in der Küchentür der Bockhorst-Villa stand und diesen komischen Satz sagte: »Ich bin Onkel Arthur. Du sollst mal mein Nachfolger sein.« Das klang interessant. Noch größer aber war das Geschenk unter seinem rechten Arm: ein Gummiball, ein wundervoller brauner Gummiball.

Er hat mir Glück gebracht.

Horst Beckershaus
Die Hamburger
Straßennamen
Woher sie kommen und

was sie bedeuten

400 Seiten

ISBN 3-434-52603-X

Im hamburgischen Stadtgebiet gibt es rund 8500 Straßen, Wege und Brücken.
Sie haben Namen, deren Bedeutung und Herkunft sich nicht immer auf den ersten
Blick erschließen. Dieses Buch erklärt alle Straßennamen – von A bis Z.

 Hanse

Dorothée Engel (Hg.)

Der Jungfernstieg

gestern – heute –

übermorgen

112 Seiten, Großformat

mit zahlreichen

Abbildungen

ISBN 3-434-52606-4

Straßen sind die besten Bücher. Sie sind voller Geschichten.

Dieses Buch erzählt die wechselvolle Geschichte von Hamburgs beliebtester

Flaniermeile, die bereits im 13. Jahrhundert beginnt.

Die Hanse